Fatima Heussler, Judith Wildi
und Magdalena Seibl (Hrsg.)
**Menschen mit Sehbehinderung
in Alterseinrichtungen**
Gerontagogik und gerontagogische Pflege –
Empfehlungen zur Inklusion

Fatima Heussler, Judith Wildi
und Magdalena Seibl (Hrsg.)

Menschen mit Sehbehinderung in Alterseinrichtungen

Gerontagogik und gerontagogische Pflege – Empfehlungen zur Inklusion

KSiA – Kompetenzzentrum für Sehbehinderung im Alter

Die Sprachregelung «Person mit Sehbehinderung» statt «Sehbehinderte/r» signalisiert: Nicht die Behinderung, sondern der Mensch mit seinen Möglichkeiten steht im Fokus.

Weibliche und männliche Formen werden in zufälliger Verteilung abwechslungsweise verwendet.

Die Personennamen in den Praxisbeispielen sind frei erfunden.

Bibliografische Information der Deutschen Nationalbibliothek

Die Deutsche Nationalbibliothek verzeichnet diese Publikation in der Deutschen Nationalbibliografie; detaillierte bibliografische Daten sind im Internet über http://dnb.ddb.de abrufbar.

ISBN 978-3-03777-167-9

© 2016, Seismo Verlag, Sozialwissenschaften und Gesellschaftsfragen AG
Zähringerstrasse 26, CH-8001 Zürich
E-Mail: buch@seismoverlag.ch
http://www.seismoverlag.ch

Das Werk ist urheberrechtlich geschützt. Jede Verwertung (Vervielfältigungen, Übersetzungen, Mikroverfilmung u. a. m.) dieses Werkes oder einzelner Teile ist ohne Zustimmung des Verlages unzulässig.
ISBN 978-3-03777-167-9

Umschlag: Hannah Traber, St.Gallen

Inhalt

Abkürzungen		**9**
1	**Einleitung**	**11**
2	**Ausgangslage**	**13**
2.1	Sehschädigungen im Alter	13
2.1.1	Nicht pathologische Veränderungen des Sehens im Alter	13
2.1.2	Prävalenz und häufige Augenerkrankungen im Alter	14
2.1.3	Symptome, Diagnostik und Therapie von Augenerkrankungen im Alter	14
2.1.4	Wir sehen mit dem Gehirn – neuroophthalmologische Erkenntnisse	16
2.2	Sehbehinderung im Alter und ihre Folgen	19
2.2.1	Sehschädigung und Sehbehinderung	19
2.2.2	Physische, psychische und psychosoziale Folgen	20
2.2.3	Forderung nach differenzierter Diagnostik	25
2.3	Rechtliche und fachliche Rahmenbedingungen	26
2.4	Bedarf und Bedürfnis I – Gesundheitspolitik und Fachentwicklung	28
2.5	Exkurs: Hörsehbehinderung	29
2.6	Zum Begriff Gerontagogik	30
2.7	Literatur	32
3	**Die gerontagogische Alterseinrichtung**	**34**
3.1	Grundlagen der Gerontagogik	34
3.1.1	Entwicklungen gegen strukturelle Abhängigkeit in Einrichtungen	35
3.1.2	Konzept der Inklusion	37
3.1.3	Bedarf und Bedürfnis II – Person und Umfeld	39
3.1.4	Fachliche Basis der Gerontagogik	41
3.1.5	Fürsorge und inkludierende Ermächtigung	44
3.1.6	Zusammenarbeit verschiedener Professionen und Disziplinen	46
3.1.7	Aktivitäten und Umfeld – Neues beim Wechsel zur sehbehindertenfreundlichen Alterseinrichtung	49
3.1.8	Risiken der Gerontagogik und schützende Massnahmen	50

3.2	Die Konzeptelemente der Gerontagogik im Einzelnen	51
3.2.1	Gerontagogisches Milieu und Normalisierungsprinzip	52
3.2.2	Bauliches und Einrichtung	62
3.2.3	Gerontagogische Pflege: sehbehinderungsspezifisch und rehabilitativ	70
3.2.4	Zusammenarbeit mit Rehabilitationsfachpersonen des Sehbehindertenwesens und Hilfsmittel	80
3.2.5	Betreuung	84
3.2.6	Hotellerie- und Verwaltungsleistungen	92
3.2.7	Rechtliche und finanzielle Selbstbestimmung	96
3.3	Literatur	99

4 Sehbehinderungsspezifische Pflege 103

4.1	Theoretische Grundlagen: Pflegerischer Bereich	103
4.1.1	Gerontagogische Pflege	103
4.1.2	Pflegeprozess	105
4.2	Bewohnerinnen mit Behinderung professionell pflegen	106
4.2.1	Leitende Fragen für die sehbehinderungsspezifische Gestaltung des Pflegeprozesses	107
4.2.2	Pflegeassessment	107
4.2.3	Pflegediagnosen	110
4.2.4	Zielsetzung und Pflegeplan	116
4.2.5	Pflegeimplementation und -durchführung	117
4.2.6	Pflegeevaluation	118
4.2.7	Gerontagogische Pflege als neues Feld in der Langzeitpflege	120
4.3	Exkurs: Problemlösungsprozess in Bezug auf das Umfeld	121
4.4	Sehbehinderungsspezifische Pflege – exemplarische Umsetzung des gerontagogischen Pflegeprozesses an einem Fallbeispiel	122
4.4.1	Fallbeispiel Hannah Pfenninger	122
4.4.2	Pflegeassessment anhand der Gesundheitsverhaltensmuster nach Gordon	124
4.4.3	Pflegediagnose	129
4.4.4	Zielsetzung und Pflegeplan	132
4.4.5	Pflegeimplementation und -durchführung	137
4.4.6	Pflegeevaluation	137
4.4.7	Fazit	139
4.5	Literatur	140

5 Schlaglichter – Perspektiven aus verschiedenen Disziplinen 141

5.1 Psychisches Befinden und Lebenszufriedenheit im höheren Lebensalter 143
François Höpflinger

5.1.1	Einleitung	143
5.1.2	Zur psychischen Befindlichkeit älterer Menschen im Zeitvergleich	143
5.1.3	Zum Wohlbefinden älterer Menschen im intereuropäischen Vergleich	146
5.1.4	Psychische Befindlichkeit im Alter – nach sozialen Merkmalen	147
5.1.5	Zusatzanalyse: Seh- und Höreinschränkungen im Alter – und Wirkungen auf psychisches Befinden	154
5.1.6	Literatur	156

5.2 Sehbehinderung im Alter und subjektives Wohlbefinden – eine Herausforderung 158
Vera Heyl

5.2.1	Psychosoziale Konsequenzen von Sehbehinderung im Alter	158
5.2.2	Psychologische Ressourcen zur Anpassung an eine Sehbehinderung im Alter	159
5.2.3	Psychosoziale Unterstützungsangebote bei Sehbehinderung im Alter	161
5.2.4	Implikationen für die Praxis	161
5.2.5	Literatur	162

5.3 Systematische Fehleinschätzung von Altersdemenz durch kataraktbedingte Minderung der Informationsverarbeitung 165
Siegfried Lehrl und Kristian Gerstmeyer

5.3.1	Hintergrund	165
5.3.2	Fragestellungen	166
5.3.3	Ziele	166
5.3.4	Methoden	166
5.3.5	Ergebnisse	168
5.3.6	Schlussfolgerungen	172
5.3.7	Literatur	173

5.4 Sehbehinderung und Blindheit im Alter: Heilpädagogische Unterstützung und Rehabilitation 175
Judith Adler und Monika T. Wicki

5.4.1	Heilpädagogik im Alter	175
5.4.2	Was ist eine Sehbehinderung?	176
5.4.3	Funktionale Diagnose als Grundlage heilpädagogischer Massnahmen	177
5.4.4	Heilpädagogische Massnahmen und Rehabilitation	179
5.4.5	Literatur	183

5.5	Ältere Menschen mit Behinderung in Pflegeinstitutionen – neue Herausforderungen für die Pflege *Ursula Wiesli*	186
5.5.1	Einleitung	186
5.5.2	Relevanz des Themas	186
5.5.3	Theoretischer Hintergrund und Beispiele	187
5.5.4	Notwendige Massnahmen	194
5.5.5	Schlussbemerkung	197
5.5.6	Literatur	197
5.6	Goldene Regeln: Sehbehinderung im Alter angemessen begegnen – 33 Regeln mit Kommentaren *Fatima Heussler, Magdalena Seibl und Judith Wildi*	200
5.6.1	Vorbemerkungen	200
5.6.2	Goldene Regeln mit Kommentaren	201

Beratungsstellen des Seh- und Hörbehindertenwesens   216
Glossar   217
Zu den Autorinnen und Autoren   220
Dank   222

Abkürzungen

AHVG	Bundesgesetz über die Alters- und Hinterlassenenversicherung (Alters- und Hinterlassenenversicherungsgesetz), SR 831.10
AMD	Altersbedingte Makuladegeneration
ATSG	Bundesgesetz über den Allgemeinen Teil des Sozialversicherungsrechts (Allgemeiner Teil des Sozialversicherungsrechts), SR 830.1
BehiG	Bundesgesetz über die Beseitigung von Benachteiligungen von Menschen mit Behinderungen (Behindertengleichstellungsgesetz), SR 151.3
BESA	BewohnerInnen-Bedarfsklärungs- und Abrechnungssystem; Planungs- und Leistungserfassungsinstrument in der Langzeitalterspflege
BGE	Bundesgerichtsentscheid
BFS	Bundesamt für Statistik
BV	Bundesverfassung der Schweizerischen Eidgenossenschaft, SR 101
ICD	International Classification of Diseases (Internationale [statistische] Klassifikation der Krankheiten [und verwandter Gesundheitsprobleme])
ICF	International Classification of Functioning, Disability and Health (Internationale Klassifikation der Funktionsfähigkeit, Behinderung und Gesundheit)
ICN	International Council of Nurses (Internationaler Rat der Pflegefachpersonen; Zusammenschluss von über 130 nationalen Berufsverbänden der Pflege)
KLV	Krankenpflege-Leistungsverordnung über die Leistungen in der obligatorischen Krankenpflegeversicherung, SR 832.112.31
KSiA	Kompetenzzentrum für Sehbehinderung im Alter, Zürich
KVG	Bundesgesetz über die Krankenversicherung (Krankenversicherungsgesetz), SR 832.10
KVV	Verordnung über die Krankenversicherung (Krankenversicherungsverordnung), SR 832.102

NANDA-I	NANDA International (früher: North American Nursing Diagnosis Association – Nordamerikanische Gesellschaft für Pflegediagnosen): Klassifikation der Pflegediagnosen
NIC	Nursing Interventions Classification: Klassifikation der Pflegeinterventionen
NOC	Nursing Outcomes Classification: Klassifikation der Pflegeergebnisse
PLAISIR	Planification Informatisée des Soins Infirmiers Requis; Bedarfs- und Leistungserfassungsinstrument in der Langzeitpflege, v.a. in der französischen Schweiz verbreitet
RAI	Resident Assessment Instrument; Bedarfs- und Leistungserfassungsinstrument in der Langzeitalterspflege
SAMW	Schweizerische Akademie der Medizinischen Wissenschaften
SBK	Schweizerischer Berufsverband der Pflegefachfrauen und Pflegefachmänner
SR	Systematische Rechtssammlung des Bundesrechts der Schweizerischen Eidgenossenschaft
UN-BRK	UN-Behindertenrechtskonvention – Übereinkommen über die Rechte von Menschen mit Behinderungen (Convention on the Rights of Persons with Disabilities CRPD) vom 13. Dezember 2006, SR 0.109
WHO	World Health Organization (Weltgesundheitsorganisation)

1 Einleitung

Für Sehende ist Sehen selbstverständlich. Meist setzen wir Sehen mit visuellen Eindrücken gleich, obwohl wir wissen, dass das Sehen auch den Gleichgewichtssinn unterstützt und wir es zur Steuerung unserer Bewegungen und damit auch der manuellen Tätigkeiten nutzen. Sehen dient der räumlichen, sozialen und ebenso der situativen Orientierung. Auch Emotionen werden durch visuelle Wahrnehmung geweckt. Zudem unterstützt das Sehen die Erinnerung und die Merkfähigkeit. So umfassend die Funktionen des Sehens sind, so vielfältig und tiefgreifend sind auch die Folgen einer Sehschädigung.

Ältere Personen mit Sehbehinderung kommen meist spät und vordergründig wegen anderen Probleme in die stationäre Alterseinrichtung: Sie sind vielleicht gestürzt, vereinsamt oder nicht mehr in der Lage, für sich zu sorgen. Wird die Sehbehinderung erkannt, kann unter Umständen eine augenmedizinische Behandlung helfen, sonst sollte eine auf die Sehbehinderung bezogene, rehabilitative sehbehinderungsspezifische Pflege und Betreuung zur Verfügung stehen.

Bis anhin fehlen systematisierte behinderungsspezifische Kenntnisse und Methoden in der Langzeitpflege und -betreuung. Gerontagogik füllt diese Lücke. Sie bietet ein Konzept für die Arbeit in der Langzeitpflege mit behinderten älteren Personen. Gerontagogik, gerontagogische Pflege und Betreuung führen Kenntnisse aus verschiedenen Professionen und Disziplinen im Kontext von Alter, Behinderung und Langzeitpflege zusammen. Sie basiert auf Kenntnissen aus den Referenzfächern Soziale Gerontologie, Gerontopsychologie, Sozialpädagogik, Heilpädagogik, Sehbehindertenrehabilitation, Ophthalmologie und Pflege. Das Konzept der Gerontagogik vermag damit einen wichtigen Beitrag zur Verbesserung der Autonomie und der Lebensqualität älterer Menschen mit Sehbehinderung in stationären Alterseinrichtungen zu leisten. Die Erweiterung der Altersarbeit um Methoden und Konzepte aus der Behindertenarbeit erlaubt es zudem, die Beeinträchtigungen, die durch die Behinderung entstehen, zu mindern und die Voraussetzung für bestmögliche Gleichstellung von Menschen mit (Seh-)Behinderung im Alter zu schaffen. Die verbesserte Selbstständigkeit und höhere Zufriedenheit der Bewohnerinnen und Bewohner sind denn auch die stärksten Argumente für die gerontagogische Gestaltung der Alterseinrichtung und die sehbehinderungsspezifische Pflege. Bedenken bezüglich der Finanzierbarkeit und der zusätzlichen Belastung für die bereits über Gebühr beanspruchte Fachgruppe Langzeitpflege lassen sich nicht rechtfertigen. Die Machbarkeit der gerontagogischen, sinnesbehinderungsspezifischen Altersarbeit (personelle und finanzielle Ressourcen) und deren Wünschbarkeit (sachlich richtiges und rechtlich wie ethisch nötiges Handeln) stehen nicht im Widerspruch zueinander: Erhebungen in einer geschulten Alterseinrichtung zeigen, dass die sehbehinderungsspezifische Arbeitsweise im Alltag nicht aufwändiger ist, die Pflegekosten dadurch nicht ansteigen. Nach anfänglichem Aufwand für die Umstellung wird nicht mehr, sondern anders gearbeitet.

Gerontagogik steht nicht in Konkurrenz zu anderen (Pflege-)Themen, sondern ergänzt die Unterstützung von Menschen mit demenziellen Erkrankungen oder andere fachliche Schwerpunkte wie Palliativpflege, Sturzprophylaxe oder psychische Belastungen. Mit diesen Ansätzen gleichzeitig zu arbeiten, erlaubt eine «inklusive» (inkludierend wirkende) Altersarbeit.

Die Autorinnen können für die Bearbeitung dieses Themas auf eine langjährige Praxis in einer stationären Alterseinrichtung für Menschen mit Sehbehinderung zurückgreifen. Mit der sachgerechten fachlichen Breite wird überdies dem interprofessionellen Anspruch und der Praxisorientierung Rechnung getragen. Verschiedende Themen werden angesprochen und theoretisch vertieft und an vielen Stellen finden sich ausführlichere Hinweise zur Umsetzung. Der noch wenig bekannte Begriff «Gerontagogik» – er wird in Kapitel 2.6 erläutert – kann in der spezifischen Füllung des vorliegenden Ansatzes eine Herausforderung für die Lektüre bedeuten.

Zielgruppen und Aufbau des Buches

Das vorliegende Buch richtet sich einerseits an Pflegefachpersonen aus Lehre und Praxis sowie an Zentrumsleitungen, andererseits an Gesundheitsbehörden, Entscheidungsträger in Fachkreisen der stationären Altersarbeit und der Gesundheitspolitik.

Das Buch geht auf die zielgruppenspezifischen Anforderungen ein, die sich im Zusammenhang mit Sehbehinderungen stellen. Eine Zielsetzung dieses Buches ist mithin, dass alle angesprochenen Gruppen eine Vorstellung von der spezifischen Arbeit der jeweils anderen Gruppen erhalten. Durch detaillierte Ausführungen wird der Zugang zu den gruppenspezifischen Problemstellungen für die jeweils andern Gruppen erleichtert.

> Das Buch bietet Anregungen zur Umsetzung in Lehre und Praxis und stellt diese zur Diskussion. Eine Übersicht über die Ausgangslage und die medizinischen und behinderungsspezifischen Grundlagen zu Seh*schädigung* und Seh*behinderung* bietet Kapitel 2. Im Kapitel 3 werden das Konzept und die Methoden der Gerontagogik und der gerontagogischen Pflege und Betreuung aufgerollt sowie Hinweise zur baulichen Gestaltung gegeben. Die Umsetzung in der Pflege wird im Kapitel 4 beschrieben und anhand eines Fallbeispiels gezeigt. Exemplarisch vertiefen in Kapitel 5 Artikel aus Referenzdisziplinen als «Schlaglichter» einzelne Aspekte. Die für die Gestaltung eines sehbehindertenfreundlichen Milieus grundlegenden «Goldenen Regeln» ergänzen die Schlaglichter praxisnah. Dieses Vorgehen führt dazu, dass manche Inhalte mehrfach behandelt werden, in je verschiedenen Zusammenhängen.

2 Ausgangslage

Sehschädigung führt, wenn medizinisch entweder keine Therapie möglich oder keine solche veranlasst wird, zu Sehbehinderung. Das Gerontagogik-Konzept knüpft bei den vielfältigen und wechselwirkenden Folgen einer in Alter auftretenden Sehschädigung an. Auf Basis der physiologischen Prozesse und Gegebenheiten der Sehschädigung werden in diesem Buch die neuroophthalmologischen und gerontopsychologischen Grundlagen sowie die komplexe Problematik der Sehbehinderung dargestellt.

Gerontagogik wird hier beispielhaft an der Sehbehinderung aufgezeigt. Das hat seinen Grund darin, dass Sehbehinderung stärkere Auswirkungen auf die Selbstpflege und die Aktivitäten des täglichen Lebens hat als die Hörbehinderung. Für die Langzeitpflege hat Sehbehinderung daher mehr Implikationen als eine Hörbehinderung. Seh- und Hörbehinderung sind aber subjektiv für die betroffenen Personen nicht unterschiedlich gravierend. Auf Hörbehinderung wird immer wieder punktuell verwiesen. Auch dieses Thema ist immer mit zu bedenken, ganz besonders in Verbindung mit Sehbehinderung. Einschränkungen bei beiden Sinneswahrnehmungen können sich gegenseitig verstärken.

> Im Kapitel 2.1 werden die häufigsten Sehschädigungen im Alter und die am Sehen beteiligten neurologischen Prozesse sowie im Kapitel 2.2 die Sehbehinderung und ihre Folgen umrissen. Weitere Einzelheiten zu den Folgen und ihren Wechselwirkungen finden sich an verschiedenen Stellen im Buch. Aus Gründen der sozialversicherungsrechtlichen Strukturen gilt eine fachliche Zuständigkeit, die für die Ausgangslage zum Gerontagogik-Konzept relevant ist (Kapitel 2.3). Es ergibt sich eine Feststellung zu Bedarf und Bedürfnis im Hinblick auf die Gesundheitspolitik und die Fachentwicklung (Kapitel 2.4).
>
> Hörsehbehinderung stellt eine eigene Behinderungsform mit eigenen Herausforderungen dar, die im vorliegenden Text kaum berücksichtigt werden können, darauf weist der Exkurs in Kapitel 2.5 hin. Kapitel 2.6 erläutert Bedeutung und Herleitung des Begriffs Gerontagogik.

2.1 Sehschädigungen im Alter

Unter Sehschädigung wird die pathologische Sehkrafteinbusse infolge einer Erkrankung verstanden.

2.1.1 Nicht pathologische Veränderungen des Sehens im Alter

Alte Menschen haben gegenüber jungen ein deutlich vermindertes Sehvermögen; die Sehschärfe nimmt ab, die Farben sind weniger ausgeprägt, Blendempfindlichkeit kann zunehmen und der Lichtbedarf wird grösser. Diese Veränderungen stellen keinen pathologischen Alterungsprozess dar. Sie bilden aber beispielsweise den Hintergrund für die Forderung der Schweizerischen Lichtgesellschaft nach besserer Beleuchtung in Alterseinrichtungen. Es geht dabei um alle alten Menschen, nicht nur um Personen mit Sehbehinderung. Im Folgenden geht es um die pathologischen Veränderungen des Sehens im Alter.

2.1.2 Prävalenz und häufige Augenerkrankungen im Alter

Sehbeeinträchtigungen und Sehbehinderung im Alter sind häufig. Allerdings fehlen verlässliche Zahlen dazu. Je nach Untersuchungsansatz variieren die Angaben beträchtlich. Gemäss dem Cambridge Handbook of Age and Ageing (Johnson 2005, 122) wird Sehbehinderung (visual impairment) als Visus von unter 0,5 (6/12) definiert. Damit sind in der Altersgruppe ab 85 Jahren um 40% der Bevölkerung von einer Sehbehinderung betroffen. Eine Studie der Association pour le Bien des Aveugles (ABA 2005) bezeichnet – unter Einbezug des reduzierten Kontrastsehens – 54% der Bewohner von Genfer Pflegeeinrichtungen als sehbehindert. Das Bundesamt für Statistik (BFS) weist in der Erhebung zum Gesundheitszustand betagter Personen in Institutionen (EGBI) 2008/2009 18% der über 80-Jährigen mit der Diagnose Sehbehinderung aus (vgl. Höpflinger et al. 2011). Gemäss einer Publikation des Schweizerischen Zentralvereins für das Blindenwesen (SZB 2012) sind 20,5% der über 80-Jährigen sehbehindert. Wegen der starken Auswirkungen dieser Behinderung auf den Alltag muss davon ausgegangen werden, dass ein überproportional grosser Anteil der sehbehinderten Bevölkerung in Alterseinrichtungen lebt. Die Annahme, dass 30% der Bewohner in Alterseinrichtungen sehbehindert sind, dürfte eher zurückhaltend sein.

Die häufigsten Erkrankungen, die im Alter zu einer Sehbehinderung führen, sind:

› Altersbedingte Makuladegeneration (AMD, feuchte und trockene Form)
› Katarakt (Grauer Star)
› Glaukom (Grüner Star)
› Netzhautablösung
› Diabetische Retinopathie

2.1.3 Symptome, Diagnostik und Therapie von Augenerkrankungen im Alter

Bei der *Altersbedingten Makuladegeneration (AMD)*, einer der häufigsten Ursachen für Sehbehinderung im Alter, verändern sich die Zellen der Makula, eines kleinen Feldes in der Mitte der Netzhaut, das für das Scharfsehen und das Farbsehen zuständig ist. Mit der Zeit fallen sie ganz aus. Das führt nicht nur zu verschwommenen, verzerrten und verblassten Eindrücken, sondern es entfallen zunehmend die visuellen Informationen in der Mitte des Gesichtsfeldes. Dies beeinträchtigt das Lesen, das Erkennen von Gesichtern, manuelle Tätigkeiten, die Orientierung im nahen Umfeld (auf dem Tisch, in der Küche, im Badezimmer usw.) und damit die Bewältigung des Alltags. Es wird zwischen einer trockenen und einer feuchten Form der AMD unterschieden. Die trockene Form ist deutlich häufiger als die feuchte und verläuft zumeist langsam. Für die trockene Form gibt es derzeit noch keine medizinischen Behandlungsmöglichkeiten. Aus einer trockenen AMD kann sich eine feuchte entwickeln. Typisch für die feuchte Form sind verbogene und verzerrte Bilder. Auch für die feuchte Form gibt es keine Therapie, die zur Heilung führt, der Verlauf kann aber unter Umständen mit Injektionen verlangsamt werden. In seltenen Fällen verbessert sich die Sehkraft wieder. Da nur die Makula betroffen ist, führt eine AMD nicht zur vollständigen Erblindung. Das periphere Gesichtsfeld bleibt erhalten. Damit bleibt die Orientierung im Raum (Zimmer, Haus, Aussenräume) immer noch gut möglich.

Beim *Grauen Star (Katarakt)* trübt sich die Augenlinse. Betroffene sehen alles wie durch einen grauen Schleier, die Blendempfindlichkeit steigt. Durch einen operativen Ersatz der getrübten Linse durch eine Kunstlinse ist der Graue Star medizinisch meist gut behandelbar. Unbehandelt kann sich das Sehvermögen bis auf die Wahrnehmung von Helligkeitsunterschieden reduzieren.

Grüner Star (Glaukom) ist ein Sammelbegriff für verschiedene Augenkrankheiten, die den Sehnerv und die Netzhaut schädigen. Zumeist sind sie mit erhöhtem Augeninnendruck verknüpft, der zu einem zunehmenden Verlust von Nervenfasern am Sehnerv führt. Im Anfangsstadium der Krankheit sind oft über lange Zeit keine Symptome wahrnehmbar. Deshalb wird empfohlen, regelmässig Augeninnendruck, Augenhintergrund und Gesichtsfeld zu untersuchen. Bei frühzeitiger Behandlung mittels Medikamenten (vor allem mit Augentropfen), Laserbehandlung oder Operationen zur Drucksenkung kann der Verlauf der Krankheit aufgehalten werden. Unbehandelt führt das Glaukom zu Einschränkungen des Gesichtsfeldes bis hin zum sogenannten «Röhrenblick» oder sogar zur Erblindung, die nicht mehr rückgängig gemacht werden können. Bei starken Gesichtsfeldeinschränkungen und bei Röhrenblick ist die Orientierung im Raum stark erschwert, während das Lesen und das Ausführen von Handarbeiten teilweise noch gut möglich sind.

Bei der *Netzhautablösung (Ablatio retinae* oder *Amotio retinae)* entstehen Risse oder Löcher in der peripheren Netzhaut. Dadurch kann sich diese teilweise oder vollständig von der sie ernährenden Aderhaut ablösen. Die Netzhaut wird nicht mehr mit Sauerstoff und Nährstoffen versorgt, die lichtempfindlichen Zellen sterben ab. Typischerweise sehen die Betroffenen als Erstes Lichtblitze, «Russflocken» oder «schwarze Mückenschwärme» bis hin zu einem «schwarzen Vorhang». Wenn sofort reagiert wird, können rissbedingte Netzhautablösungen mit einer Laserverschweissung oder einer Netzhautoperation medizinisch gut behan-

Abbildung 1   Schema Aufbau des Auges

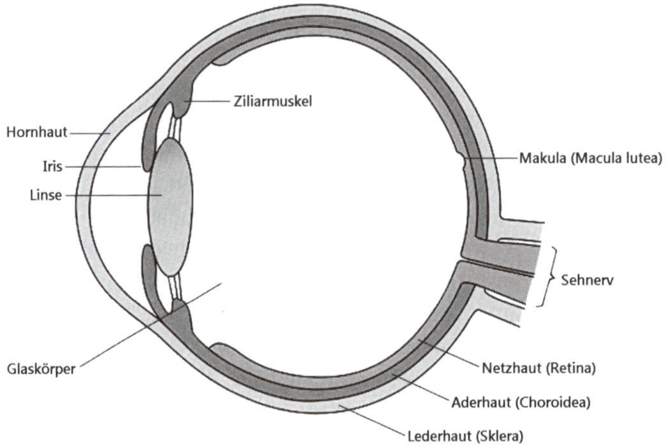

Eye diagram with labels: Hornhaut, Iris, Linse, Ziliarmuskel, Makula (Macula lutea), Sehnerv, Netzhaut (Retina), Aderhaut (Choroidea), Lederhaut (Sklera), Glaskörper

Quelle: IMI Intelligent Medical Implants GmbH, Bonn.

delt werden. Sonst kann die Sehkraft dauerhaft beeinträchtigt bleiben, wobei die Ausfälle vom Ort auf der Netzhaut und von der Grösse des geschädigten Areals abhängig sind.

Die *Diabetische Retinopathie* ist eine Folgeerkrankung des Diabetes mellitus («Zuckerkrankheit»). Diabetes schädigt die Gefässwände, was mit der Zeit zu einer Unterversorgung der Netzhaut, zu Einblutungen und Ablagerungen, zur Bildung von neuen Blutgefässen im Auge und zu einem Absterben von Sinneszellen in der Netzhaut, unter Umständen auch zu einer Netzhautablösung führen kann. Dies hat eine Verschlechterung der Sehschärfe bis hin zur Erblindung zur Folge. Eine Heilung für die Diabetische Retinopathie gibt es derzeit nicht, teilweise kann mit Laserbehandlung und Injektionen die Verschlechterung verlangsamt oder zum Stillstand gebracht werden.

Sehschädigungen im Alter werden häufig nicht erkannt. Physiologisch lässt die Sehkraft im Alter nach, Probleme mit dem Sehen werden von den Betroffenen oft als normal empfunden und daher nicht früh genug beklagt.

2.1.4 Wir sehen mit dem Gehirn – neuroophthalmologische Erkenntnisse
Die Ophthalmologie (Augenheilkunde) als medizinische Fachrichtung beschäftigt sich mit den Erkrankungen und Funktionsstörungen des Organs Auge und der verschiedenen Strukturen um das Auge herum (Lider, Muskulatur usw.). Die Neuroophthalmologie ist ein Spezialgebiet im Überschneidungsbereich von Ophthalmologie und Neurologie (Lehre der Erkrankungen des Nervensystems). Sie unter-

sucht und behandelt das Zusammenspiel des Organs Auge mit dem Gehirn und ihren Verbindungen (Sehnerv, Sehbahn, Bildverarbeitung im Gehirn usw.). Da am Prozess der visuellen Wahrnehmung hauptsächlich das Gehirn beteiligt ist, sind neuroophthalmologische Erkenntnisse für das Verständnis von Sehschädigungen und ihren Folgen wichtig.

Das Gehirn ergänzt Fehlendes: Filling-in

(Visuelle) Bilder entstehen nicht im Auge, sondern im Gehirn auf Basis der Informationen aus dem Auge. Dabei werden vom Gehirn auch bereits gespeicherte visuelle Informationen beigezogen, z. B. das «Wissen», wie ein Gesicht aussieht, dass es zwei Augen, eine Nase und einen Mund hat, oder dass die Tochter dunkle Haare hat. Fehlende Informationen ergänzt das Gehirn mit Informationen aus dem peripheren Bereich der Netzhaut. Dieses Phänomen nennt man «Filling-in». Das Fehlende erscheint nicht als weisser, schwarzer oder grauer Fleck; die betroffene Person nimmt ein zwar nicht scharfes, aber ganzes Bild wahr und «sieht» deshalb nicht, was sie nicht sieht (vgl. Sutter 2014).

K1

> **K1 – Beispiel aus der Praxis: Filling-in**
>
> «Wollen Sie Ihr Dessert nicht essen?», fragt die Mitarbeiterin im Speisesaal. «Wenn ich eines bekäme, würde ich es schon essen», reagiert Herr Steiger verärgert. Die Mitarbeiterin ist verwirrt. Das Dessertschälchen steht doch vor Herrn Steiger auf dem Tisch.
>
> Wegen seines durch eine AMD bedingten zentralen Gesichtsfeldausfalls liefert das Auge von Herrn Steiger keine Informationen in der Mitte seines Gesichtsfeldes. Sein Gehirn ergänzt aber durch das Filling-in sein Bild auch in der Mitte so, dass er – unscharf – den Tisch und das Set «sieht». Er erkennt nicht, dass ihm eine Information fehlt (weil da kein schwarzer oder weisser Fleck ist) und ist deshalb überzeugt, dass er kein Dessert bekommen hat.

Das Gehirn produziert eigene Bilder: Charles-Bonnet-Syndrom (CBS)

Ein weiteres Phänomen, das im Zusammenhang mit einer erworbenen Sehschädigung auftreten kann, ist das Charles-Bonnet-Syndrom (CBS). Dabei handelt es sich um visuelle Halluzinationen (analog dem Phantomschmerz oder dem Tinnitus). Betroffene berichten von Wasserlachen in Räumen, Bäumen im Flur, Menschen im Zimmer oder Katzen auf dem Tisch, die für andere nicht da sind, usw.

K2

Auch Chinesen in Bäumen oder Pferdefuhrwerke in Mitteleuropa im 21. Jahrhundert wurden geschildert.

> **K2 – Beispiel aus der Praxis: Charles-Bonnet-Syndrom (CBS)**
> Die 91-jährige Frau Brüngger ist zusammen mit ihrer Tochter unterwegs ins Dorf. Obwohl sie sich auf ihren Stock und den Arm der Tochter stützt, geht sie unsicher, zögernd. Auf dem Trottoir könnten sie nicht gehen, weil da überall Löcher im Boden wären, sagt sie. Ihre Tochter sieht, dass es keine solchen Löcher gibt. Sie macht sich Sorgen um die Mutter und fühlt sich unsicher, ob sie ihr sagen soll, dass es da keine Löcher gibt.

Die Phantombilder des CBS sind an sich nicht furchterregend (im Unterschied zu visuellen Halluzinationen bei Psychosen oder Demenz), aber die Vorstellung, «verrückt» zu werden, oder die entsprechenden Zuschreibungen von Dritten können belastend sein. Das Informieren der Betroffenen sowie des professionellen und privaten Umfeldes über Ursache und Umgang mit dem CBS wirken entlastend (vgl. Nadig 1999/2007). Die Erfahrungen zeigen, dass die betroffene Person das CBS ohne Information oft nicht als Phantom erkennt.

Zusammen mit der zeitlichen Desorientierung, die sich aus einer Störung in der Melatoninproduktion ergibt, und mit der in der Folge einer Sehbehinderung häufig auftretenden Depression besteht die Gefahr einer Fehleinschätzung als Demenz, weil ähnliche Symptome auftreten.

Sensorische Wahrnehmungen ergänzen sich

Hören und Sehen, Fühlen, Tasten und Schmecken sowie alle anderen Sinneseindrücke ergänzen, zusammen mit Erinnerungen, also mit bereits Bekanntem, die Informationen, die das Gehirn zur «Produktion» von «vernünftigen Bildern» nutzt. Die Sinne wirken zusammen für die Interpretation des Umfeldes. Das Gehirn gestaltet diese Interpretation, für die Person ist sie im Einzelnen nicht nachvollziehbar. Dies wird zur Erlebniswelt, zu der Gefühle und Empfindungen gehören.

Kernaussagen Kapitel 2.1
› Es ist davon auszugehen, dass über ein Drittel der Bewohner in Alterseinrichtungen sehbehindert ist.
› Zu den häufigsten Erkrankungen, die im Alter zu einer Sehbehinderung führen, gehören: Altersbedingte Makuladegeneration (AMD, feuchte und trockene Form), Katarakt (Grauer Star), Glaukom (Grüner Star), Netzhautablösung und Diabetische Retinopathie.
› Sehschädigungen im Alter werden oft nicht erkannt, weder von den Betroffenen selbst noch vom Umfeld.
› Wir sehen vor allem mit dem Gehirn, deshalb sind neuroophthalmologische Erkenntnisse, z. B. das Filling-in und das Charles-Bonnet-Syndrom, wichtig für das Verständnis von Sehschädigungen und ihren Folgen.
› Filling-in: Das Gehirn ergänzt fehlende Informationen im Blickfeld zu einem «ganzen Bild», aber deshalb erkennen Betroffene und ihr Umfeld oft nicht, dass Bildinformationen fehlen.
› Charles-Bonnet-Syndrom (CBS): Analog zum Phantomschmerz oder Tinnitus kann das Gehirn visuelle Halluzinationen produzieren, die oft fälschlicherweise zum Verdacht auf Demenz beitragen.

2.2 Sehbehinderung im Alter und ihre Folgen

2.2.1 Sehschädigung und Sehbehinderung

Sehschädigung im Alter ist die organische (ophthalmologische und/oder neuroophthalmologische) Erkrankung mit ihren Auswirkungen auf die Funktionen des Sehens, auf Gleichgewicht, Steuerung und Kontrolle, Psyche. Sie kann sich im Alltag als Behinderung auswirken: Die Selbstsorge ist ebenso beeinträchtigt wie die Teilhabe am gesellschaftlichen Leben. Von einer Sehbehinderung sprechen wir, wenn die Folgen der Sehschädigung auch nach Korrektur (z. B. mit einer Brille) anhalten und zu Beeinträchtigungen der in einem sehenden und stark visuell orientierten Umfeld führen. Behinderung entsteht also in der Wechselwirkung von Person und Umfeld.

Die heute gängigen Definitionen von Behinderung integrieren Elemente aus medizinischen und sozialen Verständnismodellen (vgl. BFS 2009, 5f). Das gilt auch für die Bestimmung durch die Schweizerische Akademie der Medizinischen Wissenschaften (SAMW):

> «‹Behinderung› bezeichnet die erschwerenden Auswirkungen eines angeborenen oder erworbenen Gesundheitsproblems auf die alltäglichen Aktivitäten der betroffenen Person und auf ihre gleich-

berechtigte Teilhabe am gesellschaftlichen Leben. Die Behinderung resultiert aus dem Wechselspiel zwischen körperlicher Schädigung, funktioneller Beeinträchtigung und sozialer Einschränkung der betroffenen Person sowie den behindernden oder fördernden Umständen und den Erwartungen ihres Lebensumfeldes. Ihre Ausprägung und ihr subjektives Erleben werden moduliert durch die Persönlichkeitsmerkmale des einzelnen Menschen mit Behinderung. Der Begriff wird in den vorliegenden Richtlinien auf der Basis der ICF-Klassifikation der WHO (Internationale Klassifikation der Funktionsfähigkeit, Behinderung und Gesundheit, Stand Oktober 2005) definiert. Diese dient als länder- und fachübergreifende einheitliche Sprache zur Beschreibung des funktionalen Gesundheitszustandes, der Behinderung, der sozialen Beeinträchtigung und der relevanten Umgebungsfaktoren einer Person.» (SAMW 2013, 34)

2.2.2 Physische, psychische und psychosoziale Folgen

Sehschädigung kann zu Folgeproblemen verschiedener Art führen:
- › im physischen Bereich, z. B. Mobilitätseinbussen, Kreislaufprobleme, Störung im Melatoninhaushalt, Ernährungsprobleme,
- › im psychischen Bereich, z. B. Anpassungsstörung, depressive Verstimmung/Depression,
- › im psychosozialen Bereich, z. B. Rückzug, soziale Desintegration, Verhaltensauffälligkeiten (vgl. auch Übersicht «Einschätzung der körperlichen Verfassung unter dem Fokus Sehbehinderung», vgl. Kapitel 4.2.2).

Folgeprobleme werden oft in kognitive, emotionale und funktionale Folgen unterteilt:
- › kognitive Folgen: z. B. Beeinträchtigung von Konzentrationsfähigkeit, Merkfähigkeit, Entscheidungen fällen (wenn die visuelle Wahrnehmungseinbusse zu einem Defizit an Informationen führt, welche für die Entscheidung nötig sind);
- › emotionale Folgen: z. B. Wut, Trauer, Aggression (als Reaktionen auf Verlust), Verunsicherung, Selbstzweifel;
- › funktionale Folgen: z. B. nicht mehr lesen können (das ist besonders einschneidend für viele Betroffene), Schwierigkeiten mit dem Essen, Selbstständigkeit im Schriftverkehr.

Wenn solche Probleme Folgen einer Sehbehinderung darstellen, sind viele von ihnen weitgehend reversibel. Sie werden sinnvollerweise über die Befähigung zum Umgang mit der Sehbehinderung angegangen.

Im Alter eintretende Sehbehinderung – der Zustand bei medizinisch nicht therapierbarer Sehschädigung – unterscheidet sich von der früh im Leben erworbenen oder seit Geburt bestehenden Sehbehinderung. Personen mit früh erworbener Sehbehinderung sind «Expertinnen ihrer Behinderung», während eine im Alter auftretende Sehbehinderung eine Krisensituation auslösen kann.

Sehbehindert zu werden bedeutet, die vertraute visuelle Steuerung und die Kontrolle über die meisten Aktivitäten zu verlieren und visuell geweckte Emotionen nicht mehr zu erfahren (vgl. Höpflinger, Kapitel 5.1). Wenn eine Sehbehinderung im hohen Alter nach einem visuell orientierten Leben eintritt, kann das die Persönlichkeit erschüttern.

> **K3 – Erfahrungen einer betroffenen «Expertin»**
> Die eingeschränkte visuelle Wahrnehmung führt dazu, dass die Mimik anderer Personen nicht wahrgenommen werden kann (analog beeinträchtigt die akustische Wahrnehmungseinbusse das Erkennen der Stimmlage anderer Personen). Mit der Zeit wirken die anderen kühl und wenig interessiert auf einen, was natürlich nicht stimmt. So reagiert man als sehbehinderte Person zunehmend selbst auch kühl und wirkt anteilnahmslos oder gar depressiv.

> **K4 – Beispiel aus der Praxis**
> Frau Berner hat eine starke Sehschädigung. «Ich bin mein Leben lang auf andere Menschen zugegangen. Jetzt geht das nicht mehr. Ich erkenne sie nicht mehr. Ich kann nicht mehr Kontakt aufnehmen mit anderen! Das belastet mich am meisten!» Die Stimme von Frau Berner wird zunehmend brüchig, während sie das sagt.

Durch die Sehbehinderung verursachte kognitive Einbussen, Phänomene wie das Filling-in oder das Charles-Bonnet-Syndrom verunsichern zusätzlich. Dabei ist das menschliche Gehirn ausserordentlich anpassungsfähig und verliert seine Plastizität im Alter nicht (vgl. Herschkowitz 2002). Ein positiver Aspekt dieser hohen Plastizität ist die lebenslange Lernfähigkeit, auch im hohen Alter. Das erlaubt (wenn es die psychische Situation zulässt), sich neu als Person mit einer Behinderung kennen zu lernen und die Sehbehinderung in die eigene Identität zu integrieren beziehungsweise eine neue Identität als Person mit Sehbehinderung aufzubauen. Dieser psychische und psychosoziale Prozess kann schmerzlich und anstrengend, aber auch ereignisreich und lohnend sein (vgl. Schulze 2009, 2010).

Behinderungsbedingte kognitive Einbussen

In Selbstversuchen unter Dunkel- und Simulationsbrille im Rahmen von Schulungen mit Pflegefachpersonen bestätigt sich: Obwohl sich Teilnehmer auf das Vorgelesene (Stimme, Rhythmus und Lautstärke) konzentrieren können, haben viele zu ihrem eigenen Erstaunen Mühe, den Inhalt zuverlässig zu verstehen – dies bei intakter kognitiver Leistungsfähigkeit.

Personen mit Sehschädigung sind grundsätzlich kognitiv genau so leistungsfähig wie sehende Personen. Unter kognitiven Einbussen in Zusammenhang mit Sehbehinderung sind kognitive Leistungsstörungen im weitesten Sinn zu verstehen, ausgelöst durch mangelnde oder mangelhafte visuelle (analog auch auditive) Wahrnehmung. Wenn das Gehirn nicht kompensierend «gefüttert» wird, können sich die Symptome von Sehbehinderung und Demenz ähneln. Kognitive Einbussen bei Menschen mit Sehbehinderung oder das Charles-Bonnet-Syndrom sind keine Hinweise auf demenzielle Veränderungen – entsprechend ist darauf zu achten, dass keine Verwechslungen oder unscharfe Differenzierung erfolgen.

Mögliche Folgen mangelnder oder mangelhafter visueller Impulse können sein:

› Zeitliche Orientierung: Die Steuerung der Produktion und Hemmung von Melatonin, dem Hormon, das den Tag-/Nacht-Rhythmus steuert, kann durch fehlende Lichtstimulierung beeinträchtigt sein.
› Örtliche Desorientierung: Es kann wegen der Sehkrafteinbusse etwas übersehen werden (eine Schwelle, eine Treppe usw.), oder die Person weiss nicht mehr, wo sie ist, verliert die Gehrichtung oder wähnt sich an einem anderen Ort.
› Situative und autopsychische Desorientierung: Neuroophthalmologische Gehirnaktivitäten wie das Filling-in und das Charles-Bonnet-Syndrom können zu Verunsicherung und Selbstzweifeln führen (z. B.: «Ich sehe die Person in meinem Zimmer ganz klar, aber andere sagen, es sei niemand hier!»).
› Merkfähigkeit, Erinnerung: Visuelle Anregungen, die Sehenden nicht immer ins Bewusstsein dringen, aber der Erinnerung dienen, bleiben aus. Das kann sich auf die Erinnerung oder auf die Merkfähigkeit bei Abläufen, Sätzen, Namen usw. negativ auswirken.
› Filling-in: Bei AMD oder Glaukom ergänzt das Gehirn fehlende Teile des Gesichtsfeldes – in der Qualität des zur Verfügung stehenden Sehvermögens. Das kann zu unklaren oder falschen, irreführenden visuellen Infor-

mationen führen. Auf das, was die Person «sieht» (vom Gehirn ergänztes Bild), kann sie sich nicht verlassen (vgl. Kapitel 2.1.3 und Sutter 2014).
› Charles-Bonnet-Syndrom (CBS): visuelle Phantomwahrnehmung, oft auch bezeichnet als visuelle Halluzination, vergleichbar mit Phantomschmerz oder Tinnitus (vgl. Kapitel 2.1.3).
› Fluide Intelligenz (aktuelles geistiges Leistungsvermögen): Einschränkung der Kognition infolge mangelnder visueller Informationen (kognitive Einbussen bei eigentlich intakter kognitiver Leistungsfähigkeit). In der Folge können Alltagsaufgaben und soziale Kontakte nur noch eingeschränkt bewältigt werden (vgl. Lehrl/Gerstmeyer, Kapitel 5.3).
› Handlungs- und Bewegungsradius: Durch die Sehbehinderung bedingte Probleme mit der räumlichen Orientierung und/oder mit dem Erkennen von Personen können dazu führen, dass die Person sich zunehmend unsicher fühlt, sich zurückzieht, sich nur noch in Begleitung aus dem Haus oder aus dem Zimmer traut. Zudem sinkt der Anteil visueller Reize für Wahlmöglichkeiten (z. B.: Frau F. kauft nur noch ein, wovon sie weiss, in welchem Regal, und wo genau dort, es steht). Der Handlungs- und Bewegungsradius kann sich infolge der Sehschädigung einengen, wenn nicht aktiv dagegen angegangen wird.

Folgen von Sehschädigung können für die betroffene Person oder für Aussenstehende wie demenzielle Erscheinungen wirken. Die Information über Ursachen und biologische/neurologische Zusammenhänge ist für alle Beteiligten relevant, vor allem aber für die sehbehinderten Personen selbst.

Gemäss Auskunft von Hörbehindertenverbänden bestehen analoge Probleme bei Menschen mit Hörbehinderung. Auch bei ihnen werden hörbehinderungsspezifische Phänomene als Demenz fehlinterpretiert.

Sehbehinderung und Demenz

In groben Schätzungen wird davon ausgegangen, dass etwa 30 % der über 80-jährigen Bevölkerung von einer Demenz, 30 % von einer Sehbehinderung und 30 % von einer Hörbehinderung betroffen sind. Die rein rechnerische Wahrscheinlichkeit, dass zwei Beeinträchtigungen gleichzeitig auftreten, beispielsweise Sehbehinderung und Demenz, liegt somit bei etwa 9 %.

Die Studie des Schweizerischen Zentralvereins für das Blindenwesen (SZB 2015) zu «Sehen, Hören und Demenzerkrankungen im RAI-Spiegel» lässt vermuten, dass eine grosse Anzahl von Personen mit einer Seh- oder Hörbehinderung eine auf Demenz fokussierte Pflege erhalten statt der nötigen Unterstützung zur Selbstständigkeit mit der Sinnesbehinderung. Die Studie weist im RAI-System bei Personen mit Sehbehinderung bei den kognitiven Fähigkeiten eine um etwa 50 %

erhöhte Häufigkeit von Werten aus, die eine Demenzvermutung nahelegen, als bei Sehenden. Sehbehinderung ist aber kein Risikofaktor für Demenz.

Eine Sehschädigung, die nicht rehabilitativ behandelt wird, kann zu kognitiven Einbussen führen, die wie eine Demenz erscheinen. Lehrl und Gerstmeyer weisen nach, dass als dement diagnostizierte Personen mit Katarakt (Grauem Star) nach der Augenoperation sehr oft nicht mehr als dement einzustufen waren (vgl. Kapitel 5.3).

Sehbehinderungsspezifische Rehabilitation strebt bei nicht operablen Erkrankungen wie der AMD ähnliche Resultate an, auch wenn dies nicht so rasch und nicht immer in vergleichbarem Ausmass wie bei einer Operation bei Katarakt erreicht werden kann. Wird die sehbehinderungsspezifische Rehabilitation frühzeitig aufgenommen, können kognitive Einbussen minimal gehalten und bei fortschreitenden (progredienten) Erkrankungen laufend kompensiert werden. Beobachtungen in der Praxis haben beim Kompetenzzentrum für Sehbehinderung im Alter (KSiA) zur Hypothese geführt, dass rehabilitative Pflege und Betreuung bei Menschen mit Sehbehinderung im Alter präventive Wirkung auf Entwicklung und Verlauf einer Demenz haben könnten.

Wegen der unterschiedlichen Massnahmen bei kognitiven Einbussen infolge Sinnesschädigung bzw. infolge Demenz müssen sensorische Defizite in der Langzeitversorgung diagnostiziert werden. Eine vermutete Demenzerkrankung verlangt als Erstes eine fachärztliche diagnostische Klärung der Sinnesschädigung. Bei Verdacht auf Demenz fehlt bisher eine Abklärungssystematik, in deren Verlauf eine genaue augenmedizinische Diagnose vorgesehen ist (vgl. Blaser et al. 2013). In der Demenzdiagnostik muss beim Einsatz von Testverfahren, die visuelle oder auditive Kompetenzen voraussetzen, vorgängig bekannt sein, ob eine Seh- oder Hörschädigung vorliegt.

KSiA geht davon aus, dass die gängig angenommenen Zahlen für die Wahrscheinlichkeit von Demenz zu hoch sind. Mit zureichenden augenmedizinischen Diagnosen und Therapien und mit den notwendigen rehabilitativen pflegerischen Massnahmen dürften die reellen Zahlen eine tiefere Häufigkeit bei Demenz ausweisen. In diesem Zusammenhang öffnen sich viele Forschungsfragen.

Bei Menschen mit Demenz wird der Schweregrad der Demenz anhand des Grades von Abhängigkeit angegeben. Wenn eine demenzielle Entwicklung zusammen mit einer Sehbehinderung vorliegt, bleibt unklar, welchen Anteil an der Abhängigkeit die Sehbehinderung hat. Bei leichter und mittlerer Demenz sind die Folgen der Sehbehinderung rehabilitativ beeinflussbar, das Vorgehen ist allerdings anspruchsvoll. Es sollte unter Berücksichtigung der psychischen Situation trotzdem versucht werden, die negativen Folgen einer Sehbehinderung durch rehabilitative Massnahmen möglichst einzuschränken. Grenzen zeigen sich rasch, eine Kontraindikation ist nicht anzunehmen. Auch hierzu sind Entwicklungsfragen offen, beispielsweise zu Fördermethoden unter Nutzung des motorischen Gedächtnisses.

Sehbehinderung und Depression

Sinnesbehinderung bedeutet für die betroffene Person Verluste, Trauer, Identitätsverlust, Schmerz. Das bewusst gestaltete und genutzte sehbehindertenfreundliche Milieu und die sehbehinderungsspezifische Pflege und Betreuung sind auf die Bewältigung dieser Verluste ausgerichtet.

Depressive Verstimmungen und Depression sind mögliche Folgen einer neu auftretenden Sehbehinderung (vgl. Untersuchungen von Höpflinger und von Heyl, Kapitel 5.1 und Kapitel 5.2). Eine schwere Depression kann einer hochgradigen Demenz gleichen, verschiedene Symptome sind ähnlich. Auch bei Depression ist zu präzisieren, ob und wie die Sinnesbehinderung und die Depression zueinander in Beziehung stehen: War die Depression vorbestehend oder ist sie eine Folge der Sinnesbehinderung? Welche Ausprägung hat die Depression? Vorkommen kann auch eine Dreifachkombination mit vorbestehender Depression, Sinnesbehinderung und Demenz.

Wenn eine leichte oder mittelschwere Depression nach der Sehbehinderung auftritt, darf sie als Folge derselben verstanden werden (Hypothese, vgl. Priorisierung im Pflegeprozess, Kapitel 4.2.3). Bis zu einem erträglichen Mass an Trauer über den Verlust kann sie unter angemessener fachärztlicher Begleitung mit gerontagogischen Massnahmen reversibel sein. Bei einer schweren Depression ist mit rehabilitativen Interventionen Zurückhaltung geboten, die Teilhabe am Leben in der Alterseinrichtung soll dagegen weiterhin ermöglicht werden (geöffnete Zimmertüre, damit die Geräusche von aussen hereindringen können, Besuche usw.), solange die betreffende Bewohnerin nichts anderes signalisiert. Bei Verdacht auf eine Depression ist in jedem Fall ein Facharzt zuzuziehen, idealerweise aus der Gerontopsychiatrie.

2.2.3 Forderung nach differenzierter Diagnostik

Eine differenzierte Diagnostik ist auch im hohen Alter sinnvoll, nicht nur wegen der Gefahr der Fehlinterpretation Demenz statt Sehbehinderung, sondern auch um gewünschte medizinische Therapien oder gegebenenfalls rehabilitative sehbehinderungsspezifische Pflege in die Wege leiten zu können. Eine umfassende Diagnostik, die idealerweise neben der Messung von Visus, Kontrastsehen und Blendung auch die Adaptation und das Gesichtsfeld berücksichtigt, ist für die angemessene pflegerische Unterstützung nötig.

> **Kernaussagen Kapitel 2.2**
> › Sehbehinderung: Folgen der Sehschädigung führen zu Beeinträchtigungen im sehenden und stark visuell orientierten Umfeld. Behinderung entsteht in der Wechselwirkung von Person und Umfeld.
> › Sehschädigung hat bei der Person zumeist funktionale, kognitive und emotionale oder physische, psychische und psychosoziale Beeinträchtigungen zur Folge.
> › Kognitive Einbussen infolge Sehbehinderung sind nicht mit Demenz zu verwechseln.
> › Depression ist eine häufige Folge von Sehbehinderung.
> › Als Folgen der Sehbehinderung sind viele Beeinträchtigungen weitgehend reversibel.
> › Eine differenzierte Diagnostik hilft, Fehldiagnosen auszuschliessen und geeignete Therapien und Massnahmen einzuleiten.

2.3 Rechtliche und fachliche Rahmenbedingungen

Die gesetzlichen Grundlagen bilden die rechtlichen Rahmenbedingungen für die stationäre Langzeitpflege und -betreuung. Personen mit im Pensionsalter eingetretener Behinderung erhalten keine Leistungen der Invalidenversicherung. In der stationären Situation ist ihre soziale Lage mit dem Alters- und Hinterlassenenversicherungsgesetz (AHVG), dem Krankenversicherungsgesetz (KVG) und gegebenenfalls einem Anspruch auf Ergänzungsleistungen geregelt.

Das KVG beschreibt, welche Leistungen bei Krankheit versichert sind. In Art. 25 Abs. 1 heisst es: «Die obligatorische Krankenpflegeversicherung übernimmt die Kosten für die Leistungen, die der Diagnose oder Behandlung einer Krankheit und ihrer Folgen dienen.» Art. 25 erläutert weiter, worin diese Leistungen bestehen («die Untersuchungen und Behandlungen, die ambulant, stationär oder in einem Pflegeheim sowie die Pflegeleistungen, die in einem Spital durchgeführt werden») und wer sie erbringen kann (1. Ärzte oder Ärztinnen, ..., 3. Personen, die auf Anordnung oder im Auftrag eines Arztes oder einer Ärztin ... Leistungen erbringen). Ärzte können und sollen Leistungen verordnen, die geeignet sind, Beeinträchtigungen wegen einer Behinderung zu mindern (vgl. Pflegeauftrag, Kapitel 3.2.3). Es obliegt den sehbehinderungsspezifisch geschulten Pflegeverantwortlichen, die Heim- und Hausärzte zu informieren und zu entscheiden, inwiefern behinderungsspezifische Rehabilitationsleistungen selbst erbracht oder an Fachpersonen von Organisationen des Sehbehindertenwesens delegiert werden.

Fachliche Rahmenbedingungen sind durch die in der Langzeitpflege festgelegten Instrumente BESA, RAI und PLAISIR gegeben. Alle drei sind heute an die Anforderungen der Pflege von Menschen mit demenziellen Erkrankungen angepasst, die Besonderheiten der Sinnesbehinderung sind ihnen jedoch noch fremd. In unterschiedlichem Mass verleiten sie zur Fehlbeurteilung von Sehbehinderung als Demenz (vgl. auch SZB 2015). Sehbehinderungsspezifisch informierte und geschulte Anwenderinnen können jedoch in allen Instrumenten auch die rehabilitativen sehbehinderungsspezifischen Leistungen – wie Essenstraining – beispielsweise als ärztlich verordnete Pflegetrainings abrechnen (zu einzelnen Problemstellungen vgl. Kapitel 4).

Sowohl im Krankenversicherungsrecht wie bei den Arbeitsinstrumenten sind Anpassungen an den Bedarf und die Bedürfnisse von Menschen mit Sinnesbehinderung dringend nötig. Insbesondere ist die Regelung stossend, dass Personen mit Behinderung auch behinderungsspezifisch notwendige Betreuungsleistungen selbst bezahlen müssen (vgl. dazu Kapitel 3.2.5).

Alterseinrichtungen und Verantwortliche der Pflege, die sich in Erweiterung der bis anhin üblichen Praxis dazu entschliessen, die unzureichenden Arbeitsinstrumente sehbehinderungsspezifisch zu nutzen, handeln in Einklang mit der Bundesverfassung Art. 8 (Gleichstellungsartikel), mit der UN-Behindertenrechtskonvention und den Richtlinien der Schweizerischen Akademie der medizinischen Wissenschaften (SAMW) sowie den Grundsätzen des Schweizerischen Verbandes der Pflegefachfrauen und Pflegefachmänner (SBK; vgl. Pflegeauftrag, Kapitel 3.2.3).

Kernaussagen Kapitel 2.3
> Behinderungsspezifische Unterstützung im Pensionsalter wird nicht gemäss IVG, sondern gemäss AHVG und KVG geleistet.
> Die fachliche Zuständigkeit liegt, auch bei Behinderung, bei Medizin und Pflege.
> Die üblichen Pflegebedarfserfassungs- und -planungsinstrumente BESA, RAI und PLAISIR berücksichtigen die Besonderheiten der Sinnesbehinderung (noch) nicht.
> Es ist stossend, dass Personen mit einer Sinnesbehinderung behinderungsbedingt notwendige Betreuungsleistungen selbst bezahlen müssen.

2.4 Bedarf und Bedürfnis I – Gesundheitspolitik und Fachentwicklung

Unter «Bedarf» ist die objektivierbare Bedürfnislage (ein soziales Problem) zu verstehen, die ein generelles (staatliches und/oder privates) Tätigwerden erfordert. Das «Bedürfnis» ist individuell, es kann implizit sein (wenn die bedürftige Person es nicht wahrnimmt oder nicht äussert) oder explizit.

Die Schweiz hat im Jahr 2014 die UN-Behindertenrechtskonvention (UN-BRK) ratifiziert und ist damit die Verpflichtung zu altersunabhängiger behinderungsspezifischer Unterstützung von Personen mit Behinderung eingegangen. Die Häufigkeit von Sehbehinderung im Alter und deren weitgehend vermeidbaren oder positiv beeinflussbaren Folgen sind ausgewiesen. Damit ist der Bedarf auf allen Ebenen offenkundig: in der Praxis der Langzeitpflege, in der Lehre und Ausbildung sowie auf gesundheitspolitischer Ebene. Wie wir gesehen haben, wird das Bedürfnis nach fachspezifischer Unterstützung von betroffenen Personen kaum explizit geäussert. Es ist implizit.

Daraus leitet sich die Forderung nach raschen und umfassenden Korrekturen auf Gesetzesebene und bezüglich der in Kapitel 2.3 genannten Arbeitsinstrumente an die Adresse der Gesundheitsbehörden auf Gemeinde-, Kantons- und Bundesebene ab.

Es besteht auch ein fachlicher Entwicklungsbedarf in Ausbildung und Lehre der für die Alters- und Gesundheitsversorgung tätigen Professionen, vorab in der Langzeitpflege, weil sie für Personen im Pensionsalter auch bei Behinderung zuständig ist. Es ist wünschbar, dass Studien, Masterarbeiten oder andere vertiefte Beschäftigungen mit offenen Fragen, beispielsweise im Überschneidungsbereich der Referenzfächer der Gerontagogik, die Fachkompetenz zu Sehbehinderung im Alter weiter schärfen. Die Einbettung des Themas in Curricula und Lehrpläne von Ausbildungsstätten wurde vereinzelt angegangen.

Damit die Alterseinrichtungen und die verantwortlichen Pflegefachpersonen nicht auf behördliche Entscheide warten müssen, schlägt das hier vorgestellte Konzept der Gerontagogik für die Praxis eine Herangehensweise vor, die eine Entscheidung für die sehbehindertenfreundliche Alterseinrichtung verlangt und nach einer entsprechenden Schulung die schrittweise Weiterentwicklung erlaubt.

Gerontagogik wird hier für den stationären Bereich formuliert, sie ist analog auch im ambulanten Feld anwendbar. Es muss aber davon ausgegangen werden, dass zu Hause lebende Personen im Prozess des Sehbehindert-Werdens oft noch nicht in der Lage sind, diese Tatsache selbst anzuerkennen (Phase der Negierung).

Aus den genannten Punkten wird deutlich: Damit Personen mit Sehbehinderung im Alter und ihre Angehörigen das Thema anerkennen, damit es in Alterseinrichtungen, in Ausbildung und Forschung Eingang findet und damit letztlich auch die rechtlichen Lücken gefüllt werden, braucht es das Problem- und Lösungsbewusstsein auf allen Ebenen.

> **Kernaussagen Kapitel 2.4**
> › Die Ratifizierung der Behindertenrechtskonvention führt zur Verpflichtung zu altersunabhängiger behinderungsspezifischer Unterstützung von Personen mit Behinderung (Bedarf).
> › Das Bedürfnis nach fachspezifischer Unterstützung wird von betroffenen Personen kaum explizit geäussert.
> › Auf Gesetzesebene und bezüglich der Arbeitsinstrumente Pflege sind rasche und umfassende Korrekturen gefordert.
> › Der fachliche Entwicklungsbedarf in Ausbildung und Lehre der für die Alters- und Gesundheitsversorgung tätigen Professionen, vorab in der Langzeitpflege, ist hoch.

2.5 Exkurs: Hörsehbehinderung

Als Hörsehbehinderung wird die Kombination einer starken Seh- mit einer starken Hörbehinderung bezeichnet, die auch mit gut angepassten Brillen und Hörgeräten nicht korrigierbar sind. Die Kompensation durch den jeweils anderen Sinn ist nur eingeschränkt oder gar nicht möglich. Sehen und Hören stehen in enger Wechselwirkung auf der Ebene der neurologischen Verarbeitung der Reize. Erst die Kenntnis der Schädigung der je anderen Sinnesorgane erlaubt die fachgerechte Unterstützung – fachärztliche medizinische Diagnosen sind unabdingbar.

Starke Hörsehbehinderung und Taubblindheit sind eine eigene Behinderungsform. Das Zusammentreffen der beiden Sinnesbehinderungen schränkt die Wahrnehmung ein, im Extremfall bis auf den eigenen Körper und den Radius in Armlänge. Mobilität, Informationszugang und Kommunikation werden ausserordentlich erschwert. Gewisse Informationen aus der Aussenwelt und über diese müssen taktil vermittelt werden.

Die Kommunikation, alle Tätigkeiten und das Vorgehen bei der Suche nach geeigneten Unterstützungsformen erfordern von den Betroffenen und vom Umfeld viel Geduld und sehr viel Zeit. Im Zusammenhang mit Hörsehbehinderung wird von einem eigenen Zeitbegriff gesprochen, der «deafblind time» (Taubblindenzeit, vgl. Marchetti 2011). Sie wirkt sich nicht nur auf das Tempo aus, sondern auch auf die Lebenserfahrung, das Weltbild und die Lebensenergie in allen Bereichen. Manche Personen mit Hörsehbehinderung scheinen im Kontakt «aus der Zeit gefallen» zu sein – Zeit (und auch Raum) ist für sie von anderer Art. Hörsehbehinderte Personen sind grundsätzlich geistig nicht weniger leistungsfähig, sie brauchen aber oft sehr viel mehr und auch körpernahe Unterstützung, um ihre kognitive Leistungsfähigkeit aufrechterhalten zu können. Umso wichtiger ist es, mit ihnen in Kontakt zu bleiben.

Bei Vorliegen einer Hörsehbehinderung sind Fachpersonen der Beratungsstellen für hörsehbehinderte und taubblinde Menschen beizuziehen (vgl. Adresslisten im Anhang). Sie geben den Mitarbeitenden einer Alterseinrichtung hilfreiche Hinweise für Kommunikation, Pflege und Betreuung.

2.6 Zum Begriff Gerontagogik

Gerontagogik im hier verwendeten Begriffsumfang ist eine Kurzform zu Heil- oder Sozialgerontagogik und bezeichnet die zu Selbstständigkeit im Alter ermächtigenden fachlichen Massnahmen im stationären oder ambulanten Feld. Gerontagogik wird am Beispiel der Sehbehinderung beschrieben, kann aber auf andere Behinderungen, die im Alter auftreten, sinngemäss angewendet werden.

Im Wohnheim der Stiftung Mühlehalde Zürich wurde unter der Leitung von Fatima Heussler zwischen 1993 und 2012 unter dem Namen Gerontagogik in der Praxis ein Arbeitskonzept entwickelt, das Arbeitsmethoden, Modelle und Theorien aus der Sozialpädagogik und aus der Langzeitpflege zusammenführt und Kenntnisse aus Gerontologie, Gerontopsychologie, Heil- und Sonderpädagogik (inkl. sehbehinderungsspezifische Fördertechniken), Soziologie, geriatrischer und psychiatrischer Pflege integriert.

Die Begriffswahl in der Mühlehalde Mitte der 90er-Jahre geschah in Anlehnung an den frankophonen Diskurs der Unterscheidung von «gérontagogie» und «géragogie», die sich im deutschsprachigen Umfeld so nicht widerspiegelt. Ausschlaggebend dabei war, dass sich dort die «géragogie» auf die Geriatrie als Bezugswissenschaft bezieht, die «gérontagogie» auf die Gerontologie. Als Prozesse wurden jene in den Fokus genommen, die ein besseres persönliches und soziales Leben im Alter ermöglichen. Gemäss Thesaurus der Bibliothèque de gériatrie et de gérontologie des Institut universitaire de gériatrie de Montréal wird «gérontagogie» definiert als «Science appliquée qui a pour objet l'intervention éducative auprès de sujets âgés et qui est à la frontière entre l'éducation et la gérontologie.»[1] Sie agiert also im Überschneidungsbereich von Pädagogik und Gerontologie. Im Unterschied dazu wird «géragogie» verstanden als: «Science qui s'occupe de l'apprentissage

---

1 http://catalogue.iugm.qc.ca/Record.htm?record = 19142180146919603629 (28.02.2014). Übersetzung: Angewandte Wissenschaft, deren Gegenstand Lernprozesse (bildende Interventionen) bei älteren Personen sind und die im Grenzbereich von Pädagogik und Gerontologie liegt.

des aînés présentant des déficits relevant de la gériatrie.»[2] Kern (2002) fasst verschiedene Begriffsverwendungen zusammen, indem er einerseits auf diese Unterscheidung verweist, andererseits darauf, dass von zahlreichen Autoren die Begriffe «gérontagogie» und «géragogie» synonym verwendet werden (vgl. ebd., 62).

Geragogik wird im deutschen Sprachraum mit Bildung im Alter, Alterspädagogik und ähnlichen Konzepten in Verbindung gebracht, eine Abgrenzung von Gerontagogik besteht nicht. Das Wohnheim der Stiftung Mühlehalde entstammt ursprünglich der Tradition der Sehbehindertenarbeit und entwickelte sich aus demografischen Gründen zur spezialisierten Einrichtung für Sehbehinderung im Alter. Machten in den Anfangszeiten noch vorwiegend alt werdende Menschen mit einer vorbestehenden Sehbehinderung oder Blindheit die Mehrheit der Bewohnerschaft aus, so waren es später zunehmend Menschen, die erst im Alter eine Sehbehinderung erfuhren, oft auch solche, die wegen der Sehbehinderung und ihren Folgen oder anderen zusätzlichen Erkrankungen als pflegebedürftig in das Heim eintraten. Die Erfahrungen mit der spezifischen, disziplinenübergreifenden bzw. -integrierenden Arbeitsweise waren gut. Viele Bewohnerinnen lebten bis zum Tod im hohen Alter ohne Verschlechterung des Allgemeinzustandes, d. h. ohne zunehmenden Pflegebedarf. Bei manchen konnten die Pflegeeinstufungen gesenkt werden. Das Arbeitskonzept in der Stiftung Mühlehalde war auf die Gestaltung eines behinderungsangepassten (stationären) Umfeldes für Menschen mit einer im Alter auftretenden (Seh-) Behinderung und auf eine konsequente Berücksichtigung der Sehbehinderung in der Pflege ausgerichtet. Das Konzept der spezialisierten Einrichtung wurde für die gemischte Einrichtung weiterentwickelt, in der Menschen mit und ohne Sinnesbehinderung leben. So wird die Gerontagogik auch in diesem Buch vorgestellt.

Kernaussagen Kapitel 2.6

› Gerontagogik bezeichnet die fachlichen Massnahmen im stationären oder ambulanten Feld, die Menschen mit einer im Alter auftretenden Behinderung zu Selbstständigkeit ermächtigen.
› Dazu gehört die Gestaltung eines behinderungsangepassten Umfeldes und die konsequente Berücksichtigung der behinderungsspezifischen Bedürfnisse in Pflege und Betreuung.

---

2   http://catalogue.iugm.qc.ca/Record.htm?record = 19142173146919603559 (28.02.2014); vgl. auch Boutinet 2012, 3. Übersetzung: Wissenschaft, die sich mit den Lernprozessen älterer Menschen mit geriatrischen Problemen beschäftigt.

2.7 Literatur

ABA (Association pour le Bien des Aveugles et malvoyants) (Hrsg.). 2005. *Voir en EMS: Rapport de l'étude sur la présence des déficits visuels dans la population agée vivant en EMS*. Etude conduite par Marie-Paule Christiaen-Colmez en collaboration avec Guy Donati et M. Markus W. Braun. Genève: ABA.

BFS (Bundesamt für Statistik). 2009. *Behinderung hat viele Gesichter: Definitionen und Statistiken zum Thema Menschen mit Behinderungen*. Neuchâtel: BFS.

Blaser, Regula, Daniela Wittwer, Jeanne Berset und Stefanie Becker. 2013. *Demenzerkrankungen und Hör-/Sehbeeinträchtigungen: Eine Untersuchung zur wechselseitigen Beeinflussung von Demenzerkrankungen und Sehbeeinträchtigungen in der Diagnostik bei älteren Menschen*. Synthesebericht zuhanden des Schweizerischen Zentralvereins für das Blindenwesen. Bern: Berner Fachhochschule, Institut Alter.

Boutinet, Jean-Pierre. 2012. *Vieillir en se formant, une nouvelle figure de l'avancées en âge: Conclusion à l'ouvrage «Formation et vieillissement»*. http://www.jeanpierreboutinet.fr/upload/131029145406Vieillir%20en%20se%20formant.pdf (28.02.2014).

Höpflinger, François, Lucy Bayer-Oglesby und Andrea Zumbrunn. 2011. *Pflegebedürftigkeit und Langzeitpflege im Alter: Aktualisierte Szenarien für die Schweiz*. Bern: Verlag Hans Huber.

Johnson, Malcolm L. (Hrsg.). 2005. *The Cambridge Handbook of Age and Ageing*. Cambridge, New York, Melbourne, Madrid, Cape Town, Singapore, São Paulo: Cambridge University Press.

Kern, Dominique. 2002. *L'intégration des personnes âgées dans la vie sociale de la ville*. Mémoire à l'Université d'Evry Val d'Essone, Centre Universitaire de formation du travail social. http://perso.numericable.fr/~sitedurtf7/downloads/Kern%20M%E9moire%20DESS%20RT7.pdf (28.02.2014).

Marchetti, Beat. 2011. *Deafblind Time – Wenn Sehen und Hören schwächer werden: Ein Film über Menschen mit erworbener Hörsehbehinderung*. St.Gallen: SZB.

Nadig, Oliver. 1999/2007. *Visuelle Phantomwahrnehmungen bei sehbehinderten und blinden Menschen*. Diplomarbeit im Fachbereich Psychologie der Philipps-Universität Marburg 1999. Onlineversion, publiziert als Anhang 8 auf der Website von Hans-Eugen Schulze. http://ma-ha-schulze.de/dokumente/upload/3363d_Anhang_8,_Visuelle_Phantomwahrnehmungen_bei_sehbehinderten_und_blinden_Menschen,_Oliver_Nadig.pdf (21.05.2015).

SAMW (Schweizerische Akademie der Medizinischen Wissenschaften) (Hrsg.). 2013. *Medizinische Behandlung und Betreuung von Menschen mit Behin-*

derung. 2. Auflage. Basel: SAMW. http://www.samw.ch/de/Ethik/ Richtlinien/Aktuell-gueltige-Richtlinien.html (18.02.2014).

Sutter, Florian. 2014. *Netzhautdegenerationen: Ein anderes Sehen*. 2. Auflage. Zürich: Retina Suisse.

SZB (Schweizerischer Zentralverein für das Blindenwesen) (Hrsg.). 2015. *Sehen, Hören und Demenzerkrankungen im RAI-Spiegel: Bericht zur Halbzeit (2015)*. Unveröffentlichte Vorabversion vom 3. November 2015. St.Gallen: SZB.

SZB (Schweizerischer Zentralverein für das Blindenwesen) (Hrsg.). 2012. *Sehbehinderung und Blindheit: Entwicklung in der Schweiz. Eine Publikation zur Frage: «Wie viele sehbehinderte, blinde und hörsehbehinderte Menschen gibt es in der Schweiz?»* St.Gallen: SZB.

3 Die gerontagogische Alterseinrichtung

Personen, die im Alter sehbehindert werden, arrangieren sich meist damit: Sie schränken ihren Bewegungsradius, ihre persönlichen und sozialen Bedürfnisse ein und kommen so «schon zurecht». Diese Einschränkungen in Kauf zu nehmen, ist Ausdruck davon, dass sie die Behinderung als Begleiterscheinung des Alterns zu akzeptieren versuchen. Vielen erscheint das Leben jedoch nicht mehr lebenswert. Die meisten dieser Menschen schöpfen weder die augenmedizinischen Möglichkeiten aus, noch kennen sie rehabilitative Möglichkeiten, um einen aktiven Umgang mit der Sehbehinderung zu erlernen. Sie erfahren sich selbst meist nicht als behindert, sondern fühlen sich eher erschöpft und mutlos, beklagen sich aber in der Regel nicht.

Wozu braucht es Gerontagogik, wenn sich die Betroffenen nicht beklagen? Die häufigen somatischen und psychischen Folgen von Sehbehinderung sowie möglichen verstärkenden Auswirkungen auf andere Erkrankungen führen oft zu Pflegebedarf. Spätestens dann sollen Menschen mit einer Behinderung Unterstützung erhalten, die in Kenntnis der behinderungsspezifischen präventiven und rehabilitativen Massnahmen erfolgt, mit denen diese Folgen gemildert oder beseitigt werden können.

Gerontagogik anerkennt den Anspruch auf selbstbestimmtes Leben mit Behinderung wie er in der Behindertenbewegung formuliert wird («Nicht ohne uns über uns!»), in der UN-Behindertenrechtskonvention rechtlich verbindlich formuliert ist und fachlich in den Disability-Studies erarbeitet wird. Damit stellt sich Gerontagogik der Herausforderung, in der Langzeitpflege behinderungsspezifische Angebote für Personen zu gestalten, die selbst noch nicht Experten ihrer Behinderung sind, also ihre Bedürfnisse noch nicht selbst formulieren (können).

> Auch in den besten Alterseinrichtungen ist strukturelle Abhängigkeit eine Tatsache. Kapitel 3.1 geht darauf ein und bietet allgemeine Aspekte der Gerontagogik im Überblick. In Kapitel 3.2 werden die Konzeptelemente im Einzelnen behandelt. Die grundsätzlichen Hinweise zu Pflege und Betreuung in der gerontagogischen Alterseinrichtung leiten zum Kapitel 4 über, das sich ausführlich und aus pflegefachlicher Perspektive mit den spezifischen Anforderungen an die Pflege beschäftigt.

3.1 Grundlagen der Gerontagogik

Administrativ (z. B. beim Bundesamt für Statistik) zählen Alterseinrichtungen zu den Kollektivhaushalten. Kennzeichen ist das temporäre oder dauerhafte

Zusammenwohnen verschiedener Personen (weitgehend) ohne selbstständige Haushaltführung. Damit sind immer strukturelle Abhängigkeiten verbunden. Die Methoden und Erfahrungen aus der Behindertenarbeit steuern diesen Abhängigkeiten bewusst entgegen. Konsequent umgesetzt wirken diese Massnahmen inklusiv (inkludierend, vgl. Kapitel 3.2.1) und dienen der Gleichstellung von Menschen mit Sehbehinderung im Alter. Sie werden mit dem gerontagogischen Ansatz in Alterseinrichtungen umgesetzt. Die Besonderheiten dieses Ansatzes unterstützen alle Personen im selbstbestimmten Zusammenleben in der Alterseinrichtung. Bewohner mit einer Behinderung sind darauf angewiesen, damit die Beeinträchtigungen durch die Behinderung bestmöglich ausgeglichen werden.

3.1.1 Entwicklungen gegen strukturelle Abhängigkeit in Einrichtungen

Die Heimkampagnen-Bewegung kritisierte in den 60er- und 70er-Jahren des 20. Jahrhunderts auf der Basis soziologischer Konzepte (Goffman und Foucault) die pädagogischen Disziplinierungsmethoden in der Heimerziehung und in allen Arten von «Anstalten» (Gefängnisse, Heime, psychiatrische Kliniken). Es wurde gefordert, diese zu demokratisieren oder aufzulösen. Die Bewegung vermochte sich nicht durchzusetzen, hatte aber grossen Einfluss auf die öffentliche und fachliche Debatte, auf sozialpädagogische Konzepte und auf Ausbildungsgänge. Die gesellschaftlichen Rahmenbedingungen und das soziale Umfeld kamen damit als mögliche Belastungsfaktoren in den Blick, das soziale Umfeld wurde als potenzielle Ressource für die Unterstützung und Förderung der Klientinnen erkannt und in die Konzepte einbezogen. Diese Diskussion schlug sich in der sozialpädagogischen Theorie und Praxis nieder, besonders in der Reflexion von Abhängigkeits- und Machtverhältnissen in Einrichtungen für Menschen mit Behinderung.

Alterseinrichtungen entwickelten sich aus den Pfrund- und Armenhäusern. Sie erlebten im 20. Jahrhundert mit der Geriatrie und der Gerontologie eine Professionalisierung, die heute fachlich stark von Themenschwerpunkten wie Multimorbidität, Demenz, Palliation usw. beherrscht und durch rechtliche und arbeitstechnische Rahmenbedingungen gesteuert wird. Pflegewissenschaft und Pflegepraxis, besonders der Langzeitpflege, haben sich unter dem stark normierenden Einfluss der Gesundheitspolitik auf die Praxis auseinanderbewegt – es kann in der Praxis nicht immer das getan werden, was nach den neuen Erkenntnissen der Pflegewissenschaft geboten ist.

Wegen der unterschiedlichen historischen Entwicklung von Einrichtungen für junge und für alte Menschen, wegen der verschieden geregelten Finanzierung und Kontrolle der Leistungen in Behinderten- bzw. in Alterseinrichtungen bilden sich in den hauptsächlich darin beschäftigten Professionen, der Sozialpädagogik und der Pflege, unterschiedliche Positionen zum Thema Fremd- und Mitbestimmung heraus. In den letzten Jahren führten die zunehmende Bedeutung von Pflege und Betreuung von Menschen mit Demenz, das Thema Suizidbeistand und das neue Erwachsenenschutzrecht (seit 1.1.2013) in Alterseinrichtungen zu differenzierten Positionen gegenüber Selbstbestimmung bei Pflegebedürftigkeit. Dabei stehen sich Selbstbestimmung der Leistungsempfänger und rechtliche wie fachliche Verantwortung der Pflegefachpersonen gegenüber.

Die Bewohnerinnen einer Alterseinrichtung sind indirekt Arbeitgeberinnen der Mitarbeiter. Diese unterstehen aber dem Auftrag der Einrichtung, indirekt dem Auftrag der öffentlichen Hand. Fachpersonen der Altersversorgung aus Behörden und Verbänden formulieren im «wohlverstandenen Interesse»[3] der «durchschnittlichen» Leistungsempfänger und unter wirtschaftlichen Gesichtspunkten den Leistungsauftrag an die Alterseinrichtungen. Es sind also Dritte, welche die Bewohnerbedürfnisse strukturieren, formulieren und beurteilen und in Arbeitsaufträge fassen. Dieses Dreiecksverhältnis zwischen Auftraggeber (Staat/Alterseinrichtung), Leistungsempfängerinnen (Bewohnerinnen) und Leistungserbringern (Mitarbeitern) impliziert per se Fremdbestimmung. In der Sozialen Arbeit wird dies unter dem Begriff Tripelmandat reflektiert.

Mit dem Fokus auf im Alter erworbene Sinnesbehinderung regt das gerontagogische Konzept in Übereinstimmung mit den oben genannten Entwicklungen in Einrichtungen für Menschen mit Behinderung[4] und den von Behindertenorganisationen und der Gesetzgebung formulierten Selbstbestimmungsrechten bei Behinderung und Alter ein Umdenken in der Langzeitpflege und -betreuung an. Zu ihren Merkmalen gehören:

› Stärkung der Mitwirkung der Bewohnerschaft und ausdrückliche Förderung der Mitwirkung sinnesbehinderter Bewohner,
› Durchlässigkeit nach aussen, inkl. externe Betreuerinnen,
› multiprofessionelle Beurteilung von Bedürfnissen und Ressourcen der sehbehinderten Bewohner,
› informierte Selbstbestimmung,
› individuelle rehabilitative Unterstützung, bei Bedarf mit externen Rehabilitationsfachpersonen.

Diese Merkmale gelten auch für die Gerontagogik. Sie wirken der Fremdbestimmung entgegen und stützen die Selbstbestimmung.

---

3 Rechtssprachlicher Begriff (Gesetzestexte).
4 Vgl. INSOS-Charta Lebensqualität (2012) zur Gestaltung von Einrichtungen für Menschen mit Behinderung.

3 Die gerontagogische Alterseinrichtung

> **Kernaussagen Kapitel 3.1.1**
> › Gesellschaftliche Rahmenbedingungen und das soziale Umfeld können beides sein: Belastung oder potenzielle Ressource für die Unterstützung und Förderung.
> › Alterseinrichtungen bringen immer auch strukturelle Abhängigkeiten mit sich. Selbstbestimmung der Leistungsempfängerinnen und rechtliche wie fachliche Verantwortung stehen sich gegenüber.
> › Die Gerontagogik übernimmt Methoden und Erfahrungen aus der Behindertenarbeit, um Abhängigkeiten entgegenzuwirken und die Selbstbestimmung zu stützen: Stärkung der Mitwirkung der Bewohnerinnen, Durchlässigkeit nach aussen, multiprofessionelle Beurteilung von Bedürfnissen und Ressourcen, Selbstbestimmung auf der Basis fundierter Informationen, individuelle rehabilitative Unterstützung.

3.1.2 Konzept der Inklusion

Dass Menschen mit einer Behinderung in der Gesellschaft gleichberechtigt integriert werden sollen, ist ein unstrittiges Anliegen. Über lange Zeit wurden deshalb Unterstützungs- und Fördermethoden entwickelt, um diese Menschen für das «normale» Umfeld «fit zu machen», oft in einem Sondersetting (z. B. einer Behindertenschule oder -einrichtung).

Der Ansatz der Inklusion geht darüber hinaus. Er legt den Fokus auf das Umfeld, das so zu gestalten ist, dass alle Menschen in ihrer Vielfalt und Unterschiedlichkeit (auch mit und ohne Behinderungen) selbstbestimmte und in allem

Abbildung 2   Grafische Darstellung des Unterschieds zwischen Integration und Inklusion

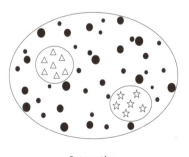
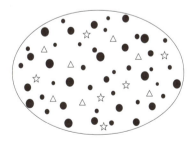

Integration   Inklusion

gleichberechtigte Mitglieder der Gemeinschaft sind. Das setzt einerseits voraus, dass weniger von der Vorstellung einer klar abgrenzbaren Gruppe ausgegangen wird (z.B. Menschen mit Sehbehinderung), sondern viel mehr von der Unterschiedlichkeit der Individuen mit ihren je eigenen Möglichkeiten und Begrenzungen. Andererseits verlangt Inklusion klar, dass nicht die «Betroffenen» sich an die Umwelt anzupassen haben, sondern dass die Umwelt so gestaltet wird, dass alle Menschen selbstbestimmt und gleichberechtigt Anteil haben und nehmen können. Es geht also nicht um Behindertenhilfe, sondern um die Frage des gesellschaftlichen Umgangs mit Unterschieden und der Gestaltung des Sozialraums.

Inklusive (die Inklusion anstrebende) Ansätze sind solche, «die auf der Basis bürgerrechtlicher Orientierung an der Partizipation aller Menschen in allen Bereichen arbeiten und vorhandene Barrieren aus dem Weg zu räumen versuchen ... und auch die eigenen Strukturen als mögliche Barrieren nicht vergessen» (Hinz 2009, 5). Als Hauptproblem werden nicht die Behinderung, die Schädigung oder das Defizit angesehen, auch nicht die Abhängigkeit und Unselbstständigkeit, sondern die Umwelthindernisse für die Teilhabe. Daraus folgt, dass sich die Problemlösung nicht auf die Behandlung und Therapie und auch nicht auf die Förderung innerhalb einer am wenigsten einschränkenden Umwelt beschränken darf, sondern sich auf die Neugestaltung der Umwelt hin zu einer inklusiven Gesellschaft ausrichtet. Der Prozess dahin und die Qualität werden durch die Betroffenen selbst kontrolliert (nicht durch Fachpersonen und nicht durch interdisziplinäre Teams).

In der vollen Konsequenz ist Inklusion damit eine Vision. Sie charakterisiert die anzustrebende Grundhaltung und Zielsetzung. Die Behindertenrechtskonvention richtet sich auf Inklusion in diesem Sinn aus.

Gerontagogik und Inklusion decken sich in der Zielorientierung. Gerontagogik stützt sich auf die genannten inklusiven Grundsätze und gestaltet das Milieu in der Alterseinrichtung entsprechend.

Kernaussagen Kapitel 3.1.2

› Inklusion: Das Umfeld ist so zu gestalten, dass alle Menschen in ihrer Vielfalt und Unterschiedlichkeit – mit und ohne Behinderungen – ein selbstbestimmtes Leben führen und in allem gleichberechtigt an der Gemeinschaft teilhaben können.
› Auch die Behindertenrechtskonvention richtet sich auf Inklusion in diesem Sinn aus.
› Die Gerontagogik teilt Grundhaltung und Zielsetzung der Inklusion.

3.1.3 Bedarf und Bedürfnis II – Person und Umfeld

Gerontagogik begegnet dem Bedarf alter Menschen mit einer Sinnesbehinderung, wie er sich in wissenschaftlichen Befunden zeigt (vgl. Textauswahl in Kapitel 5). Dabei stützt sie sich auf die Sicht von Betroffenen, wie sie stellvertretend Hans-Eugen Schulze (2009, 2010) vorstellt.

Behinderung entsteht bei der Person (funktionale Beeinträchtigungen) und im Wechselspiel der Person mit den von aussen auf sie einwirkenden Bedingungen (soziale, bauliche, technische Barrieren). Entsprechend ist der Bedarf ein zweifacher: einerseits nach Unterstützung im Umgang mit der Sehbehinderung (z. B. Lernen von alltagspraktischen Fähigkeiten) und andererseits nach einem barrierefreien und unterstützenden Umfeld. Gerontagogik und die gerontagogische Alterseinrichtung fokussieren daher gleichermassen auf die individuelle Rehabilitation zu Autonomie und auf die Gestaltung des unterstützenden und Teilhabe ermöglichenden Umfeldes.

Unter Barrierefreiheit wird herkömmlich die Abwesenheit baulicher oder technischer Hindernisse verstanden. In Übereinstimmung mit dem Verständnis der Internationalen Klassifikation der Funktionsfähigkeit, Behinderung und Gesundheit (ICF) stellt das Konzept der Gerontagogik zudem die soziale Barrierefreiheit ins Zentrum. Dabei geht es um eine Haltung und Einstellung des sozialen Umfelds gegenüber Personen mit Behinderung, die inklusiv ist, also die Person auf gleicher Augenhöhe in die Geschehnisse einbezieht.

Dem ausgewiesenen Bedarf (vgl. Kapitel 2.4) soll ein Versorgungsangebot gegenüberstehen, das den Menschen mit Sehbehinderung im Alter folgende Leistungen bietet:
› augenmedizinische Versorgung (augenmedizinische Diagnosen, Information, Therapien) und bei fortbestehender Sehschädigung/Sehbehinderung Verordnungen zu Rehabilitations- und Pflegeleistungen,
› sehbehinderungsspezifische und rehabilitativ sehbehinderungsspezifische Pflege und Betreuung (zur Unterscheidung vgl. Kapitel 3.2.3 und 4.1.1).

Neben diesen Versorgungsleistungen müssen zur Umsetzung des schweizerischen Gleichstellungsanspruchs[5] von Menschen mit Behinderung im Alter folgende Anforderungen erfüllt sein:
› soziale Barrierefreiheit: Sie bezieht sich besonders auf die Einstellung zu Sehbehinderung im Alter, nicht nur in Alterseinrichtungen, sondern in der ganzen Gesellschaft, und
› bauliche Barrierefreiheit.

Diese Angebote fehlen weitgehend. Nur langsam setzt sich die Überzeugung durch, dass Sehbehinderung im Alter nicht als normale Alterserscheinung zu

---
5 Vgl. auch UN-BRK Art. 25 ff.

erdulen ist, sondern dass betroffene Personen mit fachlicher und persönlicher Unterstützung auch als Sehbehinderte selbstbestimmt und weitgehend selbstständig leben können. Die mit der Sehbehinderung einhergehenden Beeinträchtigungen der Kontrolle und Handlungsfähigkeiten werden oft als entwürdigend erlebt und daher verschwiegen. Um hierzu in der Gesellschaft einen Einstellungswandel herbeizuführen, muss viel Aufklärung geleistet werden. Eine grosse Entlastung kann sich bereits ergeben, wenn in der Alterseinrichtung explizit thematisiert wird, welche Herausforderungen eine Sehbehinderung mit sich bringt und dass ihnen mit gezielten Massnahmen entgegnet wird.

Gemäss Angaben von Verantwortlichen bei der Sterbehilfeorganisation Exit ist Sehbehinderung ein wesentlicher Aspekt der Indikation für «Altersfreitod». Betroffene kennen oft die Möglichkeiten der Rehabilitation schlecht oder sie erfahren zu wenig soziale, familiale oder fachliche Unterstützung dazu. Auch Hausärztinnen, Pflegefachpersonen oder Mitarbeiter von Sterbehilfeorganisationen wissen noch wenig über Sehschädigung und deren Zusammenhänge mit anderen Krankheitsphänomenen im Alter sowie über mögliche Unterstützungsmassnahmen.

Mit Studien in Deutschland und der Schweiz wurde und wird aktuell die Situation von Menschen mit Sehbehinderung im Alter untersucht.[6] Medizinische Unterversorgung scheint in Deutschland ausgewiesen, das dürfte auch für die Schweiz gelten. Sie geht einher mit fehlenden sehbehinderungsspezifischen Pflegeleistungen.

Der mit dem gerontagogischen Konzept vorgelegte spezialisierte Ansatz für die Gestaltung von Alterseinrichtungen und von Pflege- und Betreuungsleistungen ist ein Beitrag zur bedarfsgerechteren Altersversorgung auf der professionellen Ebene.

---

6 Z. B. Blindeninstitutsstiftung Würzburg/LowVision Stiftung: Sehen im Alter – Menschen mit Sehbeeinträchtigung in Einrichtungen für Senioren (2012–2015); Stiftung Auge/Universitäts-Augenklinik Bonn: Ophthalmologische Versorgung in Seniorenheimen (OVIS) (Start 2014); Berner Fachhochschule, Institut Alter: Demenzerkrankungen und Seh-/Hörsehbeeinträchtigungen (2013) / Seh- und Hörbeeinträchtigungen bei Menschen mit einer Demenzerkrankung – Leitlinien zur good practice (2015); Zentrum für Gerontologie Zürich (ZfG): Im Alter eine Sehbehinderung erfahren – oder mit einer Sehbehinderung das Alter erfahren (2013–2014) / Faktoren für ein erfolgreiches Altern mit einer Sehbehinderung (2015–2016).

> **Kernaussagen Kapitel 3.1.3**
> › Gerontagogik fokussiert stark auf die soziale Barrierefreiheit und fordert eine inklusive (inkludierende) Haltung des sozialen Umfelds gegenüber Personen mit Behinderung.
> › Ein dem Bedarf entsprechendes Versorgungsangebot für Menschen mit Sehbehinderung im Alter bietet augenmedizinische Versorgung (mit Diagnosen, fundierter Information und Therapien), Verordnungen zu Rehabilitations- und rehabilitativen Pflegeleistungen, sehbehinderungsspezifische Pflege und Betreuung sowie soziale und bauliche Barrierefreiheit.
> › Die mit der Sehbehinderung einhergehenden Beeinträchtigungen der Kontrolle und Handlungsfähigkeiten werden oft als entwürdigend erlebt und daher verschwiegen. Sehbehinderung gehört zu den häufigsten Gründen für den sogenannten «Altersfreitod». Viel Aufklärung ist nötig.
> › Das deutliche Thematisieren der Herausforderungen, die Sehbehinderungen mit sich bringen, und das gezielte Einsetzen von Gegenmassnahmen in der Alterseinrichtung können bereits zu einer grossen Entlastung führen.

3.1.4 Fachliche Basis der Gerontagogik
Milieugestaltung, Normalisierungsprinzip, Peergruppenarbeit

Die Gerontagogik integriert Wissen und Erfahrung aus der Arbeit mit jüngeren Behinderten in die Altersarbeit. Sie setzt zur Gestaltung des Umfeldes die bekannten Konzepte der Milieugestaltung und des Normalisierungsprinzips ein und fördert den Kontakt unter den Bewohnern (Peers).

Das sozial- und psychotherapeutische Konzept der Milieutherapie geht auf Bettelheim (1971, 1975), Winnicott (1974) und Staack (2004) zurück, das Normalisierungsprinzip auf Bank-Mikkelsen, Nirje und Wolfensberger (50er- und 60er-Jahre, vgl. Thimm 2005). Normalisiert werden nicht die Personen mit einer Behinderung, sondern die Lebensbedingungen: Das Umfeld wird so gestaltet, dass auch für Menschen mit Behinderung ein im umfassenden Sinn «normales» Leben und die gleichberechtigte Teilhabe am gesellschaftlichen Leben möglich sind. Dabei dient das behindertenfreundliche Milieu dieser Normalisierung. Milieugestaltung und Normalisierungsprinzip sind in die Rechtsordnung eingeflossen (u. a. mit der Behindertenrechtskonvention) und werden heute auch in der Arbeit mit Menschen mit Demenz eingesetzt. Gerontagogik überträgt die Anwendung in die Gestaltung von Alterseinrichtungen zugunsten von Menschen mit im Alter erworbener Sinnesbehinderung.

Wolfensberger (2005) beschreibt den Adressatenkreis des Normalisierungsprinzips im Drei-Stufensystem: Individuum – primäre und intermediäre soziale Systeme (Familie und Nachbarschaft/kommunale Umwelt/Fördereinrichtung) – gesellschaftliche Systeme (mit ihren Wertmassstäben, Gesetzen, Finanzierungsmustern usw.). Der gerontagogische Ansatz übernimmt die Notwendigkeit, auf allen Ebenen tätig zu werden: bei der einzelnen Person (Mikro-System) – bei den Institutionen (Meso-System) und in der Gesellschaft (Makro-System). Es reicht nicht, die betroffene Person als Individuum zu unterstützen. Die gerontagogische (Alters-)Einrichtung richtet zusätzlich zur individuellen Betreuung (gerontagogische Pflege und Betreuung) das institutionelle Umfeld nach den besonderen Bedürfnissen dieser grossen Bewohnergruppe aus (sinnesbehindertenfreundliches Milieu, Management/Verwaltung, Bau, Inneneinrichtung) und unterstützt die Durchlässigkeit nach aussen.

Die systemische Betrachtung der Alterseinrichtung stützt Grundansätze der Gerontagogik wie die Nutzung des sozialen Systems (z. B. Familie, Unternehmen, Alterseinrichtung) als Ressource oder die Öffnung nach aussen als Massnahme gegen zu eng (autoritär) wirkende Systeme.

In Artikel 26 der seit 2014 für die Schweiz gültigen UN-Behindertenrechtskonvention wird Peer Support und damit die Methode des Peer Counseling gefordert, also die Beratung von Behinderten durch Behinderte. In Alterseinrichtungen sind Erfahrungsaustauschgruppen unter sehbehinderten Bewohnern oder in gemischten Gruppen noch kaum eingerichtet. Mit entsprechender Begleitung sind solche Gruppen optimale Lernfelder für den neu zu erlernenden Umgang mit einer Behinderung.

Bauliches und Inneneinrichtung

Die Anforderungen an Bau und Inneneinrichtung stützen sich auf die Arbeiten von Exponentinnen aus dem Sehbehindertenwesen (Marie-Paule Christiaen, Markus Sutter) und von weiteren Fachpersonen für behinderten- und altersgerechtes Bauen (u. a. Felix Bohn, Petra Breuer). In Zusammenarbeit mit der Architektin Elisabeth Dietrich und in einer Vielzahl von Bemusterungen mit Bewohnerinnen mit Sehbehinderung wurden diese weiterentwickelt (vgl. Kapitel 3.2.2).

Gerontagogische Pflege

Die gerontagogische Pflege ist rechtlich und organisatorisch verantwortlich für die individuelle Unterstützung der sehbehinderten Bewohner. Sie berücksichtigt im Pflegeprozess die Implikationen von Sehschädigung und ihren Folgen für das Allgemeinbefinden und für andere Erkrankungen. Je nach Bedarf koordiniert sie multiprofessionelles Vorgehen und setzt nach Möglichkeit spezifische Ansätze der Behindertenrehabilitation aus anderen Professionen wie der Sehbehindertenrehabilitation, der Sozialen Arbeit/Sozialpädagogik, der Heilpädagogik um. Zudem stellt sie die Verbindung zwischen dem Mikro- und dem Meso-System her: Sie nutzt das gerontagogische Milieu als Übungsfeld für die Bewohnerin, beispielsweise um einzelne Lernschritte zu testen (vgl. Kapitel 4).

Kernaussagen Kapitel 3.1.4

› Zu den Methoden und Erfahrungen, die aus der Arbeit mit jüngeren Behinderten übernommen werden, gehören die Milieugestaltung, das Normalisierungsprinzip und die Arbeit mit Peergruppen. Die Gerontagogik überträgt deren Anwendung in die Gestaltung von Alterseinrichtungen. Dazu kommen das Wissen um behinderten- und altersgerechtes Bauen sowie die Integration von sinnesbehinderungsspezifischem Wissen und rehabilitativen Techniken in die Pflege.
› Milieugestaltung und Normalisierungsprinzip: Das Umfeld wird so gestaltet, dass Menschen mit Behinderung ein möglichst «normales» Leben mit gleichberechtigter Teilhabe am gemeinschaftlichen Geschehen führen können. Dafür ist Arbeit auf drei Ebenen nötig: Individuum (Mikro-System) – direktes Umfeld (Familie, Nachbarschaft, Quartier, Institution: Meso-System) – gesellschaftliches Umfeld (Wertmassstäbe, Gesetze, Finanzierungsmuster: Makro-System). Es ist wichtig, die betroffene Person individuell zu unterstützen, aber das reicht nicht.
› Peer Support: Erfahrungsaustauschgruppen sind optimale Lernfelder, um den Umgang mit einer Behinderung neu zu erlernen. In Alterseinrichtungen sind solche Gruppen unter sehbehinderten Bewohnern oder in gemischter Zusammensetzung noch kaum eingerichtet.
› Gerontagogische Pflege: Sie koordiniert das multiprofessionelle Vorgehen, setzt spezifische rehabilitative Ansätze aus Referenzfächern um und nutzt das gerontagogische Milieu als Übungsfeld für die Bewohnerin.

3.1.5 Fürsorge und inkludierende Ermächtigung

Starke psychische Belastungen, Verunsicherung und in der Folge oft sozialer Rückzug sind bei Sehbehinderung verbreitet. Gerontagogik begegnet dieser Tatsache auf der individuellen Ebene und auf der Ebene des Lebensumfeldes (der Alterseinrichtung). Vereinfacht gesagt wirkt das gerontagogische Milieu (Meso-System) integrierend und entlastend, die individuelle Unterstützung (Mikro-System) wirkt befähigend – in der Pflege, der Aktivierung oder im unterstützenden Einzelkontakt mit anderen Personen der Alterseinrichtung.

Das Spannungsfeld zwischen Fürsorge und inkludierender Ermächtigung stellt erfahrungsgemäss für Mitarbeiter der Langzeitversorgung eine Herausforderung dar. Verschiedene Professionen vertreten tendenziell unterschiedliche Sichtweisen und ergänzen sich.

Bei Menschen mit Seh- oder Hörbehinderung können als Folge der beeinträchtigten Wahrnehmung Missverständnisse auftreten. Diese wirken sich negativ aus, wenn die Betroffenen damit allein gelassen sind.

Personen mit Sehbehinderung brauchen keine Fürsorge im Sinne einer bevormundenden Sorge für jemanden, sondern Fürsorge im Sinne von Gian Domenico Borasio: «Fürsorge heisst nicht, den Menschen ihre Entscheidung abzu-

---

K5 – Beispiel aus der Praxis

Die sehbehinderte Frau Kuhn freundet sich rasch mit anderen Bewohnerinnen an, aktuell mit Frau Ferrero. Ebenso rasch kommt es wieder zum Zerwürfnis, die zwei Personen meiden sich. Mitarbeiter helfen, indem sie mit entsprechender Sitzordnung die beiden in sicherer Distanz halten. Beide Parteien sollen so vor weiterem Streit geschützt werden (Fürsorge).

Die Leiterin Aktivierung, eine Sozialpädagogin, geht anders vor: Sie bittet Frau Kuhn und Frau Ferrero zu einem Gespräch. Ihr beruflicher Hintergrund befähigt sie zur Moderation von Konfliktgesprächen. Beide Frauen beschreiben, was sie sich wünschen und worüber sie sich ärgerten. Dabei versteht jede der Frauen das Erleben der anderen und es zeigt sich, dass Missverständnisse wegen der beeinträchtigten Wahrnehmung von Frau Kuhn aufgekommen waren.

Frau Kuhn erlebt das Gespräch unterstützend (Förderung). Es motiviert sie, sich mit der Sehbehinderung näher zu befassen. Sie weiss nun, dass sie sich auf das, was sie «sieht», nicht verlassen kann,[a] und sie erkennt, dass dies wohl auch die Ursache für frühere Zerwürfnisse war.

---

a) Zur teilweise irreführenden Wahrnehmung bei altersbedingter Makuladegeneration vgl. Sutter 2014.

nehmen, sondern sie in die Lage zu versetzen, informierte Entscheidungen zu treffen» (Borasio 2015, 891). Diese Art der Fürsorge ist ein Element der ermächtigenden professionellen Tätigkeit: die Befähigung der Bewohnerin, ihre Situation zu erkennen und selbstbestimmte, informierte Entscheidungen zu treffen.

K6

> **K6 – Beispiel aus der Praxis**
> Frau Bühler will ihr Zimmer nicht verlassen, auch nicht in Begleitung. Sie begründet dies damit, dass sie nichts mehr sehe.
> Trifft Frau Bühler eine informierte Entscheidung? Sehbehinderung und ihre möglichen Auswirkungen wurden ihr erklärt, Frau Bühler hatte zugehört.
> Für die Überlegung, ob Frau Bühler eine informierte Entscheidung getroffen hat, helfen Fragen wie: Was hat sie verstanden? Kennt sie mögliche Unterstützungen und zieht sie diese Vorschläge als für sich mögliche Lösungen in Betracht? Warum möglicherweise nicht?

Bezüglich inkludierender Unterstützung besteht keine grundlegende Differenz im pflegerischen und im sozialpädagogischen Auftrag, wohl aber ein Unterschied in der Gewichtung der Aufgaben und in den Methoden (Seibl 2014). Die Soziale Arbeit legt mehr Gewicht auf Empowerment – inklusive psychosoziale Kompetenzen – sowie auf die Partizipation und die Autonomie, während die professionelle Pflege in der Praxis ihren Schwerpunkt in der Gesundheit, der Gesunderhaltung und dem Umgang mit Krankheit, in der Alterspflege mit Fokus u. a. beim Management von chronischen Krankheiten, der ressourcenorientierten Pflege, der Personenzentriertheit und der Lebensqualität hat.[7] Der bereits genannte rechtliche und finanzielle Rahmen kann dabei die Umsetzung der Ziele einschränken. In der Sozialpädagogik wird oft mit Gruppen gearbeitet, während die Langzeitpflege traditionell meist in Einzelkontakten gestaltet wird.

In der Langzeitpflege von Menschen mit im Alter erworbener Behinderung ergänzen sich diese Kompetenzen. Austauschrunden unter Betroffenen (Peergruppen, Selbsthilfegruppen und Gruppen zum Erfahrungsaustausch) werden in spezialisierten Alterseinrichtungen mit Erfolg rehabilitativ eingesetzt (z. B. im Foyer du Vallon in Genf[8]). Das Konzept der Gerontagogik übernimmt diesen Ansatz für die gemischte Alterseinrichtung (vgl. Kapitel 3.2.1, Gemeinschaft unter Bewohnern).

---

7 Vgl. https://nursing.unibas.ch/institut/institut-fuer-pflegewissenschaft/definition-pflege/ (21.09.2015).
8 Vgl. http://www.abage.ch/aba/ch/fr-ch/index.cfm?page = /aba/home/foyer (17.08.2015).

> **Kernaussagen Kapitel 3.1.5**
> › Die sehbehinderungsspezifische Ermächtigung fördert Autonomie, Selbstständigkeit, Teilhabe und Inklusion. Das Spannungsfeld zwischen Fürsorge und Ermächtigung ist immer wieder herausfordernd für die Mitarbeiter der Langzeitversorgung.
> › Eine nicht bevormundende Fürsorge richtet sich darauf aus, dass die Bewohnerin ihre Situation erkennen und selbstbestimmte, informierte Entscheidungen treffen kann.

3.1.6 Zusammenarbeit verschiedener Professionen und Disziplinen

Bei Vorliegen einer Sinnesbehinderung stellen verschiedene Teilfächer der Sozialen Arbeit, der Heilpädagogik und der Sehbehindertenrehabilitation vielfältige, befähigende und rehabilitative Kenntnisse und Methoden zur Verfügung.

Heute integriert die professionelle Alterspflege und -betreuung selbstverständlich Kenntnisse aus der Sozialen Gerontologie. Genauso selbstverständlich sollen im Zusammenhang mit Sinnesbehinderung im Alter spezialisierte Kenntnisse und Methoden der oben genannten Professionen und Fachdisziplinen in die Pflege integriert werden. Die Kernkompetenzen der Langzeitpflege sowie der Sozial- und Sonderpädagogik ergänzen sich im Hinblick auf Pflege und Betreuung von Menschen mit Sehbehinderung im Alter, dabei basieren sie auf den Erkenntnissen der Gerontologie (Seibl 2014). Sie werden situativ mit dem Beizug von Fachpersonen aus der Sehbehindertenrehabilitation der Beratungsstellen des Sehbehindertenwesens ergänzt. Die überprofessionelle Arbeitsweise ist einerseits herausfordernd, andererseits aufgrund der Komplexität und der Folgen von Sehbehinderung im Alter nötig.

Zu einer gelingenden Zusammenarbeit über die Professionsgrenzen hinweg gehört ein bewusster Umgang mit Begriffen. Unterschiedliche Begriffsfüllungen in den Referenzfächern Heilpädagogik, Sozialpädagogik und Pflege verlangen in interprofessionellen Kontexten eine möglichst präzise Nutzung der Begriffe und die gegenseitige Neugierde für das Verständnis der je anderen Fachansätze. Diskussionen um die Werthaltungen hinter Begriffen wie informierte Entscheidung, Autonomie, Ermächtigung usw. sowie um das daraus folgende Verhalten dienen der Reflexion und Verringerung der strukturellen Abhängigkeit von Personen mit Sehbehinderung. Auch hier gilt: Das ist für alle Bewohnerinnen einer Alterseinrichtung wertvoll. Für Personen mit Seh- oder Hörbehinderung ist es notwendig, weil diese für ihre Sicherheit und Kontrolle zu Beginn der Behinderung sehr stark auf das Umfeld angewiesen sind und weil ihre Abhängigkeit wegen der Behinderung in verstärktem Mass gegeben ist.

Der gerontagogische Ansatz erfordert in der vollen Konsequenz eine transdisziplinäre, mindestens aber eine interdisziplinäre bzw. interprofessionelle Zusammenarbeit zwischen Vertreterinnen der verschiedenen Fachgebiete (vgl. Kapitel 3.2.3, Pflegeauftrag, und UN-BRK, Art. 26). Es gibt eine verwirrende Vielfalt von Interdisziplinaritätsbegriffen, die in der Literatur und wissenschaftlichen Diskussion nicht einheitlich verwendet werden (Seibl 2014, 20 ff.). Für den vorliegenden Kontext wird unter Transdisziplinarität eine andauernde Kooperation verschiedener Disziplinen verstanden, in der Themen bearbeitet werden, die über die jeweils einzelnen Disziplinen hinausgehen. Eine solche Kooperation überschreitet und verändert die disziplinäre Ordnung. Interdisziplinarität beschreibt ein gemeinsames, kooperatives Arbeiten an einem Problem, wobei die Ausgestaltung der Kooperation unterschiedlich sein kann. Transdisziplinarität kann als weitgehende Sonderform von Interdisziplinarität angesehen werden. Wo es mehr um die Praxis der Berufsausübung geht, müsste eher von Interprofessionalität gesprochen werden. Beide Formen sind voraussetzungsreich und herausfordernd.

Idealerweise arbeiten Fachpersonen aus der Sozialen Arbeit, der Behindertenarbeit, der Gerontologie gemeinsam mit Fachpersonen aus der Pflege, d.h. fachübergreifend, an der Gestaltung der gerontagogischen Alterseinrichtung (Milieu, Normalität, Peergruppen) und in der individuellen Pflege und Betreuung (vgl. Kapitel 3.2.3, Formen der berufsübergreifenden Zusammenarbeit).

In der stationären Langzeitpflege ist das heute in der Deutschschweiz aus strukturellen, organisatorischen oder materiellen/finanziellen Gründen (noch) nicht üblich und oft nicht möglich. Das Konzept der Gerontagogik schlägt als pragmatische Lösung vor, die Fachkenntnisse der Langzeitpflege und -betreuung um gerontologisch angepasste Elemente der Behindertenarbeit zu erweitern. Die Pflege kann mit entsprechender Schulung gewisse Aufgaben der behinderungsspezifischen rehabilitativen Förderung übernehmen.

In der gerontagogischen Alterseinrichtung haben idealerweise alle Mitarbeiter eine Basisschulung zu Sehbehinderung im Alter absolviert, sie kennen die «Goldenen Regeln» (vgl. Kapitel 5.6) und beachten sie im Alltag, sie beherrschen die «sehende Führung» (vgl. Fussnote 14). In Selbsterfahrung in der Gruppe haben sie erlebt, wie unterschiedlich Menschen auf (in der Schulung nur momentane) Sehkrafteinbusse reagieren.

Die Pflegefachpersonen haben zusätzlich eine pflegespezifische Schulung durchlaufen, die sie befähigt, Pflege sehbehinderungsspezifisch, je nach Zielsetzung auch rehabilitativ sehbehinderungsspezifisch, auszuführen.

Sehr hilfreich kann ein System mit Fachverantwortlichen für Sehbehinderung (oder Thementräger für Sehbehinderung) wirken. In mittelgrossen Alterseinrichtungen gibt es vorzugsweise drei bis vier Fachverantwortliche für Sehbehinderung, möglichst aus unterschiedlichen Bereichen, von denen zwei Pflegefachpersonen und eine oder zwei für das gerontagogische Milieu (vgl. Kapitel 3.2.1)

K7 zuständig sind. Diese Mitarbeiterinnen sind zusätzlich geschult, neue Mitarbeiter ins Thema einzuführen (Nachhaltigkeit), das gerontagogische Milieu lebendig zu halten und weiterzuentwickeln, die Kolleginnen in der sehbehinderungsspezifischen Pflege zu unterstützen (insbesondere im Pflegeplanungs- und Abrechnungsprozess) sowie Ansprechpersonen bei Fragen und für Externe zu sein.

Mit dieser Schulungsstruktur können auch Mitarbeiter ausserhalb von Pflege und Aktivierung mit spezifischen Betreuungsaufgaben betraut werden (z. B. Mitarbeiter im Speisesaal oder der Reinigung). Den Pflegefachpersonen und Fachverantwortlichen Sehbehinderung obliegen die spezialisierten Aufgaben.

K7 – Beispiel aus der Praxis

In einer Alterseinrichtung wurden Mitarbeiter aus verschiedenen Bereichen zum Thema «Sehbehinderung im Alter» geschult. Für eine nachhaltige Verankerung des Themas wurde eine Gruppe von vier Fachverantwortlichen bestimmt und auf diese Aufgabe vorbereitet. Heute sind sie Ansprechpersonen für die Bewohnerinnen mit spezifischen Fragen, für andere Mitarbeiter sowie für das Vertreten der Thematik in Sitzungen, Rapporten und Planungsprozessen.

Kernaussagen Kapitel 3.1.6

› Verschiedene Teilfächer der Sozialen Arbeit, der Heilpädagogik und der Sehbehindertenrehabilitation bieten für den Umgang mit einer Sinnesbehinderung befähigende und rehabilitative Kenntnisse und Methoden an.
› Komplexität und Folgen von Sinnesbehinderung im Alter erfordern fachübergreifende Kenntnisse. Deshalb sieht der gerontagogische Ansatz eigentlich eine transdiszipinäre, mindestens eine interdisziplinäre bzw. interprofessionelle Zusammenarbeit von Fachpersonen aus der Pflege mit Fachpersonen aus der Sozialen Arbeit, der Behindertenarbeit und der Gerontologie vor.
› Fachpersonen der Pflege können Aufgaben der behinderungsspezifischen rehabilitativen Förderung übernehmen, wenn sie entsprechend geschult sind.

3.1.7 Aktivitäten und Umfeld – Neues beim Wechsel zur sehbehindertenfreundlichen Alterseinrichtung

Sehbehinderung im Alter beeinträchtigt die Steuerung und die Kontrolle der Aktivitäten des täglichen Lebens. Wenn die Selbstpflege beeinträchtigt ist, wird diese traditionell von Pflegefachpersonen übernommen. Die gerontagogische Pflege verfügt methodisch über die Kenntnisse zur rehabilitativen Unterstützung. Sie wendet diese selbst an oder zieht externe Fachpersonen bei. Dadurch erlangt die Bewohnerin nach ihren Möglichkeiten in den Aktivitäten des täglichen Lebens wieder Selbstständigkeit.

Die Beeinträchtigung durch die Sehkrafteinbusse stellt sich zumeist schleichend ein. In dem Moment, in dem die Aktivitäten des täglichen Lebens Unterstützung von aussen erfordern, hat die sehbehinderte Person häufig bereits eine ganze Reihe von Einschränkungen in persönlichen und sozialen Belangen in Kauf genommen. Welche Aktivitäten hat sie aufgegeben? Welche sozialen Kontakte hat sie nicht mehr gepflegt? Was wären für die Bewohnerin der Alterseinrichtung sinnstiftende Lebensinhalte, wenn sie sehend wäre? Daraus gilt es gemeinsam abzuleiten, was für die Bewohnerin heute sinnstiftend sein kann.

Behinderungsspezifische Unterstützung ermächtigt die Bewohnerin, auch mit der Sehbehinderung für sie wichtige Lebensthemen zu verfolgen oder neue zu finden. Meist kann die sehbehinderte Person nicht mehr die gleichen Aktivitäten verfolgen, wie sie es als Sehende konnte. Neue Inhalte sollen ihr ermöglichen, ihren Lebensthemen treu zu bleiben – wenn sie das will. Die Alterseinrichtung stellt strukturell Möglichkeiten für solche individuell sinnstiftenden Tätigkeiten zur Verfügung. Die Begleitung sehbehindert werdender Personen auf dem Weg, neue Lebensziele und Inhalte für sich zu finden, ist überaus heikel. Sie darf kein Deckmantel sein für die freundlichst vorgetragene Zurückbindung in enge Grenzen.

Die Befähigung zu Aktivitäten und zur Teilhabe an den Vorgängen in der sehbehindertenfreundlich gestalteten Alterseinrichtung, das Einrichten und professionelle Begleiten von Gruppen sowie die Gestaltung des sehbehindertenfreundlichen Milieus sind wesentliche Veränderungen in der Alterseinrichtung – sie bedingen und bewirken ein Umdenken in der Kooperation zwischen Mitarbeiterinnen und Bewohnern, aber auch im Umgang der Bewohner untereinander.

> **Kernaussagen Kapitel 3.1.7**
> › Sehbehinderte Personen haben zum Zeitpunkt, in dem sie Unterstützung von aussen brauchen, oft bereits deutliche Einschränkungen im persönlichen und sozialen Bereich auf sich genommen. Die Alterseinrichtung hilft ihnen, auch mit der Sehbehinderung für sie wichtige Lebensthemen zu verfolgen oder neue zu finden und bietet Möglichkeiten für sinnstiftende Tätigkeiten.
> › Neue Elemente beim Wechsel zur sehbehindertenfreundlichen Alterseinrichtung: Befähigung zu Aktivitäten und zur Teilhabe in der Alterseinrichtung, Einrichten und professionelles Begleiten von Gruppen, Gestaltung eines sehbehindertenfreundlichen Milieus. Solche Elemente bedingen und bewirken Veränderungen im Umgang zwischen Mitarbeitern und Bewohnerinnen sowie im Umgang der Bewohnerinnen untereinander.

3.1.8 Risiken der Gerontagogik und schützende Massnahmen

Erving Goffman formulierte 1961 Kritik an der totalen Institution.[9] Michel Foucault führte diese Thematik weiter. Ihre Erkenntnisse bieten in den Disability Studies bis heute Grundlagen für den reflektierenden Umgang mit dem Machtgefälle zwischen Mitarbeitern und Klientinnen in sozialen Einrichtungen.

Menschen mit Sinnesbehinderung können das, was um sie herum vorgeht, visuell oder akustisch nicht erfassen oder kontrollieren. Ihre besondere Situation verlangt den Hinweis, dass die multiprofessionelle Zusammenarbeit ebenso wie das erwünschte Milieu – wie sie in der Gerontagogik gefordert werden – in einer missverstandenen Anwendung die «totalen» Aspekte der Institution fördern können. Der Informationsaustausch zwischen verschiedenen Bereichen der Alterseinrichtung kann zur konstanten Überwachung und das Milieu zur autoritären Regelung dessen verkommen, was erlaubt ist und was nicht. Seh- und hörbehinderte Personen wären einer solchen Situation besonders ausgeliefert.

Die Durchlässigkeit nach aussen, die Vernetzung unter der Bewohnerschaft und die Befähigung zur Selbstständigkeit wirken dieser Gefahr entgegen. Sie sind daher im gerontagogischen Konzept unverzichtbar.

---

9 Der Begriff «total» spricht die umfassende Regelung und Kontrolle aller Lebensaspekte von Bewohnern durch die Institution an.

> **Kernaussagen Kapitel 3.1.8**
> › Multiprofessionelle Zusammenarbeit und Informationsaustausch zwischen verschiedenen Bereichen der Alterseinrichtung sind wichtig für die Gestaltung eines behindertenfreundlichen Milieus. Die Regelungen der Lebensaspekte durch das Umfeld dürfen aber nicht umfassend sein («totale Institution»), da Menschen, die das, was um sie herum vorgeht, visuell oder akustisch nicht kontrollieren können, einer solchen Situation besonders ausgeliefert sind.
> › Der Gefahr von Abhängigkeiten wird im gerontagogischen Konzept durch die Durchlässigkeit nach aussen, die Vernetzung unter den Bewohnern und die Förderung von Selbstständigkeit, Autonomie und Partizipation begegnet.

3.2 Die Konzeptelemente der Gerontagogik im Einzelnen

Die sehbehindertenfreundliche Alterseinrichtung kann ein gemeinschaftlich betriebener Bauernhof oder ein städtisches Viersterne-Unternehmen sein, ein Alters- oder ein Pflegezentrum. Gerontagogik bestimmt weder den Stil des Hauses, noch die Zusammensetzung der Bewohnerschaft. Den folgenden Ausführungen liegt die Vorstellung einer gemischten Altersinstitution zugrunde, in der unterschiedliche Menschen mit unterschiedlichen Bedürfnissen zusammenkommen (Personen mit und ohne Demenz, solche mit und ohne Migrationshintergrund, mit und ohne psychische Belastungen usw.). Für die meisten Menschen ist die gerontagogische Alterseinrichtung ein Gewinn, den Menschen mit Sinnesbehinderung bietet sie die notwendige Unterstützung zur Gleichstellung. So dient beispielsweise die besondere Gestaltung der akustischen Lebensumwelt allen Anwesenden – für Hör- und Sehbehinderte ist sie aber eine Voraussetzung für die Kompensation der Behinderung.

> Kapitel 3.2.1 stellt die Gestaltung der sehbehindertenfreundlichen Alterseinrichtung mit dem Schwerpunkt sehbehindertenfreundliches Milieu vor und konkretisiert die Schnittstelle zur individuellen Unterstützung durch die gerontagogische Pflege und Betreuung. Bauliches und Einrichtung sind im Kapitel 3.2.2 thematisiert. Das Kapitel 3.2.3 gibt einen ersten Einblick in die gerontagogische Pflege, Kapitel 3.2.4 skizziert die Angebote der Beratungsstellen des Sehbehindertenwesens und die Kapitel 3.2.5 und 3.2.6 thematisieren Sehbehinderungsspezifisches in Betreuung sowie Hotellerie und Verwaltung. Hinweise zum Umgang mit Selbstbestimmung und Urteilsfähigkeit aus rechtlicher Sicht finden sich in Kapitel 3.2.7.

3.2.1 Gerontagogisches Milieu und Normalisierungsprinzip

Das Umfeld kann für den Umgang mit einer Behinderung hilfreich oder erschwerend sein. Damit es unterstützend wirkt und im Rahmen des individuellen Pflege- und Betreuungsauftrags auch als externe Ressource eingesetzt werden kann, wird es bewusst als alters- und sinnesbehindertenfreundliches Milieu (gerontagogisches Milieu) gestaltet.

Das gerontagogische Milieu wirkt inkludierend (vgl. Kapitel 3.2.1) und ist professionell gestaltet. In der Alterseinrichtung ist es speziell auf die Bedürfnisse von Menschen im hohen Alter ausgerichtet (geront-agogisch). Es berücksichtigt mögliche altersspezifische Entwicklungen und Einschränkungen sowie Multimorbidität. Am Milieu wirken alle Beteiligten in der Alterseinrichtung mit, also Laien und Fachpersonen (vgl. unten: Beteiligte im sozialen Umfeld der Alterseinrichtung).

Eigenschaften des sehbehindertenfreundlichen Milieus

Das sehbehindertenfreundliche Milieu ...

› schafft einen (sozial und baulich) barrierefreien Ort, in dem sich Menschen mit Sehbehinderung oder Blindheit selbstständig und sicher bewegen können,
› wirkt inkludierend und stabilisierend,
› wirkt präventiv gegen die häufig zu beobachtende Verschlechterung des Allgemeinzustandes bei Sehbehinderung,
› kann kurativ wirken bei bereits eingetretenen Problemen wie Depression, Isolation, Angst oder Aggression,
› begünstigt die individuelle Gestaltung eines sinnstiftenden Lebens, bietet ein Übungsfeld für neu gelernte Aktivitäten (therapeutisch genutztes sehbehindertenfreundliches Milieu, vgl. Kapitel 3.2.3, Rehabilitative Nutzung),
› schafft Gestaltungsraum für die Nutzung neu oder wieder erworbener Fähigkeiten und für aktive Teilhabe.

In einem sozial barrierefreien Umfeld pflegen Personen mit und Personen ohne Behinderung (Mitarbeiterinnen, Bewohner, Dritte) den Umgang miteinander auf gleicher Augenhöhe. Das zeigt sich daran, was sie einander zumuten und gegenseitig voneinander erwarten. Im Alltag prägt dies das soziale Klima, das Milieu. Zu den Voraussetzungen dafür gehören Kenntnisse über die Einschränkungen, die möglichen Ressourcen und Rehabilitationsmöglichkeiten bei Seh- oder Hörbehinderung sowie die Bereitschaft, die Fähigkeit und die Phantasie, sich in eine seh- oder hörbehinderte Person einzufühlen. Eine seh- und hörbehindertenfreundliche Erwartungshaltung zeigt sich seitens der Mitarbeiterinnen der Alterseinrichtung u. a. in der Zuversicht in mögliche positive Veränderungen, auch im hohen Alter und auch bei Multimorbidität.

Soziale Barrierefreiheit ist ständig anzustreben, aber kaum vollständig erreichbar. Das Milieu soll menschlich bleiben. Unzulänglichkeiten sind zumutbar. Als bestmöglich barrierefreier Lebensort für Menschen mit Seh- und/oder Hörbehinderung wirkt die gerontagogische Alterseinrichtung integrativ: Der aktive Einbezug seh- und hörbehinderter Bewohner in das soziale Geschehen durch Mitarbeiter und Mitbewohnerinnen ist angewandte, in den Alltag eingebettete soziale Unterstützung und wirkt sinnstiftend. Sie ergänzt die rehabilitativen Interventionen der Pflegefachpersonen zur Förderung der Handlungsfähigkeit.

Die gerontagogische Alterseinrichtung bietet Kompensationsmöglichkeiten zur beeinträchtigten visuellen und auditiven Wahrnehmung. So gewinnt beispielsweise das gesprochene Wort eine höhere Verbindlichkeit als unter Sehenden und Mimik und Gesten werden bedeutungsvoller als unter Hörenden; ein kleines Stück der Sehbehinderten- und der Gehörlosen-Kultur bereichert die gemischte Alterseinrichtung. Die bewusste Anregung und Förderung der Nutzung aller Sinne erweitert das Spektrum für Kompensationsmöglichkeiten, wenn einzelne Sinne beeinträchtigt sind oder ausfallen. Die Anregung «trainiert» gleichzeitig das Gehirn. **K8**

> **K8 – Erfahrungen einer Betroffenen**
>
> Das kompensierende «Füttern des Gehirns» durch den Tast- und Geruchssinn bei Hörsehbehinderung wirkt enorm, ist aber in unserer Gesellschaft ungewohnt. Wie riecht etwas? Wie fühlt es sich an? Wenn ich bewusst meinen Körper spüre, z. B. über die Atmung, gibt das Sicherheit meinem Körper gegenüber, aber auch eine Ordnung und Stabilität für die Sinneseindrücke. Manche erblindeten Menschen können sich beim Zuhören besser konzentrieren, wenn man ihre Hand hält oder sie jemanden an der Schulter berühren dürfen. Über diesen Körperkontakt nehmen sie viel wahr.

Im Rahmen von rehabilitativen Pflegetrainings kann das gerontagogische Milieu therapeutisch eingesetzt werden: Personen mit Sehbehinderung üben ihre neu erworbenen Kompetenzen in einem vergleichsweise «sicheren» Umfeld (vgl. Kapitel 3.2.3, Rehabilitative Nutzung des sehbehindertenfreundlichen Milieus). Positive Erfahrungen unterstützen die Kontroll- oder Selbstwirksamkeitsüberzeugung.

Im gerontagogischen Milieu ist der (Mit-)Gestaltungsraum für jede Bewohnerin und für jeden Bewohner gegeben. Damit werden sinnstiftende Tätigkeiten im Zimmer, in gemeinsamen Räumen oder im Aussenraum sowie die aktive Beteiligung an der Gestaltung der Alterseinrichtung nach Möglichkeit unterstützt.

Die Führungsentscheidung für die sehbehindertenfreundliche Alterseinrichtung und für die Gestaltung eines behindertenfreundlichen Milieus, die Umsetzung mit den üblichen Instrumenten der Führung (Kommunikation und Strukturgestaltung, z. B. Managementsysteme) sowie die Schulung der Mitarbeiter sind Schritte zur sehbehindertenfreundlichen Kultur.

Information als Schlüssel zur sozialen Barrierefreiheit

Im Gespräch mit Menschen mit Sehbehinderung sind sehende Personen, Mitbewohner und Mitarbeiterinnen, oft unsicher. Wie spreche ich mit Frau Gurtner? Was kann Frau Sauter selbstständig verrichten? Was kann ich Herrn Erdoglu zumuten? Diese Unsicherheit kann dazu führen, dass die Betroffenen selten oder gar nicht angesprochen und so – unbeabsichtigt – ausgegrenzt werden.

Die gerontagogische Alterseinrichtung informiert die Bewohnerinnen und die Angehörigen, die Mitarbeiter und weitere Beteiligte über Sehbehinderung und ihre Folgen und über die Massnahmen der Alterseinrichtung. Information über Sehbehinderung, beispielsweise über intakte kognitive Leistungsfähigkeit bei ausreichender Kompensation der visuellen Wahrnehmungseinbusse, hilft gegen die Unsicherheit im Kontakt und unterstützt die Inklusion – im stationären wie im ambulanten und im privaten Kontext. Sehende Bewohnerinnen, die über die Aufgaben der sehbehindertenfreundlichen Alterseinrichtung informiert sind, bringen leichter Verständnis für die besonderen Massnahmen zugunsten ihrer sehbehinderten Mitbewohner auf. Es lohnt sich, sie in die Massnahmen einzubeziehen, die Bereitschaft, Kontakte aufzunehmen, kann dadurch wachsen.

Die Entscheidung der Alterseinrichtung zur Behindertenfreundlichkeit ist mit der Einbettung des Themas ins Managementsystem und mit Änderungen in Aufgabenbeschreibungen verbunden. Dazu gehört auch eine Planung der Information an die verschiedenen Kreise der Beteiligten in je angepasster Tiefe.

Beteiligte im sozialen Umfeld der Alterseinrichtung

An der sinnesbehindertenfreundlichen Gestaltung des Milieus ist das gesamte soziale Umfeld beteiligt. Dieses umfasst alle Menschen, mit denen die betroffene Person in Kontakt steht oder stehen könnte. In der Alterseinrichtung sind das:

› Mitbewohner und Mitbewohnerinnen
› Leitung, Mitarbeiterinnen und Mitarbeiter
› Angehörige und Nahestehende
› Besucherinnen und Besucher
› freiwillige Helfer und Helferinnen
› Zivildienstleistende, Praktikantinnen, Lernende
› weiteres Umfeld wie: Ärztinnen, Apotheker, Seelsorgerinnen, Beistände, übergeordnete Gremien, Förderer und Spenderinnen

Sie alle sind informiert über Sinnesbehinderung, ihre Folgen und die notwendigen Massnahmen oder verhalten sich nach und nach sehbehindertenfreundlich, weil die Alterseinrichtung das Milieu so vorlebt.

Behinderung als Normalität

Die Alterseinrichtung schafft ein Milieu, in dem Sinnesbehinderung normal ist, damit die Menschen mit und ohne Behinderung möglichst gleiche Chancen für die Gestaltung ihres Lebens haben (Normalisierungsprinzip).

Normalisierung ist mehr als die Akzeptanz der Tatsache, dass sehbehinderte und hörbehinderte Personen dazugehören: Sinnesbehinderung und die damit verbundenen besonderen Bedürfnisse sind bekannt und werden aktiv und selbstverständlich ausgeglichen.

Den neu in die Alterseinrichtung eintretenden Personen mit Sinnesbehinderung bietet sich ein Umfeld, in dem sie angesprochen und aktiv ins Geschehen einbezogen werden. Behinderungsbedingte Stolpersteine werden aus dem Weg geräumt oder die Bewohnerin wird auf sie aufmerksam gemacht und bei Bedarf darüber hinwegbegleitet. Mit der eigenen Sinnesbehinderung leben zu müssen und mit sinnesbehinderten Menschen zusammenzuleben, wird nach und nach vertraut und normal, was soziale Barrieren mindert. Im Austausch lernen beide Seiten voneinander.

Manche Alterseinrichtungen preisen ihre Angebote mit der Aussicht auf eine möglichst hohe Individualität an. «Für sich sein zu können» entspricht einem oft geäusserten Wunsch von (künftigen) Bewohnerinnen. Solche Konzepte wirken der vielfach gefürchteten Vorstellung entgegen, mit einer Vielzahl von nicht ausgewählten Personen auf engem Raum leben und sich anpassen zu müssen. Für Personen mit Sehbehinderung ist jedoch die persönliche Wahl von neuen Bekanntschaften, die Kontaktaufnahme und Kontaktpflege schwierig, weil sie andere Personen nicht (wieder-)erkennen, nonverbale Signale nur unzuverlässig wahrnehmen können und teilweise schlecht erkennen, ob sie angesprochen sind. Sie brauchen hierzu Unterstützung, besteht die Gefahr, dass sie sich immer mehr zurückziehen. Im Spannungsfeld zwischen einem Konzept, das eher auf anonymes Nebeneinander setzt, und einem, das die Förderung der Gemeinschaft verfolgt, positioniert sich Gerontagogik auf der Seite der gestalteten Gemeinschaft, immer mit der Möglichkeit, auch das Alleinsein zu wählen.

Die «Goldenen Regeln» von KSiA (vgl. Kapitel 5.6) beschreiben, was im Umgang mit Menschen mit Sehbehinderung angezeigt und hilfreich ist. Sie bilden den Boden für das sehbehindertenfreundliche Milieu. Einige der Regeln scheinen selbstverständlich, vieles ist bekannt. Sicherheit für Personen mit Sehbehinderung schaffen sie dann, wenn sie im Alltag lebendig bleiben und zuverlässig eingehalten werden. Auch die Bewohner können diese Regeln kennenlernen. Ihnen muss allerdings freigestellt bleiben, ob sie sie untereinander einhalten wollen.

> **K9 – Beispiel für eine «Goldene Regel»**
>
> Mitarbeitende (oder sehende Mitbewohnende) grüssen die Bewohnerinnen und Bewohner mit Sehbehinderung im Vorbeigehen unter Nennung des eigenen Namens. Damit wird die fehlende Möglichkeit, auf Personen zuzugehen, weil man sie nicht mehr erkennt, entschärft und die Person hat die Wahlmöglichkeit, ob sie ein Gespräch beginnen möchte oder nicht, etwas mitteilen oder die Grüssenden mit einem Gegengruss vorbeigehen lassen will.

Sehbehindertenfreundliche Leistungserbringung

Eine sehbehindertenfreundliche Art und Weise der Leistungserbringung bedeutet:

› Die visuelle (und akustische) Wahrnehmungseinbusse wird bestmöglich kompensiert. Zu vermitteln sind diejenigen Informationen, die der Bewohnerin eine adäquate Einordnung einer Situation oder eines Geschehens erlauben. Dabei geht es nicht darum, die eigene Tätigkeit als Mitarbeiterin zu kommentieren, sondern darum, das für die sehbehinderte Person Relevante zu benennen. Es geht um einen Wechsel des Blickwinkels – von der Aktivität der Mitarbeiterin zum Informationsbedürfnis des Bewohners.

› Die Leistung wird in möglichst ermächtigender Art geboten. Sie wird so erbracht, dass die Bewohnerin dabei grösstmögliche Wertschätzung und Selbstständigkeit erlebt, gewinnt oder übt. Die Ermächtigung bedeutet in erster Linie, (echte) Wahlmöglichkeiten zu eröffnen, in zweiter Linie liegt

> **K10 – Beispiel aus der Praxis**
>
> Statt zu sagen: «Frau Brunner, das ist ihre Bluse, ihr Name steht drin», sagt die Mitarbeiterin: «Frau Brunner, das ist die königsblaue Bluse mit dem grossen Knopf am Kragen.» Dabei lässt sie Frau Brunner Bluse, Knopf und Kragen ertasten. Nun weiss Frau Brunner, welche Bluse aus der Wäscherei zurückkommt und teilt mit, was damit zu geschehen hat: ob sie sie selbst in den Schrank hängen will oder ob sie sie sofort anzieht.

sie darin, dass die Person selbst tätig wird. Die sehbehindertenfreundliche Art und Weise der Leistungserbringung ist mit Fragen verbunden, die ernst gemeint sind und das Entscheidungs- oder Handlungsfeld öffnen statt einengen.

Langsamkeit – Arbeits- und Lebenstempo angleichen

Langsamkeit gehört zur Behinderung. Die Konzentration auf das Tasten, Hören oder Sehen, Riechen oder Schmecken, die Verarbeitung der gewonnenen Information zur Orientierung und die anschliessende Aktivität verhindert «Multitasking». So spricht beispielsweise eine Bewohnerin nicht gerne beim Spazierengehen oder ein Bewohner isst lieber schweigend. Der hohe Konzentrationsbedarf und die Notwendigkeit, jeden Schritt auf dem Weg von der Wahrnehmung bis zur (Re-)Aktion einzeln und bewusst zu machen, verlangsamt einerseits alle Tätigkeiten, ermöglicht aber auch die Selbstständigkeit. Sich als Mitarbeiterin auf das Tempo eines sinnesbehinderten Bewohners einzulassen und zu warten, bis er das Signal gibt, «angekommen zu sein», mag herausfordernd sein, es ermöglicht aber die zur Selbstständigkeit nötige Orientierung.

> **K11 – Beispiel aus der Praxis**
>
> Die blinde Frau Wälti in der Altersabteilung eines Regionalspitals bittet die Mitarbeiterinnen, die das Essen bringen, nicht gleich wieder wegzugehen, sondern zu warten, bis sie alles ertastet und sich einen Überblick über das Gebrachte verschafft hat, damit sie allfällige Fragen stellen oder ergänzende Bitten anbringen kann.
>
> Manchmal müssen die Betroffenen erst lernen, ihre Bedürfnisse so klar zu formulieren.

Ein individuell den Menschen mit Sinnesbehinderung angemessenes Tempo ist Voraussetzung für die Selbstbestimmung und erleichtert den Kontakt. Wenn dieser hergestellt ist, die seh- oder hörbehinderte Person alle Informationen zur Entscheidung hat und Informationen zuverlässig fliessen, steigt die Zufriedenheit, Missstimmung oder Reklamationen nehmen ab. Langsamkeit gehört nicht nur zum barrierefreien Kontakt, sie hilft auch, Zeit zu gewinnen.

Gemeinschaft unter Bewohnern

Obwohl Menschen mit behinderungsbedingten Kommunikationseinschränkungen besonders oft den Mangel an sozialen Kontakten beklagen, ist es auch für sie meist eine abschreckende Vorstellung, die eigene Wohnung zu verlassen und in eine Alterseinrichtung zu ziehen. Aussagen wie: «Ich gehöre doch nicht zu diesen Alten!», oder: «Ich bleibe gerne für mich» und: «Nun muss ich ins Heim, ich habe keine Wahl», drücken das aus. Diese Sicht ist verständlich, sie berücksichtigt aber nicht die Chancen und Möglichkeiten einer kollektiven Wohnform mit gerontagogischer Ausrichtung.

Die Kontakte zwischen Bewohnerinnen und Mitarbeitern sind immer professionell geprägt. Bei aller Herzlichkeit und Zugewandtheit ist die Beziehung seitens der Angestellten weder privat noch frei gewählt. Kontakte unter Bewohnern sind dagegen privater Natur, weder mit professioneller Distanz noch mit professioneller Verbindlichkeit gestaltet. Viele Personen bleiben gegenüber Mitbewohnerinnen gerne zurückhaltend. Gelingt es jedoch, im Rahmen des gerontagogischen Milieus die Menschen einander näherzubringen, sei es in Gruppen, sei es in der gesamten Einrichtung, ist viel gewonnen: Notwendiges für Menschen mit Sehbehinderung, Positives für alle.

Kontaktaufnahme und -pflege kann für Menschen mit Sehbehinderung schwierig sein. Geleitete Peer- oder Erfahrungsaustauschgruppen von Betroffenen oder gemischte Gruppen eignen sich gut, um im Umgang mit anderen wieder Sicherheit und Zuversicht zu gewinnen. In diesem Rahmen kann die Behinderung anhand einzelner Schwerpunkte thematisiert werden, geglückte Modelle des Umgangs können ausgetauscht und Hemmungen abgebaut werden. Die Leitung solcher Gruppen liegt bei einer mit Gruppengesprächen erfahrenen Person (Yalom 2010), die auch bezüglich Seh- und Hörbehinderung solides Basiswissen mitbringt.

Durchlässigkeit nach aussen

Der Kontakt von Bewohnerinnen zu Personen ausserhalb der Alterseinrichtung, sei es durch Hinausgehen der Bewohnerinnen oder Hereinkommen von Dritten, schafft Durchlässigkeit. Aus systemischer Sicht handelt es sich dabei um eine Öffnung des Systems. Die Bewohnerin hat die Möglichkeit, eine Aussensicht zu hören, oder die externe Person kann sich bei Bedarf einmischen. Bereits die Präsenz Aussenstehender wirkt auf die Alterseinrichtung. Damit sinkt die strukturelle Abhängigkeit der Bewohnerinnen von einzelnen Mitarbeitern in der Einrichtung. Im neuen Erwachsenenschutzrecht werden die Alterseinrichtungen unter dem Titel «Schutz der Persönlichkeit» zur Förderung von Kontakten nach aussen verpflichtet (ZGB Art. 386 Abs. 1). Sehbehinderte Personen, welche die visuelle Kontrolle nicht wahrnehmen und nicht auf die Unterstützung von Angehörigen zählen können, sind auf verlässliche institutionenunabhängige Kontakte doppelt angewiesen. Sie brauchen die aktive Förderung dieser Kontakte durch die Alterseinrichtung.

Teilhabe

Soziale Kontakte selbst zu wählen und zu unterhalten und die Beteiligung am politischen und gesellschaftlichen Leben zu gestalten, sowohl innerhalb wie ausserhalb der Alterseinrichtung, ist für Personen mit sensorischen Einschränkungen im Alter stark erschwert. Die gerontagogische Alterseinrichtung gleicht diese Benachteiligung durch gezielte Unterstützung zur sozialen Teilhabe aus: Sie bezieht Bewohner mit Sinnesbehinderung ausdrücklich strukturell (von den Zuständigkeiten und den Abläufen her) und kulturell (von der Haltung her) ein. Dieses Einbeziehen bildet den Boden für die aktive Teilhabe der Person – unabhängig davon, ob die Möglichkeiten genutzt werden oder nicht.

K12

Zur gerontagogischen Umfeldgestaltung gehört das Bereitstellen oder Schaffen von Möglichkeiten für Tätigkeitsfelder, in denen Menschen mit (und ohne) Sehbehinderung

› gebraucht werden,
› bei denen sie mitwirken,
› die sie alleine ausüben können.

Aktivitäten zur reinen Beschäftigung werden dabei vermieden. Bei Handarbeiten oder bei der Mithilfe in der Hauswirtschaft bewertet die (emotionale oder materielle) Verwertbarkeit des Geschaffenen «den Nutzen» für die Produzenten und unterstützt die Sinnfindung. Bei Bewohnerkontakten besteht der «Nutzen» im Kontakt selbst – auch wenn er beschwerlich oder ärgerlich ist. Ein Umfeld, das die Mitwirkung der Bewohnerinnen vorsieht und fördert, bietet auch für nicht behinderte Bewohnerinnen mehr Möglichkeiten zu Aktivitäten und zu sinnstiftendem Tun.

K12 – Beispiele aus der Praxis

Eine Alterseinrichtung bietet mehr und vielfältigere Teilhabemöglichkeiten als Menügruppen und Bewohnerrat. Sehende Bewohnerinnen können anderen gegenüber «Nachbarschaftshilfe» leisten, sie besuchen, ihnen vorlesen oder gemeinsame Spaziergänge unternehmen. Menschen mit Sehbehinderung brauchen Kontakthilfe, um solche «Nachbarschaftshilfe» gegenüber anderen Bewohnern anschliessend selbstständig wahrnehmen zu können. Arbeiten für die Administration, die Wäscherei, Küche oder Garten einer Alterseinrichtung können mit der nötigen Anleitung zuverlässig auch von Bewohnerinnen mit Sehbehinderung ausgeführt werden. Intellektuelle Fähigkeiten können ebenso genutzt werden wie handwerkliche.

K13 Es gilt, die Interessen der sehbehinderten Bewohnerinnen mit den Bedürfnissen anderer zu koordinieren. Teilhabemöglichkeiten bei Führungsaufgaben, beispielsweise die Mitwirkung bei Umbau- oder Neubauvorhaben (vgl. Kapitel 3.2.2), im Bewohnerrat, beim Fundraising (z. B. Mitwirkung in einem Werbespot) oder mit Nachhilfe für Lernende zeigen die Ernsthaftigkeit, mit der die Einrichtung die Teilhabe aller Bewohner, auch der Menschen mit Seh- oder Hörbehinderung, umsetzt.

K13 – Beispiel aus der Praxis

Die sehbehinderte Frau Good ist beliebt. Sie ist klar in ihren Ansichten und begegnet allen Mitbewohnern mit gleicher Freundlichkeit. Sie wäre eine gute Bewohnerrätin. Frau Good zweifelt, ob sie die vielfältigen Aufgaben wahrnehmen kann, sie kann ja nicht mehr lesen und schreiben. Dank der Zusage einer sehenden Bewohnerin, die selbst nicht Bewohnerrätin sein möchte, sehbehinderungsspezifische Unterstützung zu leisten, lasst sich Frau Good zur Wahl aufstellen.

Ob die Angebote der Alterseinrichtung dem Bedarf an Teilhabe genügen, misst sich daran, als wie relevant die möglichen Tätigkeiten subjektiv von den sehbehinderten Bewohnerinnen eingestuft werden (messbar in einer Bewohner-Umfrage). Je relevanter sie sind, desto eher fühlen sich Bewohner mit und ohne Sehbehinderung in «ihrer» Alterseinrichtung integriert (inkludiert).

Das gestaltete Umfeld (Milieu), das die soziale Teilhabe von Personen mit Behinderung fördert, bietet einerseits

› formalisiert festgelegte Möglichkeiten zur Teilhabe in der Alterseinrichtung (Mitwirkungsrechte) und anderseits
› ein Klima, in dem spontane oder regelmässige, aber nicht formalisierte Kontakte unter Bewohnern oder spontane oder regelmässige, aber nicht formalisierte Kontakte unter Bewohnern und Mitarbeiterinnen (Mithilfe bei Aufgaben der Alterseinrichtung) gefördert werden.

3 Die gerontagogische Alterseinrichtung

Kernaussagen Kapitel 3.2.1

› Das gerontagogische Milieu ist sozial barrierefrei und wirkt inkludierend.
› Personen mit und Personen ohne Behinderung in der Alterseinrichtung pflegen den Umgang miteinander auf gleicher Augenhöhe. Was sie einander zumuten und gegenseitig voneinander erwarten, ist dadurch geprägt und bestimmt das soziale Klima. Dazu gehören Kenntnisse über die Einschränkungen, über Ressourcen und Rehabilitationsmöglichkeiten sowie die Fähigkeit, sich in eine seh- oder hörbehinderte Person einzufühlen.
› In der gerontagogischen Alterseinrichtung sind Bewohner und Angehörige, Mitarbeiterinnen und weitere Beteiligte über Sinnesbehinderung und ihre Folgen sowie über die Massnahmen der Alterseinrichtung informiert.
› Wenn die sehenden Mitbewohnerinnen über die behinderungsbedingten Aufgaben der Alterseinrichtung informiert und darin einbezogen sind, bringen sie leichter Verständnis für besondere Massnahmen auf und die Bereitschaft, Kontakte aufzunehmen, nimmt zu.
› An der Gestaltung des sinnesbehindertenfreundlichen Milieus ist das gesamte soziale Umfeld in allen Bereichen der Alterseinrichtung und auf allen Hierarchiestufen beteiligt.
› Normalisierung in der Alterseinrichtung: Sinnesbehinderung und die besonderen Bedürfnisse, die sich daraus ergeben, sind bekannt und werden aktiv und selbstverständlich ausgeglichen. Das geht weiter, als die Tatsache zu akzeptieren, dass seh- und hörbehinderte Personen dazugehören.
› Kennzeichen der sinnesbehindertenfreundlichen Leistungserbringung:
  › bestmögliche Kompensation der Wahrnehmungseinbussen, Wechsel des Blickwinkels von der Aktivität des Mitarbeiters zum Informationsbedürfnis der Bewohnerin;
  › Leistungserbringung in möglichst ermächtigender Art und Weise, indem echte Wahlmöglichkeiten eröffnet werden und die Selbsttätigkeit der Person gefördert wird;
  › Langsamkeit: ein die Sinnesbehinderung berücksichtigendes Tempo ist Voraussetzung für Selbstbestimmung und soziale Kontakte.
› Die Kontakte der Bewohner untereinander sind ein wichtiges Element des gerontagogischen Milieus, denn sie sind privater Natur. Die Kontakte zwischen Bewohnern und Mitarbeiterinnen bleiben immer professionell geprägt.

> Durchlässigkeit der Alterseinrichtung nach aussen bedeutet aus systemischer Sicht eine Öffnung des Systems. Sie steuert Abhängigkeiten entgegen. Bereits das Ein- und Ausgehen Aussenstehender wirkt auf die Alterseinrichtung und ist erwünscht.
> Für die soziale Teilhabe wichtig sind Tätigkeitsfelder, in denen Menschen mit (und ohne) Sinnesbehinderung gebraucht werden, bei denen sie mitwirken und die sie selbstständig ausüben können.

3.2.2 Bauliches und Einrichtung

Unter baulichen Anpassungen verstehen wir die Änderung oder Neubeschaffung von fest mit dem Bau verbundenen Teilen (z. B. Beleuchtungskörper, Farbänderung von Wänden usw.) und von mobilen Einrichtungsteilen, die eine Planung über die gesamte Institution verlangen. Selbstverständlich gelten sämtliche Vorschriften des barrierefreien Bauens. Beim sehbehindertenfreundlichen Bauen wird jedoch berücksichtigt, dass viele Dinge zu einer Barriere werden können, die für einen sehenden Menschen kein Problem darstellen: beispielsweise ein offener Tür- oder Fensterflügel, der in den Raum hinausragt, ein auskragendes Regal, ein Blumentopf im Gehbereich, ein gedankenlos platziertes Möbelstück usw. Solche Barrieren lassen sich mit einer geschickten Planung vermeiden. Zusätzlich werden Mitarbeiter informiert, wie sie die Bewohnerinnen in der Nutzung der Gebäude- und Gartenanlagen unterstützen können (Orientierung im Innen- und Aussenraum, Nutzung der Inneneinrichtung, Nutzung der technischen Anlagen wie Beleuchtung, Telefonanlagen).

Bauliche Anpassungen planen

In bestehenden Alterseinrichtungen können bauliche und einrichtungsmässige Anpassungen auch schrittweise erfolgen. Dabei ist oft eine Abwägung zwischen den sehbehinderungsspezifischen Anliegen und der Erhaltung bestehender und geschätzter Bau- und Einrichtungsteile erforderlich. Altes, das lieb und vertraut geworden ist, kann oft mit kleinen sehbehindertenfreundlichen Ergänzungen weiterhin genutzt werden.

Bei Erneuerungen in bestehenden Institutionen empfiehlt es sich, Bewohnerinnen und Mitarbeiter in den Planungsprozess einzubeziehen. Partizipation ist oft auch eine Planungshilfe. Sie verstärkt zudem das Verständnis und die Identifikation der Beteiligten an den getroffenen Massnahmen und am Gebäude.

> **K14 – Beispiele aus der Praxis**
>
> Eine für Bewohnerinnen mit Sehbehinderung unzureichende Beleuchtung im Speisesaal kann oftmals beibehalten und durch individuelle zusätzliche Tischleuchten ergänzt werden.
>
> Bunte Wäsche, farbige Haltegriffe, kontrastfarbige Armaturen und eine gezielte Zusatzbeleuchtung können in weissen Badezimmern Orientierungshilfe bieten und ersparen grosse Umbauten.

> **K15 – Beispiel aus der Praxis**
>
> Die Empfindlichkeiten und Bedürfnisse bezüglich Helligkeit, Blendung, Kontraste (Farb- und Helligkeitskontraste), Spiegelungen, Lichtrichtung, Dimmbarkeit, Schattenwurf, Markierungen, Griffigkeit usw. können je nach Beeinträchtigung sehr unterschiedlich sein. Sehbehindertenfreundliche Lösungen sehen eine optimale Grundausstattung sowie individuelle Adaptionsmöglichkeiten vor.

Eine ausserordentlich sinnvolle Beteiligungsmöglichkeit bieten Bemusterungen mit den sehbehinderten Nutzern und Probephasen mit Auswertungen durch Bewohnerinnen, beispielsweise für neue Beleuchtungen, Bodenbeläge oder Farbgestaltung. Diese für die Bewohner wichtigen Möglichkeiten zur Mitwirkung begünstigen auch befriedigende Resultate. Dabei sollen nicht Einzelwünsche durchdringen, sondern es wird versucht, den unterschiedlichen Bedürfnissen von Bewohnerinnen mit unterschiedlichen Arten von Sehbehinderung Rechnung zu tragen.

Beleuchtung, Kontraste und Farbgestaltung

Für sehende wie für sehbehinderte Personen hängt das Sehen vom Licht ab, das zur Verfügung steht und genutzt werden kann Auch alte Menschen mit gesunden Augen sehen mehrheitlich weniger gut als junge Menschen. Die besten Lichtbedingungen bietet immer Tageslicht, im Zimmer möglichst von zwei Seiten kommend, oder intensives, aber blendfreies Kunstlicht mit hoher Beleuchtungsstärke.[10] Die Beleuchtung von Alterseinrichtungen verlangt zur Kompensation der altersbe-

---

10 Wert für die Beleuchtungsstärke: Lux (lx). Mit der Einheit Lux wird ausgedrückt, wie viel Licht auf eine bestimmte Nutzebene fällt (wird also nicht gemessen an der Lichtquelle). Die

K16 dingt verminderten Sehkraft auch für nicht sehbehinderte Bewohner eine optimale Nutzung von Tageslicht und möglichst indirekte, kräftigere Beleuchtung. als für Menschen in jungem oder mittlerem Alter (SLG 2014).

Die Beleuchtung ist auch eine Sicherheitsvorkehrung: Treppen und andere oft unzureichend ausgeleuchtete Orte können mit altersangepasster Beleuchtung sicherer begangen werden. Treppen sind in modernen Alterseinrichtungen oft nur für Mitarbeiter geplant, in der Annahme, Bewohnerinnen würden den Lift benützen. Damit wird die Treppe als beliebtes, kostengünstiges und einfach zu nutzendes Trainingsgerät, das auch Begegnungsort sein kann, unterschätzt.

K16 – Raumbeleuchtung

Je nach Funktion eines Raumes sind die Anforderungen an die Beleuchtung unterschiedlich. Nach den Angaben der Schweizerischen Lichtgesellschaft (SLG 2014, 10) sind folgende Werte minimal und müssen erreicht werden:

Arbeiten	750 Lux
Küche, Bad	500 Lux
Treppen, Flure tags	300 Lux
Nutzungsneutrale Räume	300 Lux
Flure nachts	150 Lux

Zudem sollten in Übergangszonen vom hellen Tageslicht zu Innenräumen mit Kunstlicht (Adaptationszonen; aussen, innen) mindestens 750 Lux erreicht werden.

K17 Eine angepasste Beleuchtung[11] ermöglicht in der sehbehindertenfreundlichen Alterseinrichtung die optimale Nutzung des verbleibenden Sehvermögens. Für Bewohnerinnen mit Hörbehinderung bietet sie bessere Bedingungen für die Kompensation der Hörbeeinträchtigung. Der Einsatz von Leuchten und die Lichtführung (Tages- und Kunstlicht) können und sollen als Orientierungshilfe eingesetzt werden. Neben der altersadäquaten Beleuchtung sind individuell ermittelte sehbehinderungsspezifische Zusatzleuchten hilfreich, z. B. in der Nasszelle, am Essplatz, am Arbeitstisch. Hier können Werte von 1500–3000 Lux angemessen sein.

Höhe der Nutzebene liegt in allgemeinen Räumen bei ca. 80 cm, in Korridoren und Treppen bei 20 cm über dem Boden.
11 Vgl. dazu SLG 2014, Bohn 2014, Christiaen 2004, Breuer 2009.

> **K17 – Grundsatz**
> Das verfügbare Licht soll die bestmögliche Nutzung des verbleibenden Sehvermögens ermöglichen. Vor Blendung wird individuell geschützt.

Die häufig auftretende Blendung durch helles, selbst indirektes Licht, wird durch individuellen Blendschutz korrigiert. Bewährten Blendschutz bieten Hüte, Kappen und Ähnliches sowie grossflächig deckende Sonnenbrillen. Das Dimmen der Beleuchtung ist für den individuellen Bereich nützlich, bei Gruppenveranstaltungen dagegen wenig sinnvoll. Der Ruf nach mehr oder weniger Licht steht fast immer im Raum, die Beleuchtung in allgemeinen Räumen kann nie allen Bedürfnissen gerecht werden.

Ebenso wichtig wie die Beleuchtung sind die farblichen Kontraste:[12] Ein gut beleuchteter Essplatz mit weissem Tischtuch, weissem Geschirr, farblosen Gläsern und durchsichtigen Medikamentenbechern ist wenig hilfreich. Ein gut beleuchtetes und kontrastreiches Gedeck erhöht dagegen die Selbstständigkeit und Sicherheit beim Essen deutlich, denn der Teller hebt sich so vom Tisch ab und wird dadurch wahrgenommen. Alle funktional wichtigen Elemente werden kontrastreich ausgeführt und eingesetzt: Handläufe, Lichtschalter, Türgriffe, Armaturen, Kanten und Ecken, Möbel usw. Im Zusammenhang mit Sehbehinderung bedeutet Kontrast nicht dasselbe wie für Sehende: Kontraste sind hier nicht primär Farbunterschiede, sondern Unterschiede in den Helligkeitswerten und der Intensität der Farben (Breuer 2009, 14 ff.).

Sehbehinderte Menschen nehmen Farben oder zumindest deren Kontrast wahr. Die Farbe Orange bewährt sich beispielsweise als die Farbe, die für die meisten Personen mit Sehbehinderung am längsten erkennbar bleibt. Darum wird Orange zur Kennzeichnung wichtiger Elemente eingesetzt. Dunkle Farben dagegen tendieren schnell zu schwarz, können nicht voneinander unterschieden werden und täuschen leicht ein Loch vor.

Akustik, Materialien und Oberflächen

Besondere Beachtung verdient in der Alterseinrichtung die Akustik (Akustikdesign). Sie ist für Bewohner mit Seh- oder Hörbehinderung für die Kommunikation ausschlaggebend: unterstützend oder behindernd. Die Akustik beeinflusst Konzentration, Aufnahmefähigkeit und den Kräftehaushalt. Eine Akustikfachper-

---

12 Kontraste sind physikalisch relevante Unterschiede der Farblichtwellen. Was von Sehenden als kontrastreich wahrgenommen wird, kann für Menschen mit einer Sehbehinderung kaum unterscheidbar sein.

son kann je nach der Funktion eines Raumes unterschiedliche Verbesserungen vorschlagen. Schallschluckende Massnahmen an Wänden oder Zimmerdecken, Teppiche, Vorhänge und Polstermöbel bringen in Bewohnerzimmern wie in allgemeinen Räumen die gewünschte schallregulierende Wirkung. Für sinnesbehinderte Personen kann es sehr anstrengend und ermüdend sein, in einem lauten Speisesaal zu essen oder ein Tischgespräch führen zu wollen. Nachhall erschwert die Orientierung in einem Flur oder mindert die Sprachverständlichkeit. Gezielt können aber Geräusche (z. B. das Plätschern eines Brunnens, das Drehen eines Getriebes, das Brummen eines Gerätes) auch als Orientierungshilfe eingesetzt werden und den Menschen verraten, wo sie sich gerade befinden.

Bei einem Neubau oder einer Sanierung sind «akustische Bemusterungen», also Hörproben mit einem Akustiker, für Bewohnerinnen mit Seh- und/oder Hörbehinderung hilfreiche und eindrückliche Beteiligungsmöglichkeiten.

Materialien und Oberflächen sind ein weiteres Thema beim sehbehindertenfreundlichen Neu- oder Umbau: Sie sollen nicht nur visuell und akustisch, sondern auch taktil informativ, haptisch angenehm und, je nach Funktion, anregend sein. Wie fühlen sich Wände, Vorhänge, Möbel, Tische, Ablagen, Stühle usw. an? Welchen Informations- oder Wiedererkennungswert haben sie?

Bei der Oberflächengestaltung und -behandlung, besonders von Böden, Wänden und Decken, sind die Reflexion (Blendung und Spiegelung) zu beachten, die im Zusammenspiel von Material und Tages- oder Kunstlicht auftreten. Insbesondere der Ausführung von Kanten der Möbelstücke und vorstehenden Bauteilen ist Aufmerksamkeit zu schenken. Scharfe Kanten stellen für alte und sehbehinderte Menschen eine grosse Verletzungsgefahr dar.

Die bauliche Ausstattung kann einerseits funktional unterstützend (oder behindernd) und andererseits atmosphärisch eher gemütlich oder eher sachlich wirken. Beide Ansprüche sind berechtigt, lassen sich jedoch nicht immer miteinander vereinbaren. Stets strikt auf sehbehinderungsspezifische Funktionalität zu setzen, ist vielerorts nicht wünschenswert, und die manchmal unvereinbaren Anforderungen müssen sorgfältig gegeneinander abgewogen werden. Die Nutzung eines Raumes bestimmt, ob eher Funktionalität oder eher Atmosphärisches im Vordergrund steht. So sind beispielsweise Treppen, Markierungen und Orte der Beschäftigung sehr gut auszuleuchten, Orte des Verweilens und des gemütlichen Beisammenseins können in weicherem, «heimeligerem» Licht gehalten sein. Wenn beispielsweise im Speisesaal generell eine gemütliche Atmosphäre gewünscht ist, kann an bestimmten Stellen eine sehr gute Einzelleuchte einen Essplatz individuell ausleuchten (Inselbeleuchtung).

Die Wahrnehmung von sehenden Mitarbeiterinnen ist kein Massstab für «Gemütlichkeit». Die meist jüngeren Mitarbeiterinnen verfügen grundsätzlich über eine höhere Sehkraft als die (auch augengesunden) älteren Bewohner. Wegen der unterschiedlichen Anforderungen ist eine Bemusterung mit einer gemischten Bewohnergruppe zielführend.

Markierungen, Beschriftungen, schriftliche oder verbale Informationen

Markierungen sind Orientierungshilfen für Menschen mit Sehbehinderung. Darunter fallen im baulichen Zusammenhang Leitlinien, Aufmerksamkeitspunkte, Treppenmarkierungen, Lichtquellen und andere Hilfen der Wegführungen wie Handläufe. Diese sind formelle bauliche Informationen oder Informationsträger (so können unterschiedliche Kerben an Handläufen das Stockwerk verraten, Noppen das Ende eines Teilstücks). Ihre Nutzung und Lesbarkeit kann gelehrt und gelernt werden. Auch Bodenbeläge, Oberflächengestaltung und -beschaffenheit usw. können als Markierung und Orientierungshilfe genutzt werden.

Beschriftungen mit Buchstaben, Ziffern oder Symbolen (Signaletik) sollen selbsterklärend, eindeutig und deutlich sein. Grundsätzlich heben sie sich kontrastreich und in sehr grosser Schrift vom Untergrund ab (Breuer 2009). Das gilt nicht nur für bleibende Angaben zur Orientierung für Besucherinnen und für Bewohner. Auch wechselnde Informationen, wie schriftliche Angaben zu Veranstaltungen, Menüs usw. sollen diesen Anforderungen genügen. Da sie üblicherweise am Computer produziert werden, verlangen sie keine baulichen Anpassungen, sondern nur ein sehbehindertenfreundliches Verhalten der Administration.

Sprachinformationen ergänzen und ersetzen schriftliche Informationen und ermöglichen dadurch ein Stück Unabhängigkeit. Sie sind entweder baulich fest eingerichtet (z. B. Stockwerkansage im Lift) oder bieten verbal wechselnde und aktuelle Informationen (z. B. interne Telefoninformation zu Menü, Veranstaltungen, Tagesgeschehen, Wetter).

Inneneinrichtung und Möblierung

Die sehbehindertenfreundliche Anpassung der Inneneinrichtung ist dort dringend, wo sie die Selbstständigkeit und die Sicherheit von Bewohnerinnen mit Sehbehinderung im Alltag verbessert oder die Gleichstellung gewährleistet. Je nach Angeboten der Alterseinrichtung können das unterschiedliche Einrichtungsgegenstände sein (Ausstattung einer Etagenküche für Bewohner, Turn- und Trainingsgeräte, Essgeschirr, Tischsets usw.). Da die Inneneinrichtung nicht fest mit dem Bau verbunden ist, lassen sich einzelne Gegenstände nach Wunsch und zu gegebenem Zeitpunkt austauschen. Bei der Wahl und Anschaffung neuer Möbelstücke, Objekte oder Geräte gilt stets: Die bekannten, bereits aufgeführten Anforderungen an eine seh- und hörbehindertenfreundliche Einrichtung sind einzuhalten.

Es empfiehlt sich, im Zuge der Massnahmen, die bei der Umstellung zur behindertenfreundlichen Alterseinrichtung sinnvoll sind, individuell einsetzbare

Elemente, beispielsweise eine Basisausstattung an mobilen Leuchten (Stehleuchten, Tischleuchten usw.), zu beschaffen.

Behinderungsspezifische elektrische und elektronische Anlagen

In der Alterseinrichtung werden elektrische Anschlüsse für behinderungsspezifische Bedürfnisse vorgesehen. Dazu zählen Induktionsanlagen für Hörgeräte, «Lichtglocken» in Verbindung mit der Türklingel oder, sofern das Haus über eine solche Anlage verfügt, mit dem Essensruf. Anschlüsse für elektronische Informations- und Kommunikationstechnologie können über Kabel oder kabellos (WLAN) vorgesehen werden. In der Telefonie besteht je nach Ausstattung des Hauses die Möglichkeit, eine hausinterne Telefonnummer für interne akustische Informationen zu nutzen (Menüplan oder Veranstaltungskalender) oder interne telefonische Bewohnerverbindungen zu ermöglichen. Bewohner, die hörverstärkende Telefonanlagen nutzen oder am Computer mit einem Programm für Sehbehinderte arbeiten, brauchen u. U. eigene, von der Hausanlage getrennte Anschlüsse. Gewisse hörverstärkende Geräte, z. B. zum Telefonieren, können durch WLAN gestört werden.

WLAN ermöglicht künftigen Generationen von Bewohnerinnen mit und ohne Behinderung, ihre eigenen Geräte mitzubringen (BYOD – Bring your own device). Bei neueren Liftanlagen ist die akustische Ansage (sprechender Lift) meist Standard. Behinderungsspezifische Brandschutz- oder Brandmeldeinstallationen sind nicht vorgesehen, sondern die Vereinbarung spezifischer Evakuierungsszenarien mit der Feuerpolizei.

Schrittweise Anpassung und Neubau

Die Anpassung der baulichen und einrichtungsmässigen Erneuerungen im Hinblick auf Sehbehindertenfreundlichkeit kann etappenweise umgesetzt werden, je nach den finanziellen Möglichkeiten über kürzere oder längere Zeit und mehr oder weniger detailliert.

Bei einem Neubau empfiehlt es sich, frühzeitig eine Fachperson für sehbehindertengerechtes Bauen in die Planung einzubeziehen. Anforderungen an die spezialisierte architektonische Gestaltung einer Alterseinrichtung sind hauptsächlich: Raumanordnung, Licht- und Wegführung (vollblinde Personen können meist nur rechte Winkel zuverlässig memorieren), Akustik je nach Nutzungszweck des Raumes, die Wahl von Materialien und Oberflächen zur Orientierung, Signaletik, Markierungen und Farbgestaltung.

Bewohnervertreterinnen werden in der zweiten Planungsphase einbezogen, wenn über Oberflächen, Beleuchtungskörper, Einrichtung usw. entschieden wird.

Den besonderen Anforderungen an den Brandschutz ist angemessene Aufmerksamkeit zu schenken, weil die Evakuierung von blinden und sehbehinderten Personen Betreuungsprobleme bieten kann: Brandabschnitte sollten möglichst klein gehalten werden, alle Bewohner sollen in nicht betroffenen Brandabschnitten verbleiben.

Neue Alterseinrichtungen oder grössere Sanierungen werden so geplant, dass die Nutzung der Zimmer flexibel ist und sie sich mit wenigen und einfachen Massnahmen an verändernde Bedürfnisse anpassen lassen. So werden beispielsweise alle Ausstattungen in Nasszellen von der Beleuchtung und den Kontrasten her sehbehindertenfreundlich hervorgehoben, die Höhen von Lavabo, Haltegriffen usw. lassen sich je nach den konkreten Bedürfnissen der Bewohnerin anpassen, einzelne Bestandteile lassen sich montieren oder abmontieren.

Bei Neubauten ist es sinnvoll, die bekannten Anforderungen an sehbehindertenfreundliches Bauen möglichst frühzeitig in die Planung einfliessen zu lassen. Sie sind unbedingt schriftlich festzuhalten, möglichst als Leitfaden, damit sie verbindlich werden und zu späteren Zeitpunkten auf sie zurückgegriffen werden kann. Diese Anforderungen sind oftmals nicht mit Mehrkosten verbunden, reicht es doch meistens aus, den Grundriss und die Wegführung geschickt zu organisieren, Fenster, Türen und Treppen so zu platzieren, dass sie für Menschen mit Sehbehinderung einen optimalen Nutzen bringen. Die eingesetzten Materialien, Leuchten, Farben, Oberflächen und Möbel und deren Platzierung sind sorgfältig im Hinblick auf Sehbehinderung auszuwählen.

Kernaussagen Kapitel 3.2.2
› Barrierefreies Bauen, behindertenfreundliche Nutzung der baulichen Gegebenheiten und Unterstützung der Bewohner in der Nutzung der Gebäude- und Gartenanlagen ergänzen sich.
› Bauliche und einrichtungsmässige Anpassungen können schrittweise erfolgen.
› Bemusterungen mit den sehbehinderten Bewohnerinnen, beispielsweise für Beleuchtungen, Bodenbeläge oder Farbgestaltung, tragen zu befriedigenden Resultaten bei und bieten ein relevantes Feld für die Mitwirkung in der Mitgestaltung des Umfeldes.
› Beleuchtung: Sehen ist sehr stark abhängig vom Licht, das zur Verfügung steht. Eine angemessene Beleuchtung ermöglicht die optimale Nutzung des vorhandenen Sehvermögens.
› Kontraste: Bei allen funktional wichtigen Elementen wird auf gute Kontraste geachtet: Handläufe, Lichtschalter, Türgriffe, Kanten, Möbel usw. Dabei ist zu beachten, dass für Menschen mit Sehbehinderung Kontraste nicht primär aus Farbunterschieden resultieren, sondern aus Unterschieden in den Helligkeitswerten und der Intensität der Farben.

> Akustikdesign: Die Akustik wirkt sich nicht nur auf die Verständigung, sondern auch auf Konzentration, Aufnahmefähigkeit und Kräftehaushalt aus. Sie kann die Kommunikation unterstützen oder behindern, das gilt für Bewohnerinnen mit Seh- oder Hörbehinderung.
> Materialien und Oberflächen: Sie sollen visuell, akustisch und taktil informativ sowie haptisch angenehm und anregend sein.
> Markierungen sind wichtige Orientierungshilfen für Menschen mit Sehbehinderung.
> Inneneinrichtung und Möblierung können unabhängig von einem Um- oder Neubau angepasst werden. Sinnvoll sind individuell einsetzbare ergänzende Elemente wie Tisch- oder Stehleuchten.
> Elektrische und elektronische Anlagen schliessen die technischen Möglichkeiten der Kompensation von Wahrnehmungseinbussen mit ein.
> Wichtigste Anforderungen an die architektonische Gestaltung einer Alterseinrichtung, die Sinnesbehinderung berücksichtigt, sind: Raumanordnung, Licht- und Wegführung, Akustik je nach Nutzungszweck des Raumes, Einsatz von Materialien und Oberflächen zur Unterstützung der Orientierung, Signaletik, Markierungen, Farbgestaltung.

3.2.3 Gerontagogische Pflege: sehbehinderungsspezifisch und rehabilitativ

Die Gesundheits- und Krankenpflege von Menschen mit Hör- und Sehschädigung ist für Mitarbeiterinnen in Alterseinrichtungen alltägliche Praxis. Im vorliegenden Konzept werden diese Kenntnisse vorausgesetzt (z. B. betreffend Augenpflege) und mit sehbehinderungsspezifischen und rehabilitativen Elementen ergänzt.

Zur gerontagogischen Pflege gehören:
> sehbehindertenfreundliche Leistungserbringung (vgl. Kapitel 3.2.1),
> sehbehinderungsspezifische Pflege gemäss Kapitel 4,
> Vorkehrungen, um die Umfeld-Barrieren zu senken, die eine volle Teilhabe behindern, und um Bedingungen zu schaffen, welche die aktive soziale Teilhabe im Umfeld begünstigen (Aufgaben der Alterseinrichtung unter Mitwirkung der Pflege),
> die Förderung der individuellen Teilhabemöglichkeiten der Person mit Sehbehinderung (Befähigungsaufgabe der rehabilitativen sehbehinderungsspezifischen Pflege, gegebenenfalls unter Einbezug externer Fachpersonen, vgl. Kapitel 4.1.1), einzeln und/oder in Gruppen.

Die gerontagogische Alterseinrichtung ist durchgängig geprägt vom gerontagogischen Milieu. Sie ist im Innern und nach aussen durchlässig. Die gerontagogische Pflege als Teil der Alterseinrichtung beachtet zusätzlich eigene, pflegespezifische Prinzipien. Sie gestaltet das Milieu mit und nutzt es für ihre ermächtigenden, rehabilitativen sehbehinderungsspezifischen Leistungen (vgl. Abbildung 3).

Abbildung 3   Die gerantogogische Pflege als Element in der gerantogogischen Alterseinrichtung

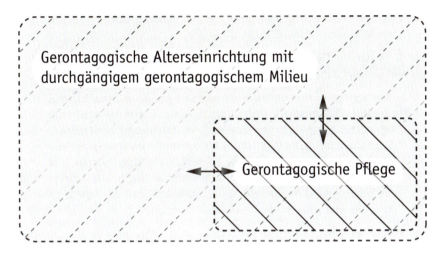

Pflegeauftrag: Beseitigen oder Vermindern der Auswirkungen der Beeinträchtigung

Die Schweizerische Akademie der Medizinischen Wissenschaften beschreibt den medizinisch-pflegerischen Behandlungsauftrag bei Menschen mit Behinderung folgendermassen:

> «... präventive, kurative, rehabilitative und palliative Massnahmen sollen die Auswirkungen der angeborenen oder erworbenen Beeinträchtigung beseitigen oder vermindern.» (SAMW 2013, 5)

Damit ist ein klarer Pflegeauftrag formuliert, dem sich der Schweizerische Verband der Pflegefachpersonen SBK in seinem Positionspapier Pflege 2020 mit der Bekräftigung der Pflege bei Behinderung anschliesst (SBK 2011).

Menschen mit Behinderung sollen nicht nur bei Krankheit in einer die Behinderung berücksichtigenden Weise behandelt werden. Zum Pflegeauftrag gehört vielmehr ebenso, die Auswirkungen der erworbenen Beeinträchtigung zu beseitigen oder zu vermindern. Der gleiche Auftrag ist in der Behindertenrechtskonvention formuliert:

> «(Insbesondere) bieten die Vertragsstaaten die Gesundheitsleistungen an, die von Menschen mit Behinderungen speziell wegen ihrer Behinderungen benötigt werden, soweit angebracht, einschliesslich (…) Leistungen, durch die, auch bei Kindern und älteren Menschen, weitere Behinderungen möglichst gering gehalten oder vermieden werden sollen.» (UN-BRK, Art. 25 Abs. b)

In Art. 26 hält die UN-BRK die Verpflichtung zu Habilitation und Rehabilitation fest und verlangt dabei:

> «Die Vertragsstaaten treffen wirksame und geeignete Massnahmen, einschliesslich durch die Unterstützung durch andere Menschen mit Behinderungen [durch peer support], um Menschen mit Behinderungen in die Lage zu versetzen, ein Höchstmass an Unabhängigkeit [Selbstbestimmung], umfassende körperliche, geistige, soziale und berufliche Fähigkeiten sowie die volle Einbeziehung in alle Aspekte des Lebens und die volle Teilhabe an allen Aspekten des Lebens zu erreichen und zu bewahren.» (UN-BRK, Art. 26)

Wie bereits erwähnt, kann das Bedürfnis nach sehbehinderungsspezifischer Pflege zumeist nicht von Betroffenen formuliert werden, da ihnen fast immer die Kenntnisse der Zusammenhänge und der Möglichkeiten fehlen. Personen mit Sehbehinderung dürfen davon ausgehen, dass sie diejenigen Pflegeangebote erhalten, die dem aktuellen Fachwissen entsprechen. Fachpersonen bieten also aufgrund ihrer professionellen Kompetenzen die entsprechenden Pflegeleistungen an, auch im höchsten Alter und in multimorbiden Situationen.

Sehbehinderungsspezifische Pflege

Sehbehinderungsspezifische Pflege kennt, erkennt und anerkennt das Thema Sehbehinderung.

› Sehbehinderung *kennen* heisst, die wichtigsten Sehschädigungen und die neuroophthalmologischen Wirkungen von Sehschädigung sowie mögliche direkte und indirekte Folgen im physischen, psychischen und psychosozialen Bereich zu kennen.

› Sehbehinderung *erkennen* heisst, Verhaltensmerkmale von Menschen mit Sehschädigung zu kennen und (bei fehlenden augenmedizinischen Diag-

nosen) eine Sehschädigung vermuten zu können (um gegebenenfalls eine augenmedizinische Abklärung in die Wege zu leiten); deren Auswirkungen auf andere Erkrankungsphänomene und mögliche Wechselwirkungen in der Praxis zu erkennen und im Pflegeprozess einzubeziehen.
› Sehbehinderung *anerkennen* heisst, die betroffene Person fachkundig zu beraten; alle Pflegeleistungen sehbehinderungsspezifisch zu erbringen; nach Möglichkeit multidisziplinäre Beurteilung zu veranlassen; die gewünschten unterstützenden Massnahmen umzusetzen; an der sehbehindertenfreundlichen Gestaltung des Umfeldes mitzuwirken.

Besonderes Augenmerk legt die sehbehinderungsspezifische Pflege auf die Zusammenhänge und Wechselwirkungen zwischen den Folgen von Sehschädigung und anderen Erkrankungen. Mit der Priorisierung von Befähigung zum besseren Umgang mit der Sehbehinderung können andere Pflegethemen positiv beeinflusst werden (vgl. Kapitel 4).

Zu den wichtigen sehbehinderungsspezifischen Pflegeleistungen gehören die Unterstützung in der Orientierung und die Kompensation visueller Wahrnehmungseinbussen durch Informationen über die Situation und über Vorkommnisse, die für die betreffende Bewohnerin mit Sehbehinderung relevant sind. Die Unterstützung des Hörens ist die wichtigste Kompensationsstrategie für Menschen mit Sehbehinderung (wie es für Hörbehinderte das Sehen und Lippenlesen sind). Möglichst individuelle und breite Kompensation in der Kombination von Informationsvermittlung und Hörtraining wirkt kognitiven Leistungseinbussen infolge Sehbehinderung entgegen.

K18

Informationen zur Kompensation visueller Wahrnehmungseinbussen erhält der Bewohner im gerontagogischen Milieu oft formlos mit dem Einbezug in das soziale Geschehen. Bei Personen, die sich eher zurückziehen oder aus anderen Gründen wenig soziale Kontakte haben, ist es Aufgabe der sehbehinderungsspezifischen Pflege, ihnen zu allen für sie wichtigen Informationen zu verhelfen. Das kann auch durch Mitbewohner geschehen, da Mitarbeiterinnen der Pflege oft nicht die Zeit haben, sehbehinderten Personen zu erzählen, was vor sich geht.

Neben der Umsetzung der sehbehinderungsspezifischen Pflege, wie sie in Kapitel 4 erläutert wird, liegt eine weitere Aufgabe darin, für Personen, die wegen der Sehbehinderung in ihrer Mobilität eingeschränkt sind, die Begleitung zu ausreichender Bewegung zu organisieren – so lange, bis die Betreffenden gelernt haben, sich mit der Sehbehinderung selbstständig sicher und ausreichend zu bewegen (aufrechterhaltende Pflegeleistung). Auch hier können sehende Mitbewohnerinnen wichtige Dienste leisten.

> **K18 – Beispiel für Orientierungsunterstützung ab Eintritt**
>
> Erste Schritte zur selbstständigen Orientierung kann die neue Bewohnerin früh nach dem Eintritt in die Alterseinrichtung machen. Dazu gehört auch das «Einhören» am neuen Ort, d.h. sich mit den Geräuschen der Umgebung vertraut machen können. Je nach Allgemeinbefinden lernt sie den Weg vom Bett zur Toilette kennen oder es werden ihr neben dem Zimmer die wichtigsten Räume des Hauses gezeigt. Damit wird ihr signalisiert, dass ihr die selbstständige Orientierung zugetraut wird – auf entsprechende Unterstützung kann sie zählen.
>
> Nach und nach erhält sie die Informationen, die ihr die Selbstständigkeit erleichtern: Orientierung im Zimmer, Unterstützung, um die eigenen Sachen selber so zu verräumen, dass sie sie wiederfindet, Namen und Funktionen von Mitarbeiterinnen, erste Kontakte zu anderen Bewohnern, die Wege zum Speisesaal, zum Empfang usw. Das alles mit einer geschulten Person nach einem klaren System angehen zu können, erleichtert den Eintritt und eröffnet ab dem ersten Tag im neuen Umfeld neue Möglichkeiten.

Rehabilitative sehbehinderungsspezifische Pflege

Die rehabilitative sehbehinderungsspezifische Pflege setzt befähigende Pflegeziele und orientiert sich in den Massnahmen an den Methoden aus der Sehbehindertenrehabilitation (vgl. Kapitel 4.1.1).

Zu den wichtigen rehabilitativen Zielen in der gerontagogischen Alterseinrichtung gehört die Unterstützung zu selbstständigen alltagspraktischen Tätigkeiten wie Kommunikation, Waschen, Kleiden, Essen und Trinken, Toilettengang und Mobilität sowie zu weiteren Aktivitäten in subjektiv bedeutenden Lebensbereichen. Die Befähigung zur selbstständigen Orientierung und anderen Aktivitäten ist ein Lernprozess, der systematisch und unter Berücksichtigung der jeweiligen persönlichen Ressourcen wie Raumvorstellungsvermögen, Hörvermögen usw. angeleitet wird.

Die rehabilitative sehbehinderungsspezifische Pflege ist kein linearer Prozess – Erwartungen an planmässige Erfolge wären sachfremd. An manchen Tagen will eine sehbehinderte Person etwas selbst ausprobieren, an andern Tagen erscheint ihr die Behinderung so schwer und erdrückend, dass sie es sich nicht zutraut.

Ressourcenorientiertes Arbeiten ist «state of the art» in der Langzeitpflege. Rehabilitative Pflege basiert auf bestehenden Ressourcen und schafft im Wieder-

oder Neuerlernen von weggefallenen alltagspraktischen und sozialen Fähigkeiten neue Ressourcen. Die Person erwirbt aktuell nicht vorhandene Fähigkeiten und Selbstpflegekompetenzen wieder oder neu. Sie gewinnt Selbstsicherheit und soziale Kompetenzen in einer wachsenden neuen Identität als Person mit Behinderung.

Die Entscheidung darüber, was geübt beziehungsweise selbst getan oder was delegiert wird, liegt bei der betroffenen Person, nicht bei den Mitarbeitern. Die situationsbezogene Entscheidung, ob eine Bewohnerin allenfalls überredet oder «verführt» werden soll, etwas zu üben, und wann dies ein unzulässiger Eingriff ist, muss der Fachkompetenz der geschulten Pflegefach- oder der Rehabilitationsfachperson überlassen werden. Auf die Bewohnerin mit spezifischen Angeboten zuzugehen, wirkt für sie meist entlastend. Das gilt besonders auch für diejenigen, die (noch) nicht darüber sprechen, die sich vielleicht zurückziehen, bei denen andere Beschwerden im Vordergrund stehen oder bei denen aufgrund typischer Merkmale eine Sinnesbehinderung vermutet wird, aber (noch) keine Diagnose vorliegt.

Wie viel und wie rasch einer (neuen) Bewohnerin gezeigt werden kann, ist abhängig von ihrer allgemeinen psychischen und körperlichen Verfassung. Personen, die Trauer, Antriebsschwäche oder andere Anzeichen depressiver Verstimmung zeigen, werden zurückhaltend mit Rehabilitationsangeboten konfrontiert.

Auch wenn Bewohner mit Sehbehinderung sagen, sie würden am meisten darunter leiden, dass sie nicht mehr lesen können, ist im pflegerischen Beratungsgespräch sorgfältig zu klären, ob der Bewohner tatsächlich dieses Thema als Erstes angehen will oder ob es sinnvoll sein könnte, Schritte zur besseren Selbstständigkeit in alltäglichen Aktivitäten vorzuziehen (z. B. bestehende Ressourcen zu neuen Fähigkeiten in der Selbstpflege auszuweiten). Das kann auch zur Stabilisierung der psychischen Situation beitragen, denn viele Personen verstehen die Kompetenz zur Selbstpflege als Ausdruck ihrer Würde.

Die Pflegefachpersonen beurteilen die psychische und die physische gesundheitliche Gesamtsituation bezüglich Ursache und Wirkung durch die Sehschädigung. Bei der Zielsetzung fokussieren sie zusammen mit der Bewohnerin auf:

> Wiedererlangen/Stabilisieren des seelischen Gleichgewichts
> Selbstpflegekompetenzen
> Orientierung
> soziale Aktivitäten, inkl. Teilhabe im gegebenen Umfeld
> Tätigkeiten, Beschäftigung – gegebenenfalls: Arbeit, auch im Pensionsalter
> kulturelle und sportliche Aktivitäten

Psychische und psychosoziale Beeinträchtigungen sind, je nach Art und Ausprägung, Thema der sehbehinderungsspezifischen Pflege oder der rehabilitativen sehbehinderungsspezifischen Pflege. Bei länger dauernden psychischen Belastungen sind gerontopsychiatrische Dienste beizuziehen, bei Suizidalität wird ein psychiatrisches Gutachten empfohlen, um die Urteilsfähigkeit zu klären (Rippe et al. 2005). Die betreffenden externen Fachpersonen werden über die Sehbehinderung umfassend informiert.

Anforderung an Pflegefachpersonen, Erweiterung der Aufgaben

Es stellt hohe Anforderungen an die Flexibilität der Pflege, in die bekannten Inhalte der Langzeitpflege Methoden aus der stationären und ambulanten heil- und sozialpädagogischen Arbeit mit Menschen mit Behinderung zu integrieren. Zu den neuen oder mindestens im Alltag der Langzeitpflege oft noch ungewohnten Aufgaben gehören:

> die ermächtigenden rehabilitativen Massnahmen, bei Sehbehinderung mit den Methoden der Sehbehindertenrehabilitation,
> Arbeit mit Bewohnergruppen (vgl. Kapitel 3.1.5 und 3.2.1, Gemeinschaft unter Bewohnern),
> Unterstützung in der Organisation von «Nachbarschaftshilfe» (vgl. Kapitel 3.2.5, Strukturierte Nachbarschaftshilfe),
> Pflegeprozess und -planung in Hinblick auf mittelfristige Lebensplanung mit der Zielsetzung der wiederzugewinnenden Selbstständigkeit.

Bewohner von Alterseinrichtungen haben – mindestens statistisch gesehen – eine Lebenserwartung, für die es sich zu planen und vorzusorgen lohnt. Alte Menschen mit ihrem Erfahrungsschatz sind nicht nur für junge Menschen eine Bereicherung – sie haben auch in der Alterseinrichtung etwas zu bieten. Zum Auftrag von Pflege und Betreuung gehört es, diesen Ressourcen mit einer mehrjährigen Planungsspanne für den Bewohner selbst und für sein Umfeld zum Tragen zu verhelfen.

Eine hilfreiche Arbeitshaltung für die gerontagogische Pflege besteht darin, die Bewohnerinnen die eigene Zuversicht in die positive Veränderbarkeit der Situation spüren zu lassen und sie motivierend über die Zusammenhänge zwischen dem Sehverlust und physischen, psychischen und psychosozialen Folgen sowie über mögliche Massnahmen zur Unterstützung zu informieren, umfassend und wiederholt.

Lebenssinn, der allenfalls abhandengekommen ist, kann die Pflege dem Bewohner nicht wiedergeben.

Exkurs: Gerontagogik-Konzept und ICF

Die Gerontagogik und der gerontagogische Pflegeprozess, wie sie hier vorgeschlagen werden, entsprechen dem Verständnis funktionaler Gesundheit gemäss ICF (WHO 2005). Die ICF dient als Ergänzung zur medizinisch genutzten ICD, der Internationalen statistischen Klassifikation der Krankheiten und verwandter Gesundheitsprobleme (aktuell in der 10. Revision im Einsatz: ICD-10).

Mit der ICF lassen sich Körperfunktionen und -strukturen, Funktionsfähigkeit bei Aktivitäten und Teilhabe sowie das Umfeld einer Person beschreiben. Dies erlaubt, förderliche und hinderliche Umweltbedingungen, insbesondere die Haltung der Personen im Umfeld, zu erfassen. In der Schweiz wird die ICF im klinischen Kontext in der Rehabilitation und vereinzelt im Altersbereich genutzt (z. B. im Stadtspital Waid Zürich).

Die in Alters- und Pflegezentren bekannten Assessment-, Planungs- und Abrechnungsinstrumente RAI, BESA und PLAISIR beziehen das Umfeld nicht in vergleichbarem Mass in die Pflege ein. Sehbehinderung mit ihren wechselwirkenden Folgen ist in diesen Instrumenten auch mit sehbehinderungsspezifischem Fachwissen nicht leicht erfassbar.

Das Konzept der Gerontagogik vertritt mit dem sehbehindertenfreundlich gestalteten Milieu, in das die Pflege integriert ist, die Gestaltung förderlicher Umweltbedingungen (vgl. Artikel Adler und Wicki, Kapitel 5.4) und ermöglicht deren Nutzung durch die Pflege.

Rehabilitative Nutzung des sehbehindertenfreundlichen Milieus

Im gerontagogischen Milieu können Personen mit Sehbehinderung erwünschte, positiv verstärkende Erfahrungen machen, negative Erfahrungen werden vermieden oder professionell aufgefangen. Die Mitbewohner kennen und akzeptieren die besonderen Bedürfnisse von Menschen mit Sinnesbehinderung. Ein solches Milieu eignet sich, um Erfahrungen zu wagen, die ausserhalb dieses Umfeldes grössere Überwindung bräuchten.

Neben den funktionalen Beeinträchtigungen ist für Menschen, die ein Leben lang als Sehende visuell den Überblick hatten, der Kontrollverlust eine besonders einschneidende Begleiterscheinung der im Alter auftretenden Sehbehinderung. Rehabilitative Pflege oder Sehbehindertenrehabilitation durch externe Fachpersonen befähigen Menschen mit Sehbehinderung, nicht visuelle Methoden zur Verrichtung täglicher Aktivitäten zu nutzen, sich die zur Kontrolle nötigen Informationen taktil oder akustisch zu beschaffen und psychosoziale Sicherheit wiederzugewinnen. Diese neuen Kompetenzen müssen eingeübt werden. Spezialisierte Mitarbeiterinnen und die Personen mit Sehbehinderung nutzen das Milieu als Lern- und Übungsfeld.

In diesem Sinn wird das sehbehindertenfreundliche Milieu zur Unterstützung rehabilitativer Prozesse genutzt. Meist geschieht dies durch spezialisierte Fachpersonen der Pflege oder durch Fachverantwortliche Sehbehinderung. Rehabilitative Massnahmen verlangen eine professionelle Planung, Durchführung und Evaluation der Intervention. Wer in dieser Art tätig wird, ist nicht festgelegt: spezialisierte Fachpersonen der Pflege, der Ergotherapie, der Sozialen Arbeit oder von aussen beigezogene Rehabilitationsfachpersonen des Sehbehindertenwesens. Diese planen die gewünschten Erfahrungen, nutzen das Milieu als Erfahrungsfeld und werten die gemachten Erfahrungen mit der Bewohnerin aus. Dadurch kann die Kontrollüberzeugung gestärkt werden und Menschen mit Sehbehinderung gewinnen Sicherheit darin, dass der Umgang mit der Behinderung gelingen kann und sie die dafür nötige Unterstützung erhalten.

K19 – Beispiel aus der Praxis

Die stark sehbehinderte Frau Gurtner möchte mit Frau Dubach, einer anderen Bewohnerin, in Kontakt kommen. Frau Dubach grüsst sie im Lift immer freundlich. Frau Gurtner kann sich nicht vorstellen, wie sie den Kontakt aufnehmen könnte. Die Fachverantwortliche Sehbehinderung bespricht mit Frau Gurtner mögliche Schritte: Frau Gurtner kann den Mitarbeiter in der Cafeteria bitten, sie mit Frau Dubach bekannt zu machen. Am nächsten Tag werten die Fachverantwortliche Sehbehinderung und Frau Gurtner zusammen aus, wie Frau Gurtner ihre Bitte um Unterstützung und die Kontaktaufnahme erlebt hat.

Formen der berufsübergreifenden Zusammenarbeit

Die Pflege arbeitet in der Alterseinrichtung mit den anderen Professionen zusammen. Dies kann in verschiedener Weise geschehen:

Gemischte Teams

Idealerweise sind Teams in Wohngruppen multidisziplinär zusammengesetzt (vgl. Kapitel 3.1.6). Dann geschieht die multidisziplinäre Beurteilung zuhanden des Pflegeprozesses im Team und für die diversen Pflegemassnahmen stehen entsprechende Fachpersonen zur Verfügung.

Allenfalls sind Gerontologinnen oder Mitarbeiter aus der Sozialpädagogik o.Ä. in der Alterseinrichtung ausserhalb der Pflege beschäftigt. So ist der punktuelle Beizug in einzelnen Schritten möglich (z.B. multidisziplinäre Bewertung der individuellen Bedürfnisse und Stärken im Assessment, der Förderpotenziale und der Einschätzung von geeigneten Interventionen und Massnahmen in der Zielfestlegung und Planung).

Delegierte Pflege

Fehlen Fachpersonen aus anderen Disziplinen, können externe Fachpersonen für die Beurteilung zugezogen werden.

Intern können spezifisch weitergebildete Mitarbeiterinnen aus anderen Professionen mit einzelnen pflegerischen Leistungen beauftragt werden.

K20

> **Beispiele aus der Praxis**
>
> Mitarbeiter im Speisesaal können einen delegierten pflegerischen Auftrag haben, indem sie über das Essen informieren, Essen zerkleinern, zum Essen aufmuntern, den Appetit durch eine anschauliche Beschreibung dessen, was auf dem Teller liegt, anregen. Sie können Auffälliges an die zuständigen Pflegefachpersonen weiterleiten oder von diesen besondere Beobachtungsaufgaben übernehmen.
>
> Ebenso können auch geschulte Mitarbeiterinnen der Reinigung, Verwaltung, Wäscherei besondere Aufgaben übernehmen, beispielsweise jemanden in den Speisesaal führen, Orientierungshilfen geben, selbstständige Telefonkontakte üben, selbstständige Kleiderordnung üben.

Solche delegierte pflegerische Leistungen müssen geschult, geplant, koordiniert und kontrolliert werden (vgl. Kapitel 4.2.5). Dann können sie in den Pflegeprozess eingebettet und dort auch abgerechnet werden. Dies verlangt eine entsprechende Formalisierung und Koordination.

Externe Fachpersonen
Wegen der Sehbehinderung kann auch eine interprofessionelle Zusammenarbeit mit externen Fachpersonen hilfreich oder nötig sein. Spezialisierte Ergotherapeutinnen oder Fachpersonen aus den Beratungsstellen des Sehbehindertenwesens können für die fachliche Unterstützung von Personen mit Sehbehinderung beigezogen werden, wenn intern die entsprechenden Fachkenntnisse fehlen (vgl. Kapitel 3.2.4). Ergotherapieleistungen werden ärztlich verordnet und über die Krankenkasse abgerechnet. Leistungen von Beratungsstellen werden meist kostenlos erbracht.

> **Kernaussagen Kapitel 3.2.3**
> › Sehbehinderungsspezifische Pflege kennt, erkennt und anerkennt das Thema Sehbehinderung.
> › Die Zusammenhänge und Wechselwirkungen zwischen der Sehschädigung, ihren Folgen und anderen Erkrankungen werden besonders beachtet. Die Befähigung zum besseren Umgang mit der Sehbehinderung erhält ein hohes Gewicht, weil damit andere Pflegethemen positiv beeinflusst werden können.
> › Eine im Alter auftretende Sehbehinderung bringt neben funktionalen Beeinträchtigungen auch Kontrollverlusterfahrungen mit sich, für viele Betroffene eine besonders einschneidende Begleiterscheinung der Sehbeeinträchtigung. Rehabilitative Massnahmen befähigen dazu, nicht visuelle Methoden zur Verrichtung von Aktivitäten zu nutzen und sich die zur Kontrolle nötigen Informationen taktil oder akustisch zu beschaffen. Diese neuen Kompetenzen müssen eingeübt werden. Dafür wird das sehbehindertenfreundliche Milieu genutzt.
> › Rehabilitative sehbehinderungsspezifische Pflege baut auf den Ressourcen der Person auf. Diese erwirbt beeinträchtigte oder aktuell nicht mehr vorhandene Selbstpflegekompetenzen und soziale Fähigkeiten wieder oder neu. Das schafft neue Ressourcen, psychosoziale Sicherheit und hilft, die Behinderung in die Identität zu integrieren.
> › Oft noch ungewohnt in der Langzeitpflege sind Aufgaben wie: ermächtigende rehabilitative Massnahmen, Arbeit mit Bewohnergruppen, Mitorganisation von «Nachbarschaftshilfe», Pflegeplanung mit Blick auf eine mittelfristige Lebensplanung mit der Zielsetzung, Selbstständigkeit wiederzugewinnen.
> › Die bereichsübergreifende Zusammenarbeit kann in unterschiedlichen Formen geschehen: in gemischten Teams, mit delegierter Pflege, unter Beizug externer Fachpersonen.

3.2.4 Zusammenarbeit mit Rehabilitationsfachpersonen des Sehbehindertenwesens und Hilfsmittel

Sehbehindertenrehabilitation fördert das Wiedererlangen von Fähigkeiten zu Aktivitäten des täglichen Lebens wie Haushalten und Ähnliches oder die Kompensation von wegfallenden Fähigkeiten durch neue Strategien. Fachpersonen der Sehbehindertenrehabilitation beurteilen zudem die Umgebung auf Verbesserungen von individueller Einrichtung des Wohnraums und Beleuchtung, passen Hilfsmittel an und instruieren die Klientin in deren optimaler Nutzung.

Die Bewohnerin in der Alterseinrichtung kann durch Rehabilitationsfachpersonen der Beratungsstelle des Sehbehindertenwesens ausreichend rehabilitativ betreut sein, wenn sich die Auswirkungen der Sehbehinderung auf Beeinträchtigungen in den Aktivitäten des täglichen Lebens und der Bewegung beschränken, wenn keine Wechselwirkungen mit anderen Erkrankungen bestehen (Multimorbidität) und ein sehbehindertenfreundliches Milieu vorhanden ist. In diesem Fall ist die sehbehinderungsspezifische Pflege ohne pflegerische rehabilitative Massnahmen in enger Zusammenarbeit mit externen Fachpersonen ausreichend.

Die meisten Beratungsstellen des Sehbehindertenwesens bieten kostenlose Beratung und Rehabilitation bei Vorliegen eines augenärztlichen Zeugnisses an. Die zuständige Pflegefachperson und/oder die Mitarbeiterin im Sozialdienst klärt die Möglichkeiten inklusive Finanzierung und koordiniert den Einsatz der internen und der externen Unterstützungen.

Abbildung 4   Sehbehinderungsspezifische Rehabilitation

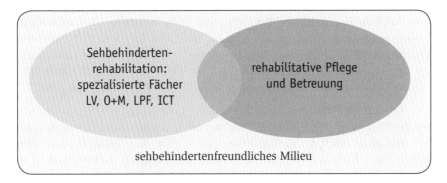

Fachgebiete der Sehbehindertenrehabilitation
In der Sehbehindertenrehabilitation wird unterschieden zwischen den Fächern Orientierung und Mobilität (O+M), Lebenspraktische Fähigkeiten (LPF), Low Vision (LV) und ICT (Information and Communication Technology).

O+M trainiert Techniken und Strategien für eine sichere und möglichst selbstständige Fortbewegung sowie das Orientierungsvermögen und bietet Beratung im Einsatz von spezifischen Hilfsmitteln. LPF vermittelt Techniken und Methoden der Alltagsbewältigung in verschiedenen Lebensbereichen wie Essen, Körperpflege, Kleider, Kochen usw. und den Umgang mit Hilfsmitteln dafür. Bei LV geht es um die Erfassung des vorhandenen Sehpotenzials und der visuellen Schwierigkeiten, die optimale Nutzung des reduzierten Sehvermögens, die Beratung in der Auswahl von Sehhilfen und Hilfsmitteln sowie die Instruktion im Umgang damit. Die ICT berät, vermittelt und schult bezüglich sehbehinderungsspezifischer Computertechnik. Das «Berner Modell» sieht für die Praxis mit älteren Menschen eine weitgehende Zusammenführung der Leistungen durch eine Fachperson («Low Vision-Generalistin») vor (Sutter 2015). Im vorliegenden Text verwenden wir zumeist allgemein den Begriff Sehbehindertenrehabilitation, ohne die Fachgebiete zu spezifizieren.

Optische Beratung und optische Hilfsmittel
Die rehabilitativen Aufgaben im optischen Bereich sind immer bei externen Fachpersonen anzusiedeln. Für die Auswahl und Anpassung von Hilfsmitteln wie Lupen, Lesehilfen usw., für das korrekte Ermitteln des Vergrösserungsbedarfs, für die Anleitung in der Technik des exzentrischen Sehens (evtl. auch exzentrischen Lesens) sind Fachpersonen der Beratungsstellen des Sehbehindertenwesens zuzuziehen. Lupen, die ohne präzise Erfassung des Vergrösserungsbedarfs, der zugehörigen Lichtverhältnisse und ohne die entsprechende Instruktion abgegeben werden, sind zumeist wertlos oder im besten Fall nicht optimal angepasst. Bildschirmlesegeräte und Lupenbrillen sollen nur mit dem dazugehörigen Lesetraining an Menschen mit Sehbehinderung abgegeben werden. Neben dem Training durch die Fachperson der Beratungsstelle ist auch richtiges Üben notwendig, bis sie optimal eingesetzt werden können. Das Üben kann von der hausintern geschulten (Pflege-)Fachperson begleitet werden. Das Fachgebiet der Low Vision, das sich in diesem Bereich spezialisiert hat, ist bei Augenärzten und Hausärztinnen am besten bekannt und wird von ihnen daher am häufigsten empfohlen.

Weitere Hilfsmittel
Für die Anpassung, Abgabe und das Training mit weissen Stöcken sind die Rehabilitationsfachpersonen des Blindenwesens beizuziehen. Zum Einsatz von weissen Stöcken in der Öffentlichkeit gehören Rechte und Pflichten, die bei dieser Gelegenheit vermittelt werden. Ältere Personen mit Sehbehinderung schätzen oft die weissen Stützstöcke. Diese bieten Halt und entfalten eine entlastende Signalwirkung im öffentlichen Raum. Sie unterscheiden sich vom Langstock, der von blinden und stark sehbehinderten Personen zur Orientierung und Mobilität gebraucht wird und der zwingend ein Training durch eine Fachperson erfordert. Der Taststock ist etwas kürzer als der Langstock, wird üblicherweise mit einer anderen Spitze eingesetzt und ist besser für Innenräume geeignet sowie zur Signalwirkung im öffentlichen Raum, wenn die Orientierungsfunktion weniger erforderlich ist.

Weitere Hilfsmittel können in der Alterseinrichtung vorhanden sein und von den Mitarbeitern angepasst und zur Verfügung gestellt oder gegen Entgelt abgegeben werden (z. B. Hilfsmittel zum Essen, Markierungspunkte zur Orientierung in den eigenen Sachen, gegebenenfalls auch sprechende Uhren und Wecker, Vibrations- oder Lichtwecker, Grossschriftagenden usw.). Idealerweise übernimmt dies eine dafür zuständige, in Rehabilitation geschulte Fachperson. Je nach Stand der Weiterbildung der Mitarbeiter in der Alterseinrichtung und nach Absprache mit der lokalen Beratungsstelle des Sehbehindertenwesens können mit der geeigneten Anleitung weisse Stützstöcke abgegeben werden.

Elektronische Informations- und Kommunikationstechnologie

Die neuen Generationen von Bewohnern in Alterseinrichtungen gehen immer leichter mit elektronischen Geräten um. Für Menschen mit Sehbehinderung bieten diese hilfreiche Funktionen: Sprachausgaben ersetzen weitgehend die Kenntnisse der Brailleschrift und erlauben es sehbehinderten Personen, mit dem Umfeld über Internet verbunden zu sein und Bücher, Zeitungen und anderes zu lesen (hören). Zahlreiche Apps auf dem Markt erlauben akustische Sprachausgaben: geografische Orientierungshilfen, Farberkennung, Vorlesen von Gedrucktem (z. B. auf Lebensmittelverpackungen), Fahrpläne usw. Zunehmend verbreiten sich akustische Sprachverarbeitungstools, die es beispielsweise ermöglichen, einen Mail-, SMS-, WhatsApp- oder sonstigen Nachrichten-Text zu diktieren, anstatt ihn zu tippen.

Ob spezielle Programme für die EDV-Nutzung nötig sind oder ob die sehbehinderte Person mit den gängigen Programmen, Geräten und Apps auskommt, klärt die Fachperson einer Beratungsstelle des Sehbehindertenwesens mit der Bewohnerin. Niederschwellige Kursangebote wie beispielsweise die «Apfelschule»[13] vermitteln Grundkenntnisse in der Nutzung von Kommunikationsmedien wie Handy, iPad oder Computer.

Bei allen technischen und elektronischen Hilfsmittelmöglichkeiten ist zu beachten, dass sie individuell dem Bedarf und den Bedürfnissen der Person angepasst sein müssen und nicht die psychosoziale und rehabilitative sehbehinderungsspezifische Unterstützung ersetzen können.

---

13 Netzwerk sehbehinderter und blinder Menschen, in dem erfahrene Anwender Neueinsteigerinnen zeigen, wie ein Gerät bei eingeschränktem Sehvermögen bedient werden kann (vgl. www.apfelschule.ch).

> **Kernaussagen Kapitel 3.2.4**
> › Sehbehindertenrehabilitation fördert das Wiedererlangen von Fähigkeiten zu Aktivitäten des täglichen Lebens. Dabei werden wegfallende Fähigkeiten durch neue Strategien kompensiert.
> › In der Sehbehindertenrehabilitation gibt es die spezialisierten Fächer Orientierung und Mobilität (O + M), Lebenspraktische Fähigkeiten (LPF), Low Vision (LV) und ICT (Information and Communication Technology).
> › Für die rehabilitativen Massnahmen im optischen Bereich sind die spezialisierten Kenntnisse der externen Fachpersonen beizuziehen.
> › Anpassung, Abgabe und Training mit weissen Stöcken nehmen die Rehabilitationsfachpersonen des Blindenwesens vor.
> › Technische und elektronische Hilfsmittel müssen individuell dem Bedarf und den Bedürfnissen der Person angepasst werden und können die psychosoziale und rehabilitative sehbehinderungsspezifische Unterstützung ergänzen.

3.2.5 Betreuung

Betreuungsleistungen sind nicht pflegerische Leistungen gegenüber Bewohnern. Im Gegensatz zu Pflegeleistungen im Rahmen der Pflegeplanung werden Betreuungsleistungen grundsätzlich finanziell umfassend von den Bewohnern getragen. Dies darf nach Auffassung des Kompetenzzentrums für Sehbehinderung im Alter (KSiA) für Betreuungsleistungen, die wegen der Behinderung notwendig sind, nicht gelten (vgl. im Folgenden «Kostenpflichtige und nicht kostenpflichtige Betreuungsleistungen»).

Behinderungsspezifische Betreuung inklusive Aktivierung bei Sehbehinderung

Zu den Betreuungsaufgaben für Personen mit Sinnesbehinderung gehören die formellen sehbehinderungsspezifischen Leistungen der Aktivierung ebenso wie die informellen Betreuungsleistungen bei Veranstaltungen, Festen, Ausflügen usw. Es ergeben sich aber auch informelle Betreuungsaufgaben in der Erfüllung von Hotellerieleistungen im Kontakt mit Bewohnerinnen. Sehbehinderungsspezifische Betreuungsleistungen sind Tätigkeiten, die wegen der Seh- oder Hörbehinderung nötig sind und entweder einem formulierten Arbeitsauftrag entsprechen oder im Rahmen des generell sehbehindertenfreundlichen Umgangs erbracht werden: In der gerontagogischen Alterseinrichtung haben die Mitarbeiter aller Abteilungen

3 Die gerontagogische Alterseinrichtung

in gewissem Umfang einen Betreuungsauftrag (vgl. im Folgenden «Informelle Betreuungsleistungen»).

Formelle Betreuungsleistungen
› Veranstaltungen seh- und hörbehindertenfreundlich planen und durchführen (u.a.: sagen wer da ist, Akustik, Lichtverhältnisse und Sitzordnung beachten, Informationen zum Ausgleich mangelnder visueller oder auditiver Wahrnehmung geben oder von Dritten geben lassen)
› Aktivierungstätigkeit in Gruppen oder mit Einzelnen planen und durchführen. Dabei werden u.a. beachtet:
   › Sind Personen mit Sinnesbehinderung in der Gruppe einbezogen?
   › Dient die Anlage dem Erleben von Selbstwirksamkeit der Personen mit Sinnesbehinderung?
   › Dient sie der Vertiefung der ermächtigenden Interventionen der Pflege durch Üben, Erinnern, Umsetzen von Gelerntem?
   › Im Einzelkontakt: Welche Unterstützung braucht der Bewohner mit Sehbehinderung, um ihm wichtige Aktivitäten ausserhalb der Gruppenangebote selbstständig ausüben zu können? K21

> **K21 – Beispiel aus der Praxis**
> Eine stark sehbehinderte Bewohnerin möchte gerne das Buch eines Jugendfreundes aus dem Polnischen ins Deutsche übersetzen. Mit den geeigneten Hilfsmitteln und der Unterstützung durch die Mitarbeiterin einer Beratungsstelle des Sehbehindertenwesens kann sie sich den dafür geeigneten Arbeitsplatz einrichten. Aufgabe der Aktivierung ist es, den Bedarf zu eruieren und die Unterstützung zu organisieren.

Informelle Betreuungsleistungen
In der gerontagogischen Alterseinrichtung sind die Mitarbeiterinnen aller Funktionen in unterschiedlichem Mass mit informellen Betreuungsaufgaben betraut:
› Einhalten der «Goldenen Regeln» (vgl. Kapitel 5.6) und Beachten des akustischen Lebensraums (z.B. Erklären auffälliger Geräusche oder Stimmen im Umfeld);
› bei Bewohnerkontakten im Rahmen der alltäglichen Tätigkeit (alle Abteilungen/Bereiche): sehbehindertenfreundliche Art und Weise, wie serviert,

gereinigt, geplant, informiert, Wäsche verteilt wird usw. (vgl. Kapitel 3.2.1, Sehbehindertenfreundliche Leistungserbringung);
› neben der alltäglichen Tätigkeit Hilfeleistungen, die wegen Sehbehinderung nötig werden können, beispielsweise etwas vom Boden aufheben, etwas suchen helfen, auf einen Flecken auf der Kleidung aufmerksam machen, Bewohnerin über eine Schwelle oder Treppe begleiten usw.

Sozialpädagogische oder sozialarbeiterische Aufgaben in der Betreuung bei Sehbehinderung

In der gerontagogischen Alterseinrichtung sind behinderungsspezifische Grundleistungen in der Betreuung von Menschen mit Sehbehinderung zu erbringen, die üblicherweise zu den Aufgaben der Sozialen Arbeit gehören:

› Beratung über den Bezug der Hilflosenentschädigung wegen der Behinderung
› Informationen zu Steuervergünstigungen wegen Behinderung
› Vermittlung von Kontakten zu Beratungsstellen, zu Hilfsmitteln wie sprechenden Uhren usw.
› Informationen und Unterstützung zur Nutzung von Daisy-CDs (spezielle Art von Hörbüchern), von Büchern in Grossschrift oder anderen Angeboten der Bibliothek für Blinde, Seh- und Lesebehinderte (SBS)
› Vermitteln von Taxibons (Behindertentaxi)
› Information und Unterstützung zur Nutzung des Gratisauskunftsdienstes 1145 und der kostenlosen Postsendungen
› Vermitteln von Begleiterkarten für sehende Begleiterinnen in öffentlichen Verkehrsmitteln
› Organisation von Begleitdiensten für Arztbesuche, aber auch zum Coiffeur und für ähnliche Besorgungen, nicht zuletzt zum Einkaufen
› gegebenenfalls Pflege und Batteriewechsel von Hörgeräten, sprechenden Uhren usw. (sofern die Pflege diese Dienste nicht vorsieht)

Diese Aufgaben übernimmt in der gerontagogischen Alterseinrichtung eine Person, die fundierte gerontologische Kenntnisse und möglichst einen Hintergrund aus dem Umfeld von Heil-/Sonderpädagogik oder der Sozialen Arbeit (insbesondere der Sozialpädagogik oder Sozialarbeit) mitbringt. Idealerweise ist sie eine der Fachverantwortlichen Sehbehinderung und hat eine verantwortliche Aufgabe bei der Implementierung des gerontagogischen Milieus. Mit entsprechenden Kenntnissen begleitet sie Peergruppen von Bewohnern, seien es Gruppen mit Lerncharakter oder solche eher geselliger Art. Bis im Haus solche Kenntnisse aufgebaut sind, können Sozialberaterinnen von Organisationen des Sehbehindertenwesens beigezogen werden.

Auftrag für alle Mitarbeiterinnen

Für das sehbehindertenfreundliche Milieu ist es relevant, wie der Kontakt zwischen Mitarbeiterinnen und Bewohnern gestaltet ist. Wenn vorbeigehende Menschen (die vielleicht nicht als Mitarbeiterin erkannt werden können) nicht grüssen und den eigenen Namen nicht nennen, kann bei Bewohnern mit Sehbehinderung Unsicherheit aufkommen. Ein minimaler Betreuungsauftrag im Sinne der Mitgestaltung des sehbehindertenfreundlichen Milieus ist daher ein Auftrag für die Mitarbeiterinnen in allen Funktionen (vgl. «Goldene Regeln», Kapitel 5.6).

Betreuungsaufgaben für Bewohner mit Sinnesbehinderung können für alle Mitarbeiterinnen ein Job-Enrichment sein, eine bereichernde und motivierende Auftragserweiterung.

Kostenpflichtige und nicht kostenpflichtige Betreuungsleistungen

Betreuungsleistungen sind nichtpflegerische Leistungen und daher für die Empfänger grundsätzlich kostenpflichtig. Der Gesetzgeber geht davon aus, dass mit der nötigen Pflege die gesundheitliche Versorgung ausreichend gewährleistet ist. «Nice to have»-Leistungen (als solche versteht der Gesetzgeber Betreuungsleistungen) sollen nicht durch Krankenkassen und die öffentliche Hand (mit-)finanziert werden.

Diese Regelung beachtet die wegen Behinderung nötigen Betreuungsleistungen nicht. «Nötig» bezieht sich bei solchen Betreuungsleistungen nicht auf die Notwendigkeit bei einer medizinischen/pflegerischen Indikation. Bei Menschen mit Behinderung ist sie weiter gefasst und schliesst den Unterstützungsbedarf zur sozialen Teilhabe innerhalb und ausserhalb der Wohnung oder Alterseinrichtung ein. Das entspricht der Absichtserklärung der Schweiz durch die Ratifizierung der UN-Behindertenrechtskonvention: Menschen mit Behinderung haben im Alter die gleichen Rechte zu sozialer Inklusion wie Personen im Erwerbsalter. Aus Sicht der Autorinnen widerspricht die geltende Finanzierungsregelung sowohl dem Diskriminierungsverbot der Bundesverfassung wie auch der Behindertenrechtskonvention und dem Auftragsverständnis der Schweizerischen Akademie der Medizinischen Wissenschaften (SAMW): Behinderungsspezifisch notwendige Betreuungsleistungen dürfen nicht der sehbehinderten Person auferlegt werden.

Wo Seh- oder Hörbehinderung zur Normalität gehören, sind Vorkehrungen und Handreichungen, die wegen der Behinderung nötig sind, eine Selbstverständlichkeit. Diese wegen der Behinderung notwendigen Leistungen müssen kostenlos erbracht werden. Leistungen, die keine besonderen Vorkehrungen erfordern und ohne besonderen Mehraufwand, aber in spezifischer Weise ausgeführt werden können, verlangen spezifische Kenntnisse, sie sind aber keine behinderungsspezifischen Leistungen (z. B. im Gespräch mit Menschen mit Hörbehinderung Position und Beleuchtung beachten: auf der Seite des stärkeren Ohrs sprechen oder zur

K22

Unterstützung des Verfolgens von Lippenbewegungen mit guter Beleuchtung im Blickfeld des Bewohners deutlich sprechen).

> **K22 – Beispiele aus der Praxis**
>
> Die Anordnung der Speisen auf dem Teller nach der Uhr (Fleisch liegt bei 6, Beilage zwischen 9 und 12, Gemüse zwischen 12 und 3) ist eine Gastronomie-Regel, die unabhängig davon eingehalten wird, ob der Gast sehbehindert oder sehend ist. Es handelt sich nicht um eine eigene Leistung, sondern um eine spezifische Ausführung. Diese Anordnung im Rahmen eines Essenstrainings als sehbehinderte Person nutzen zu lernen, kann eine rehabilitative sehbehinderungsspezifische Pflegeleistung sein.
>
> Die Basisanleitung zur Handarbeit ist für sehende und nicht sehende Bewohnerinnen die gleiche. Der Mehraufwand bei sehbehinderten Personen, beispielsweise eine länger dauernde Strickhilfe, dient der Gleichstellung: So kann auch die sehbehinderte Bewohnerin wieder stricken. Die Basisanleitung ist eine kostenpflichtige, der Mehraufwand eine kostenlose Betreuungsleistung.

Das hier vorgelegte Konzept empfiehlt einerseits die Erweiterung des Mitarbeiterkreises um Fachpersonen z. B. aus der Sozialen Arbeit und andererseits die Beschäftigung von Personen, die nicht oder nur mit einem kleinen Betrag das Lohnbudget belasten (vgl. im Folgenden «Betreuungsleistungen durch Dritte»). So wird eine wirtschaftliche Belastung durch die Umsetzung sehbehinderungsspezifischer Leistungen vermieden, die Umstellung ist im Rahmen eines herkömmlichen Budgets tragbar. Dies entlässt aber die öffentliche Hand nicht aus ihrer Verantwortung für die nötige Neuregelung.

Es wäre naheliegend, alle wegen der Behinderung notwendigen Leistungen als Pflegeleistungen zu definieren. In der Sache ist diese Lösung aber falsch, sie führt zu einer unerwünschten Medizinalisierung von Personen mit Sinnesbehinderung. Richtig ist vielmehr, nichtpflegerische, aber wegen der Behinderung notwendige Betreuungsleistungen gesondert als «behinderungsbedingt notwendig» zu erfassen und kostenlos zu erbringen. Um der Bürokratisierung entgegenzuwirken, wird hierzu eine Pauschalisierung auf der Basis entsprechender Erfahrung empfohlen.

Die Kostenübernahme durch die öffentliche Hand wird von jeder behindertenfreundlichen Alterseinrichtung mit der Standortgemeinde vereinbart. Dies darf kein Hindernis dafür sein, dass behinderungsspezifisch notwendige Leistungen überhaupt erbracht werden.

Die behinderungsspezifisch notwendigen, also kostenlos zu erbringenden Betreuungsleistungen, können von anderen, kostenpflichtigen, unterschieden werden, indem gefragt wird, ob die betreffende Betreuungsleistung auch erbracht würde, wenn der Bewohner sehend wäre, und ob sie zur Gleichstellung nötig ist.

Betreuungsleistungen durch Dritte

Die gerontagogische Alterseinrichtung beschreibt im Betriebskonzept, wie der behinderungsbedingte Betreuungsaufwand ausgeglichen oder gemildert wird. Bereits heute sind in vielen Alterseinrichtungen freiwillige Helferinnen und Zivildienstleistende im Betrieb integriert. Solche Einsätze gilt es zu verstärken.

K23

Kostenlose oder teilbezahlte Arbeit im Gesundheitswesen ist hoch brisant: Grundsätzlich muss alle Arbeit angemessen entlöhnt werden – dies gilt nach wie vor insbesondere für Frauenarbeit. Wegen des Bedarfs nach sinnstiftender Tätigkeit und im Sinne eines wachstumskritischen und gleichzeitig mehrheitsfähigen Beitrags zur sozialpolitischen Entwicklung wird hier aber ein Vorschlag unter Einbezug unentgeltlicher Leistungen vorgelegt. Was gerontagogisch notwendig ist, muss wirtschaftlich realisierbar sein. Allerdings verlangt die verstärkte Durchlässigkeit nach aussen (Öffnung für «Aussenstehende») eine hohe Flexibilität der Alterseinrichtung.

K23 – Beispiele aus der Praxis

Hier liest ein freiwilliger Helfer aus der Zeitung vor, dort unterstützt eine Helferin zwei Bewohnerinnen beim Mittagessen, da hinten steht ein freiwilliger Fahrer bereit für Begleitungen zum Zahnarzt, Coiffeur oder zum Einkaufen. Die Cafeteria wird von einer Freundinnengruppe aus dem Quartier betrieben und ein pensionierter Lehrer begleitet eine Wandergruppe. Ein Zivildienstleistender hilft, die Abstimmungsunterlagen auszufüllen oder einen Brief zu schreiben. Die Tochter von Frau Bärtschi lädt regelmässig die sehbehinderte Nachbarin Frau Daniels zum Kaffeestündchen ein. Eine sehende Mitbewohnerin reicht der sehbehinderten Frau Meili zum Spazierengehen den Arm und macht sie auf Hindernisse aufmerksam.

Der Einsatz von freiwilligen Helfern verlangt eine enge Begleitung durch eine spezialisierte Ansprechperson. Oft muss dabei grosses menschliches Engagement in hilfreiche Bahnen gelenkt werden. Je mehr Aufgaben in dieser Weise übernommen werden können, desto mehr Ressourcen stehen für das optimal ausgebildete Fachpersonal zur Verfügung, das die gerontagogische Alterseinrichtung braucht.

Strukturierte Nachbarschaftshilfe verlangt deren unabhängige Organisation

In Hinblick auf die eingangs thematisierte strukturelle Abhängigkeit ist es höchst problematisch, von Bewohnerinnen Freiwilligenarbeit zugunsten der Alterseinrichtung (z. B. Mithilfe in der Hotellerie) vorzusehen. Besonders heikel ist Nachbarschaftshilfe als Arbeitsleistung durch Mitbewohner, weil sich damit die Abhängigkeit von der Alterseinrichtung verdreifacht (einerseits als Leistungsbezüger, zweitens als Leistungserbringer gegenüber der Alterseinrichtung und drittens gegenüber von Mitbewohnerinnen). In diesem Widerspruch hat das Bedürfnis von Bewohnern nach sinnstiftender Tätigkeit die höchste Priorität. Deshalb wird trotz der formulierten Bedenken die Nachbarschaftshilfe unter Bewohnern intensiviert und strukturell eingebunden.

Erachtet eine Alterseinrichtung die Nachbarschaftshilfe und die Mitarbeit im Grosshaushalt durch Bewohnerinnen als wünschbar, dann überträgt sie in Anerkennung der genannten Problematik die Organisation (Koordination, Information, Anleitung, Kontrolle) dieser Tätigkeiten an eine externe Fachperson oder sie schafft zumindest eine unabhängige (Teilzeit-)Fachstelle innerhalb der Alterseinrichtung. So kann der erhöhten und mehrfachen Abhängigkeit entgegengewirkt werden (vgl. Kapitel 3.1.1). Die damit beauftragte Person kann auch die Instruktion der sehenden Mitbewohner oder der freiwilligen Helferinnen in «sehender Führung»[14] übernehmen. Pflegefachpersonen (evtl. Fachverantwortliche für Sehbehinderung) unterstützen diese Stelle beratend.

---

14 Unter «sehender Führung» wird in der Sehbehindertenrehabilitation das Führen einer sehbehinderten Person durch eine sehende verstanden. Sehende Führung geschieht nach Regeln, die der Sicherheit der sehbehinderten Person dienen und gleichzeitig beiden Beteiligten grösstmögliche Bewegungsfreiheit gewähren.

Kernaussagen Kapitel 3.2.5

› Sinnesbehinderungsspezifische Betreuungsleistungen sind nicht pflegerische Tätigkeiten, die wegen der Seh- oder Hörbehinderung nötig sind und die entweder als Arbeitsauftrag formuliert sind oder im Rahmen des sehbehindertenfreundlichen Umgangs mit den Bewohnern erbracht werden.
› In der gerontagogischen Alterseinrichtung haben die Mitarbeiter aller Abteilungen in gewissem Umfang einen Betreuungsauftrag für Bewohnerinnen mit Sinnesbehinderung. Das kann eine bereichernde und motivierende Auftragserweiterung sein.
› Die gesetzlichen Regelungen gehen davon aus, dass die gesundheitliche Versorgung mit den pflegerischen Tätigkeiten ausreichend gewährleistet ist und «nice to have»-Leistungen nicht durch Krankenkassen und die öffentliche Hand (mit-)finanziert werden sollen. Deshalb sind Betreuungsleistungen grundsätzlich für die Empfänger kostenpflichtig.
› Die gesetzliche Finanzierungsregelung berücksichtigt nicht, dass Betreuungsleistungen wegen der Behinderung nötig sein könnten. Das Verständnis von «nötig» bleibt dabei auf die Notwendigkeit bei einer medizinischen/pflegerischen Indikation beschränkt. Bei Vorliegen einer Behinderung muss – wie im IV-Alter – «nötig» weiter gefasst werden und den Unterstützungsbedarf zur sozialen Teilhabe innerhalb und ausserhalb der Wohnung oder Alterseinrichtung einschliessen. So sieht es auch die Behindertenrechtskonvention vor. Behinderungsbedingt notwendige Betreuungsleistungen dürfen nicht der Person auferlegt werden.
› Betreuungsleistungen können durch Dritte erbracht werden. Der Einsatz von freiwilligen Helferinnen verlangt die Begleitung durch eine spezialisierte Ansprechperson.
› Wenn in einer Alterseinrichtung Nachbarschaftshilfe und die Mitarbeit von Bewohnern im «Grosshaushalt» möglich und gewünscht sind, wird deren Organisation (Koordination, Information, Anleitung, Kontrolle) möglichst an eine externe Fachperson oder eine unabhängige (Teilzeit-)Fachstelle innerhalb der Alterseinrichtung übertragen. Das steuert unerwünschten Abhängigkeiten entgegen.

3.2.6 Hotellerie- und Verwaltungsleistungen

Sehbehinderung muss bekannt sein

Im Haus muss bekannt sein, wer seh- oder hörbehindert ist. Nur so können den Bewohnern mit Sehbehinderung die behinderungsspezifischen Leistungen angeboten werden. Der Austausch zwischen den Bereichen ist daher nötig und wird je nach Bewohnerwunsch gestaltet.

Während der Umstellung zur gerontagogischen Alterseinrichtung kann noch nicht von dieser Kenntnis ausgegangen werden. Zudem wollen nicht alle Bewohnerinnen augenmedizinische Diagnosen durchführen lassen. Die gerontagogische Pflege erkennt (versteckte) Sehbehinderung (vgl. Kapitel 4). Beim Eintritt kann die Alterseinrichtung augenmedizinische Diagnosen ebenso vorsehen wie hausärztliche.

Die Verantwortlichen der Alterseinrichtung informieren im Aufnahmegespräch über die sehbehinderungsspezifische Ausrichtung oder die erweiterte Spezialisierung des Hauses sowie über die Chancen und Möglichkeiten, die sich dadurch ergeben. Beim Eintritt wird mit dem neuen Bewohner vereinbart, dass die Information über die Sinnesbehinderung bei den Mitarbeiterinnen und nach und nach auch bei den anderen Bewohnern im Haus bekannt sein darf. Der normalisierende Umgang mit der Sinnesbehinderung erfordert diese offene Haltung. Er erfordert aber auch, dass die Leitung der Einrichtung entwertende oder ausgrenzende Erfahrungen – auch durch andere Bewohnerinnen – verhindert.

Im Folgenden sind Schwerpunkte der gerontagogischen Hotellerie- und Verwaltungsleistungen dargestellt. Dabei bestehen Überschneidungen mit Betreuungsleistungen.

Hotellerie- und Verwaltungsleistungen bei Sehbehinderung

Die Abläufe in der gerontagogischen Alterseinrichtung sind so gestaltet, dass sich sehbehinderte Personen informiert fühlen und im Rahmen der Struktur der Alterseinrichtung Selbstständigkeit und Mitwirkung entwickeln können. Eine abschliessende Liste darüber, was dazu hilfreich ist, ist nicht zielführend. Jede Alterseinrichtung entwickelt nach und nach die für sie passenden spezifischen Abläufe. Folgende Hinweise dienen als Anregung:

› Die Verantwortlichen informieren über sehbehindertenfreundliche Ausstattung, Verhaltensregeln und spezialisierte Angebote. Die Fachverantwortlichen Sehbehinderung sind namentlich bekannt und können bei Fragen kontaktiert werden.
› Die Leitung ermutigt die Bewohnerinnen mit Sehbehinderung zur Nutzung der Möglichkeiten, welche die Innenausstattung bietet, und zum Einfordern der Verhaltensregeln (z. B. «Goldene Regeln», akustische Rücksichtnahme).

› Die Verantwortlichen der Hotellerie (Reinigung, Wäscherei, Gastronomie, Verwaltung) treffen Vereinbarungen mit sehbehinderten Personen über Art und Zeitpunkt der Leistungen. Die systematisierte hohe Individualisierung der Leistungen ist nur scheinbar aufwändiger als die für alle identische Leistungserbringung. Der Einbezug der (sinnesbehinderten) Bewohner in die Abläufe und die dadurch ermöglichte Mitwirkung kann die Kooperationsbereitschaft steigern, was reibungslose Abläufe begünstigt. Verbindlichkeit bei der Einhaltung der Absprachen kann als Beitrag zur sozialen Teilhabe verstanden werden (Schäffler et al. 2013). K24
› Reinigung und Wäscherei, Gastronomie und Administration nutzen in der Arbeit für und mit Bewohnern mit Sehbehinderung den Informationsaustausch mit Pflege[15], Betreuung[16] oder den Fachverantwortlichen Sehbehinderung.

K24 – Beispiele aus der Praxis

Die einen Bewohnerinnen wollen die gewaschene Wäsche ertasten, um sie als eigene wiederzuerkennen, und sie selber verräumen, anderen passt es, wenn die Wäsche am richtigen Ort im Schrank eingeordnet ist. Die einen bevorzugen Menükarten in Grossschrift, andere hören sich lieber den Wochen-Menüplan am internen Informationstelefon an. Die einen wollen im Zimmer sein, andere abwesend, wenn gereinigt wird, und möchten daher eine Terminvereinbarung, anderen ist der Zeitpunkt gleichgültig.

Diejenige Bewohnerin, deren Sicherheitsbedürfnis mit diesem Vorgehen entsprochen werden kann («Man hat mir meine Wäsche gebracht, sie ist wieder da») wird sich eher nicht wegen vemeintlich gestohlener Wäsche beklagen.

› Allfällige vertragliche Sonderregelungen zum gewünschten Risiko, das mit der Ausübung der (gegebenenfalls wiedergewonnenen) Autonomie einhergehen kann, werden regelmässig überprüft.[17]

---

15 Informationen sind in beide Richtungen nützlich. Sie respektieren die Privatsphäre der Bewohnerinnen und beziehen sich auf die gegenseitige Unterstützung zur Aufgabenerfüllung.
16 Vgl. Stichwort «Formelle Betreuungsleistungen» in Kapitel 3.2.5. Hierzu brauchen Fachpersonen der Aktivierung die entsprechenden Informationen der Pflege. Dasselbe gilt auch bei delegierten pflegerischen Aufgaben, z. B. an das Team des Speisesaals.
17 Zu Risiko vgl. Ausführungen im vorliegenden Kapitel, Stichwort «Sicherheit gewinnen und Risiken eingehen» sowie Kapitel 3.2.7, Charakter der Alterseinrichtung, Vertrag.

› Schriftliche Mitteilungen werden durch mündliche Informationen ersetzt und/oder in individuell angepasster Schriftform gestaltet, z. B. Grossschrift beim Menüplan, bei der Monatsrechnung.
› Mündliche Äusserungen, Terminvereinbarungen, Mitteilung von Änderungen wie ausfallende Turnstunden oder Umstellungen bei der Inneneinrichtung usw. erfolgen zeitgerecht, zuverlässig und verbindlich.
› Veranstaltungen und andere Angebote, die sich an alle Bewohner richten, sind behindertenfreundlich gestaltet (vgl. Kapitel 3.2.5, Formelle Betreuungsleistungen).

Information über finanzielle Belange der Alterseinrichtung und Taxrechnung

Finanzielle Belange sind ein wesentlicher Bestandteil der individuellen Lebenslage. In Alterseinrichtungen sind die Bewohner durch die Ergänzungsleistungen finanziell gesichert. Manche Personen mit Sehbehinderung haben eine Hilfe für «das Schriftliche», wie dies das neue Erwachsenenschutzrecht vorsieht. Die Übersicht über ihre Finanzen kann ihnen dann aber entgleiten. Dennoch ist es ihnen meist ein Anliegen, ihre Situation nicht nur zu kennen, sondern auch zu steuern, besonders wenn sie denken, mit Ergänzungsleistungen würden sie die Allgemeinheit belasten.

Die Selbstständigkeit bezüglich Finanzen betrifft auch die Rechnung der Alterseinrichtung. Manche Leistungsempfänger wollen nicht nur ihre Rechnung kennen, sondern auch verstehen, worauf sie beruht. Dafür brauchen sie Kenntnis über die Gliederung der Kosten in Hotellerie, Betreuung, Pflege (dort die Aufteilung auf die Kostenträger öffentliche Hand, Krankenkasse und Leistungsempfänger), die groben Züge der Erfolgsrechnung und die Finanzierung der Alterseinrichtung sowie die Zusammenhänge zwischen vereinbarten Leistungen und Kosten, damit Gestaltungs- oder Spielräume ersichtlich werden.

Die offene Information über die Aufwände in der Alterseinrichtung und damit zusammenhängend über die Taxrechnung an diejenigen Bewohnerinnen, die sich dafür interessieren, erhöht das Vertrauen. Auch wenn die Komplexität der Rechnung nicht immer verstanden wird – Personen mit Sehbehinderung hören gut, ob sie ernst genommen werden oder nicht.

Die meisten Bewohnerinnen wollen keine Last für die Gesellschaft sein. Sie wollen mithelfen, Kosten zu sparen, und vermeiden nach Möglichkeit höheren Pflegeaufwand. Es besteht die Gefahr, dass manche aus diesem Grund auf hilfreiche Angebote oder Massnahmen verzichten. Ihnen kann aufgezeigt werden, dass der Aufwand, heute zu lernen, mit der Sehbehinderung selbstständiger zu werden, mittel- und längerfristig kostengünstiger ist, als es der Pflegeaufwand bei grösserer Abhängigkeit sein wird.

Sicherheit gewinnen und Risiken eingehen

Die Kenntnis über Seh- und Hörbehinderung, das selbstverständliche Berücksichtigen der besonderen Bedürfnisse im Alltag – beispielsweise die Berücksichtigung der Blendung oder der optimalen Hördistanz bei der Sitzordnung in Veranstaltungen –, gibt sowohl den Mitarbeiterinnen wie den sehenden Mitbewohnern Sicherheit im Umgang mit seh- oder hörbehinderten Personen.

Für die Betroffenen gibt es viele Ursachen für Verunsicherung: die Scheu, unangenehm aufzufallen, etwas Unangemessenes zu tun oder zu sagen, weil die Situation verkannt werden könnte, Furcht sich oder jemanden zu stossen oder zu fallen, Kontrollverlust, Orientierungslosigkeit, die Angst, nicht ernst genommen zu werden, und vieles mehr. Wenn die Menschen im Umfeld um diese Verunsicherung wissen und die Bereitschaft zur Information oder einer Handreichung jederzeit spürbar ist, wenn auch die sehenden Mitbewohnerinnen aufmerksam, aber nicht aufdringlich sind, fallen die äusseren Ursachen der Verunsicherung langsam weg. Es bleiben noch immer diejenigen Verunsicherungen, die die Sinnesbehinderung der behinderten Person sozusagen von innen her auferlegt, allen voran der Kontrollverlust.

Die Sicherheit im Umgang mit der Sehbehinderung liegt für sehbehinderte Menschen nicht darin, dass die Alterseinrichtung sie vor allen möglichen Schäden schützt, sondern im wachsenden Vertrauen in die eigenen Fähigkeiten und in der wiedergewonnenen Kontrollüberzeugung. Sicherheit wiederzugewinnen beinhaltet die Notwendigkeit, neu erlernte Fähigkeiten zu üben und den wiedergewonnenen Radius zu nutzen und auszuloten. Damit sind Risiken verbunden. Man kann sich oder andere stossen, Dinge können hinunterfallen, Flüssigkeiten danebengegossen werden, man kann stolpern oder stürzen oder die Orientierung verlieren. Ob sie diese Risiken eingehen will, entscheidet die sehbehinderte Person selber. Sie kann das, wenn sie sichere Begleitung hat, bis sie sich dieses oder jenes zutraut, wenn sie das Risiko kennt und bewusst in Kauf nimmt. Meist sind Personen mit Sehbehinderung ausserordentlich vorsichtig, auch wenn gewisse Tätigkeiten für Sehende abenteuerlich wirken mögen.

Es kann Mut auch auf Seiten der Einrichtungsleitung und der Pflegedienstleitung brauchen, um Menschen mit Sehbehinderung gewähren zu lassen. Mit einer Vereinbarung zwischen Alterseinrichtung und Bewohnerin kann die formale Haftungsfrage geklärt werden (vgl. folgendes Kapitel).

> **Kernaussagen Kapitel 3.2.6**
> - Damit den Bewohnerinnen mit Sinnesbehinderung die behinderungsspezifischen Leistungen angeboten werden können, muss im Haus bekannt sein, wer seh- oder hörbehindert ist. Dafür ist ein Austausch zwischen den Bereichen Voraussetzung. Das geschieht nur mit Einwilligung der Bewohnerin.
> - Zu den sehbehinderungsspezifischen Hotellerie- und Verwaltungsleistungen gehören die Information über spezialisierte Angebote, die Einhaltung und das Einfordern der spezifischen Verhaltensregeln, die angepasste Gestaltung von Informationen (Schriftgrössen, mündliche Informationen) usw.
> - Finanzielle Belange sind ein wesentliches Element der Lebenslage einer Person. Informationen über die Taxrechnung und über finanzielle Belange der Alterseinrichtung werden so gestaltet, dass Personen mit einer Sehbehinderung die Möglichkeit haben, sie zur Kenntnis zu nehmen und zu verstehen.
> - Die meisten Bewohnerinnen wollen der Gesellschaft nicht zur Last fallen und vermeiden nach Möglichkeit höheren Pflegeaufwand. Sie sollten aber nicht auf hilfreiche Angebote oder Massnahmen verzichten, denn mittel- und längerfristig ist es kostengünstiger, möglichst früh zu lernen, mit der Sehbehinderung selbstständiger zu werden.
> - Sicherheit entsteht für Menschen mit einer Sehbehinderung nicht dadurch, dass die Alterseinrichtung sie vor allen möglichen Schäden schützt, sondern dass ihr Vertrauen in die eigenen Fähigkeiten wächst und Kontrollüberzeugung wiedergewonnen wird. Wichtig dafür ist es, die neu erlernten Fähigkeiten zu üben und den neuen Radius zu nutzen.

3.2.7 Rechtliche und finanzielle Selbstbestimmung

Für die Selbstbestimmung und die Lebensqualität der Bewohner sind Fragen zur Positionierung der Alterseinrichtung im Spannungsfeld zwischen Förderung und Fürsorge, zwischen Risiko und Schutz zentral. Bewohner müssen erkennen und vorhersehen können, wie die Einrichtung auf selbstbestimmtes Verhalten reagieren wird. Individuelle vertragliche Absprachen zwischen der Alterseinrichtung und der Bewohnerin wirken klärend und für beide Seiten entlastend. Worin sieht die Alterseinrichtung ihren gesundheitlichen Schutzauftrag und welche Risiken werden in Zusammenhang mit wiedergewonnenen Fähigkeiten und einem grösser werdenden Bewegungsradius der Bewohner mit Sehbehinderung von beiden

Seiten in Kauf genommen? Insbesondere der pflegerische Auftrag kann im Einzelfall auf eine harte Probe gestellt werden, wenn die sehbehinderte Bewohnerin beispielsweise die Medikamente selbst einnimmt oder in den Wochendispenser einfüllt oder wenn ein Bewohner mit Sehbehinderung alleine Ausflüge macht. Je nach Entwicklung der Selbstständigkeit oder Verschlechterung des Sehvermögens braucht es eine periodische Überprüfung und Anpassung der individuellen Absprachen.

Charakter der Alterseinrichtung, Vertrag

Die getroffene Entscheidung zur gerontagogischen Ausrichtung kann Neuerungen in der Risikotoleranz der Alterseinrichtung oder in der Ausgestaltung von Mitwirkungsmöglichkeiten mit sich bringen. Solche Besonderheiten werden im Vertrag zwischen Bewohner und Alterseinrichtung beschrieben. Ebenso sind wesentliche Änderungen beim Leistungsangebot im Betreuungsvertrag neu zu vereinbaren (ZGB Art. 382). In der neu gewichteten Abwägung zwischen Schutz und Risiko, Fürsorge und Förderung bezüglich der genannten Risiken kann eine wesentliche Änderung liegen. Diese ist zu vereinbaren. Andere gesundheitliche Verantwortungen sind davon nicht betroffen.

> **K25 – Beispiel Vereinbarung**
>
> Beispielsweise kann schriftlich vereinbart werden,
> dass Frau … / Herr … bezüglich der Sehbehinderung rehabilitative Unterstützung zu grösserer Selbstständigkeit wünscht und erhält. Eine allfällige Verletzungsgefahr, die mit neu gewonnener Mobilität/Selbstständigkeit einhergehen kann, wird nach Möglichkeit vorausgesehen und vermieden. Sollte dennoch etwas Unvorhergesehenes geschehen, wird das von beiden Seiten in Kauf genommen und hat keine Einschränkung der wieder erlangten Selbstständigkeit zur Folge.
> Die gewünschte Mitwirkung von Bewohnern kann der Verbindlichkeit wegen sinnvollerweise ebenfalls schriftlich festgehalten werden: «Die Mitwirkung der Bewohner in Belangen der Alterseinrichtung ist ausdrücklich gewünscht und wird gefördert.»

Je nach betrieblicher Ausgestaltung beinhaltet die Mitwirkung der Bewohnerschaft mehr oder weniger Gestaltungsmöglichkeiten. Diese können in einem Reglement festgehalten werden.

Urteilsfähigkeit bei Sehbehinderung, Beistandschaft

Personen mit einer starken Sehbehinderung oder Blindheit können unter Umständen (zeitweilig oder dauernd) Unterstützung zur Erledigung ihrer Angelegenheiten brauchen. Das mindert ihre Urteilsfähigkeit nicht. Nur der Informationsbedarf ist höher. Einzuhalten sind allerdings wegen der Sehbehinderung nötige Abläufe (vgl. OR Art. 14, Abs. 3: «Für den Blinden ist die Unterschrift nur dann verbindlich, wenn sie beglaubigt ist, oder wenn nachgewiesen wird, dass er zur Zeit der Unterzeichnung den Inhalt der Urkunde gekannt hat.»). Ein solcher Nachweis kann beispielsweise mit der schriftlichen Bestätigung einer sehenden Person erbracht werden, dass das von einer zweiten Person Vorgelesene dem Geschriebenen entspricht.

Gemäss dem neuen Erwachsenenschutzrecht (ZGB Art. 360 ff.) stehen heute verschiedene Formen von Beistandschaften zur Verfügung: Begleitbeistandschaft, Vertretungsbeistandschaft, Mitwirkungsbeistandschaft und umfassende Beistandschaft. Wenn nicht andere Einschränkungen die Urteilsfähigkeit trüben, ist wegen einer Sehbehinderung eine Begleitbeistandschaft gemäss ZGB Art. 393 angezeigt. Diese wird mit Zustimmung der zu verbeiständenden Person errichtet und schränkt ihre Handlungsfähigkeit nicht ein, sie ermöglicht aber die Unterstützung in der Erledigung bestimmter Angelegenheiten wie dem Begleichen von Rechnungen usw. Ob und was bezahlt, beantragt oder eingefordert werden soll, entscheidet weiterhin die Person selbst. Wenn bei einer vorübergehenden Urteilsunfähigkeit eine einschneidendere Beistandschaft errichtet wurde, kann diese später in eine weniger einschneidende abgeändert oder aufgehoben werden (zum Anspruch des Betroffenen auf die mildeste mögliche Massnahme, vgl. BGE 140 III 49).

Eine – oft bei Sehbehinderung im Alter zu beobachtende – depressive Verstimmung darf nicht mit Demenz verwechselt oder als bleibende Urteilsunfähigkeit beurteilt werden: bei fachgerechter Pflege und Betreuung kann sie reversibel sein (Engeli und Heussler 2001).

Urteilsfähigkeit in Zusammenhang mit Suizidalität bei Sehbehinderung

In Zusammenhang mit suizidalen Situationen von Bewohnern mit Sehbehinderung im Alter, auch beim Entscheid, künftig auf Essen zu verzichten, ist zu bedenken, dass die häufig mit dem Auftreten einer Sinnesbehinderung einhergehende psychische Belastung eine Einschränkung der Urteilsfähigkeit bewirken kann. Bei rehabilitativer sehbehinderungsspezifischer Begleitung, Betreuung und Pflege kann eine solche Belastung reversibel sein. Jedenfalls ist in diesen Situationen das psychiatrische Gutachten einer unabhängigen Fachperson beizuziehen (Rippe et al. 2005).

> **Kernaussagen Kapitel 3.2.7**
> › Für die Selbstbestimmung und die Lebensqualität der Bewohner ist es zentral, wie sich die Alterseinrichtung im Spannungsfeld zwischen Förderung und Fürsorge, zwischen Risiko und Schutz positioniert. Für beide Seiten klärend und entlastend sind diesbezüglich individuelle vertragliche Absprachen zwischen der Alterseinrichtung und dem Bewohner.
> › Personen mit einer starken Sehbehinderung oder Blindheit haben einen hohen Informationsbedarf, um ihre Angelegenheiten erledigen zu können. Unter Umständen brauchen sie deshalb (zeitweilig oder dauernd) Unterstützung dabei. Das mindert ihre Urteilsfähigkeit nicht.

3.3 Literatur

Bettelheim, Bruno. 1975. *Der Weg aus dem Labyrinth. Leben als Therapie.* Stuttgart: dva.

Bettelheim, Bruno. 1971. *Liebe allein genügt nicht. Die Erziehung emotional gestörter Kinder.* Stuttgart: Klett.

Bohn, Felix. 2014. *Altersgerechte Wohnbauten. Planungsrichtlinien: Der Schweizer Planungsstandard.* 2. erweiterte und überarbeitete Auflage. Zürich: Schweizerische Fachstelle für behindertengerechtes Bauen.

Borasio, Gian Domenico. 2015. Suizidhilfe aus ärztlicher Sicht – die vernachlässigte Fürsorge. *Schweizerische Ärztezeitung* 96(24): 889–891.

Breuer, Petra. 2009. *Visuelle Kommunikation für Menschen mit Demenz: Grundlagen zur visuellen Gestaltung mit (Alzheimer-)Demenz.* Bern: Verlag Hans Huber.

Christiaen, Marie-Paule. 2004. *Sehbehinderte Menschen in Alterseinrichtungen: Vorschläge für eine sehbehindertenfreundliche Gestaltung des Wohn- und Lebensbereiches.* Genève: Association pour le Bien des Aveugles et malvoyants (ABA).

Engeli, Annemarie und Fatima Heussler. 2001. Experiences of Conservative and Compensational Rehabilitation. S. 175–179 in *On the Special Needs of Low Vision Seniors,* hrsg. von Hans-Werner Wahl und Hans-Eugen Schulze. Amsterdam, Berlin, Oxford, Tokyo, Washington D.C.: IOS Press.

Goffman, Erving. 1981. *Asyle: Über die soziale Situation psychiatrischer Patienten und anderer Insassen.* Frankfurt a.M.: Suhrkamp (edition suhrkamp 678).

Herschkowitz, Norbert. 2002. *Das vernetzte Gehirn: Seine lebenslange Entwicklung.* 2., korrigierte Auflage. Bern, Göttingen, Toronto, Seattle: Verlag Hans Huber.

Hinz, Andreas. 2009. *Aktuelle Erträge der Debatte um Inklusion – worin besteht der «Mehrwert» gegenüber Integration?* Vortrag auf dem Kongress «Enabling Community» der Evangelischen Stiftung Alsterdorf und der Katholischen Fachhochschule für Soziale Arbeit Berlin am 18.–20. Mai 2009. http://www.peter-weins.de/files/fo3.1_v2_hinz_aktuelle_ertraege_der_debatte_um_ inklusion.pdf (17.08.2015).

INSOS (Nationaler Branchenverband der Institutionen für Menschen mit Behinderung). 2012. *Charta Lebensqualität für Menschen mit Behinderung in sozialen Einrichtungen.* http://www.insos.ch/assets/Downloads/Charta-Lebensqualitaet.pdf (24.02.2014).

Rippe, Klaus Peter, Christian Schwarzenegger, Georg Bosshard und Martin Kiesewetter. 2005. Urteilsfähigkeit von Menschen mit psychischen Störungen und Suizidbeihilfe. *Schweizerische Juristen-Zeitung SJZ* 101(3): 53–91.

SAMW (Schweizerische Akademie der Medizinischen Wissenschaften) (Hrsg.). 2013. *Medizinische Behandlung und Betreuung von Menschen mit Behinderung.* 2. Auflage. Basel: SAMW. http://www.samw.ch/de/Ethik/Richtlinien/Aktuell-gueltige-Richtlinien.html (18.02.2014).

SBK (Schweizerischer Berufsverband der Pflegefachfrauen und Pflegefachmänner). 2011. *Professionelle Pflege Schweiz – Perspektive 2020: Positionspapier des Schweizer Berufsverbands der Pflegefachfrauen und Pflegefachmänner SBK.* Bern: SBK. http://www.sbk.ch/fileadmin/sbk/service/online_shop/publikationen/de/docs/03_15_Perspektive2020-dt.pdf (10.05.2014).

Schäffler, Hilde, Andreas Biedermann, Andreas und Corina Salis Gross. 2013. *Soziale Teilhabe. Angebote gegen Vereinsamung und Einsamkeit im Alter.* Im Auftrag von Gesundheitsförderung Schweiz im Rahmen des interkantonalen Projekts «Via – Best Practice Gesundheitsförderung im Alter». Bern. http://gesundheitsfoerderung.ch/assets/public/documents/1_de/a-public-health/4-aeltere-menschen/5-downloads/Via_-_Bericht_Soziale_Teilhalbe_-_Angebote_gegen_ Vereinsamung_und_Einsamkeit_im_Alter.pdf (17.08.2015).

Schulze, Hans-Eugen. 2010. *Nicht verzagen, sondern wagen. Praktische Hilfen für Altersblinde und ihre Angehörigen.* http://www.ma-ha-schulze.de/index.php?menuid=1&reporeid=352 (Juni 2014).

Schulze, Hans-Eugen. 2009. *Sehbehinderten und blinden alten Menschen professionell begegnen und helfen: Ratgeber für pflegerische und soziale Dienste und für Studierende.* Ergänzung zu «Nicht verzagen, sondern wagen – praktische Hilfen für Altersblinde und ihre Angehörigen». Hrsg. vom Kuratorium Deutsche Altershilfe. 2. Auflage.

Seibl, Magdalena. 2014. *Grundlagen für eine Kooperation von Sozialer Arbeit und Pflege in der Langzeitaltersarbeit: Eine theoretische Herleitung zu Chancen und Risiken der interprofessionellen stationären Arbeit mit Menschen mit Behinderung im Alter.* Masterthesis an der Hochschule für Soziale Arbeit der Fachhochschule Nordwestschweiz FHNW, Olten.

SLG (Schweizer Licht Gesellschaft) (Hrsg.). 2014. *Richtlinien – Alters- und sehbehindertengerechte Beleuchtung im Innenraum: Beleuchtung für ältere Menschen und Personen mit verminderter Sehfähigkeit.* Richtlinie SLG 104:06-2014 d. Bern: SLG.

Staack, Swen. 2004. *Milieutherapie: Ein Konzept zur Betreuung demenziell Erkrankter.* Hannover: Vincentz Network.

Sutter, Florian. 2014. *Netzhautdegenerationen: Ein anderes Sehen.* 2. Auflage. Zürich: Retina Suisse.

Sutter, Markus. 2015. Dienstleistungserbringung «ohne Umwege». Low Vision-Rehabilitation mit älteren Menschen: das «Berner Modell». *tactuel* 1: 15–17.

Thimm, Walter (Hrsg.). 2005. *Das Normalisierungsprinzip. Ein Lesebuch zu Geschichte und Gegenwart eines Reformkonzepts.* Marburg: Lebenshilfe-Verlag.

UN-Behindertenrechtskonvention – Übereinkommen über die Rechte von Menschen mit Behinderungen (2015). Abgeschlossen in New York am 13. Dezember 2006. Von der Bundesversammlung genehmigt am 13. Dezember 2013. In Kraft getreten für die Schweiz am 15. Mai 2014. https://www.admin.ch/opc/de/classified-compilation/20122488/index.html (04.09.2015).

UN-Behindertenrechtskonvention – Übereinkommen der Vereinten Nationen über die Rechte von Menschen mit Behinderung (Convention of the United Nations on the rights of persons with disabilities) (2010). Synoptische Fassung der amtlichen gemeinsamen Übersetzung von Deutschland, Österreich, Schweiz und Liechtenstein, der «Schattenübersetzung» des Netzwerk Artikel 3 e.V. und des Originaldokuments in englischer Sprache. Hg. vom Beauftragten der Bundesregierung für die Belange behinderter Menschen Bonn: Staatliche Koordinierungsstelle nach Art. 33 UN-Behindertenrechtskonvention. http://www.behindertenbeauftragter.de/SharedDocs/Publikationen/DE/Broschuere_UNKonvention_KK.pdf?__blob=publicationFile (10.09.2013).

WHO (World Health Organisation). 2005. *ICF – Internationale Klassifikation der Funktionsfähigkeit, Behinderung und Gesundheit.* Hrsg. vom Deutschen Institut für Medizinische Dokumentation und Information DIMDI. http://www.dimdi.de/dynamic/de/klassi/downloadcenter/icf/endfassung/icf_endfassung-2005-10-01.pdf (14.09.2013).

Winnicott, Donald W. 1974. *Reifungsprozesse und fördernde Umwelt*. München: Kindler.

Wolfensberger, Wolf. 2005. Die Entwicklung des Normalisierungsgedankens in den USA und in Kanada. S. 168–185 in *Das Normalisierungsprinzip: Ein Lesebuch zu Geschichte und Gegenwart eines Reformkonzepts*, hrsg. von Walter Thimm. Marburg: Lebenshilfe-Verlag.

Yalom, Irvin D. 2010. *Theorie und Praxis der Gruppenpsychotherapie: Ein Lehrbuch*. Unter Mitarbeit von Molyn Leszcz. 10. Auflage. Stuttgart: Klett-Cotta (Leben Lernen 66).

4 Sehbehinderungsspezifische Pflege

Die professionelle Pflege von Menschen mit einer Sehbehinderung basiert auf medizinischen und pflegerischen Fachkenntnissen, ergänzt durch Fachkenntnisse aus der Behindertenarbeit (vgl. Kapitel 3). Das vorliegende Kapitel geht folgenden Fragen nach: Wie erkenne ich als Pflegende, ob eine Person sehbehindert ist? Wie kann ein Mensch mit Sehbehinderung adäquat und seiner Situation gemäss unterstützt werden? Dabei steht die theoriegeleitete Pflegepraxis im Fokus. Im vorliegenden Konzept der gerontagogischen Pflege stützen sich die Begriffe Pflege und Pflegebedürftigkeit auf die Definitionen der Schweizerischen Akademie der Medizinischen Wissenschaften (SAMW) und des Schweizerischen Berufsverbandes der Pflegefachfrauen und Pflegefachmänner (SBK).

> Die medizinischen Grundlagen zum Thema Sehbehinderung im Alter sind im Kapitel 2.1 skizziert. Pflegerische Grundlagen der sehbehinderungsspezifischen Pflege und des Pflegeprozesses werden in den Kapiteln 4.1.1 und 4.1.2 dargestellt. Im Kapitel 4.4 wird die konkrete Umsetzung der sehbehinderungsspezifischen Pflege anhand eines Fallbeispiels aufgezeigt. Die Verbindung zu (pflege-)theoretischen Grundlagen ist leitend und bildet die Basis für die Einbettung des Themas Sehbehinderung im Alter in die Pflegepraxis.

4.1 Theoretische Grundlagen: Pflegerischer Bereich

4.1.1 Gerontagogische Pflege

Menschen, die im AHV-Alter sehbehindert werden, erhalten heute sowohl ambulant wie stationär erst in Einzelfällen zureichende und spezifische Unterstützung. Der Ansatz der gerontagogischen (sinnesbehinderungsspezifischen Alters-)Pflege verbindet agogische und pflegerische Elemente und ermöglicht es den Betroffenen, ihre Potenziale besser zu nutzen und neue Selbstständigkeit zu gewinnen. Dies wirkt sich positiv auf den allgemeinen Gesundheitszustand des Bewohners und seine Pflegebedürftigkeit aus. Sehbehinderungsspezifische Pflege erkennt Folgen der Sehschädigung auf andere Erkrankungen und ihre Wechselwirkungen. Insbesondere psychische und psychosoziale Auffälligkeiten werden zuerst in Verbindung mit der Seh- oder Hörbehinderung gebracht.

Unter *sehbehinderungsspezifischer Pflege* wird eine Pflege verstanden, die auf der Kenntnis von Zusammenhängen und Wechselwirkungen mit einer Sehbehinderung aufbaut, diese beachtet und in den Pflegeprozess integriert (vgl. auch Kapitel 3.2.3). Sie wird sehbehindertenfreundlich ausgeführt. Neben den in Kapitel 3.2.3 unter «Sehbehinderungsspezifische Pflege», genannten Aspekten gehört dazu, dass die Pflegenden jede Handlung ankündigen und taktil begleiten. Sie beschreiben Abläufe und ermöglichen auditive Informationen, sie kommentieren Alltagssituationen und soziale Anlässe. Sie beachten in ihrem Tätigkeitsbereich die Lichtverhältnisse, den Blendschutz und die Sitzordnung und geben diese Informationen an andere Tätigkeitsbereiche weiter, sie sorgen für eine Begleitung, damit die Bewohnerin an Aktivitäten teilnehmen und mobil sein kann. Sie achten auf Barrierefreiheit. Unter Berücksichtigung dieser Elemente können bei den Bewohnern vorhandene Fähigkeiten trotz Sehbehinderung erhalten werden.

In Ergänzung dazu bedeutet *rehabilitative sehbehinderungsspezifische Pflege* die Anleitung zum Wiedererlangen von Selbstständigkeit und Eigenständigkeit durch sehbehinderungsspezifische Trainings und Interventionen in Bezug auf Alltagsfertigkeiten, beispielsweise Waschen und Kleiden, Essen und Trinken, in Kontakt treten (vgl. auch Kapitel 3.2.3). Durch Training von Elementen der Orientierung und der Mobilität kann der Bewegungsradius von sehbehinderten Personen wieder erweitert werden, was positive Auswirkungen auf den Kreislauf hat, können Selbstständigkeit ermöglicht und die Selbstwirksamkeit gesteigert werden. Rehabilitative sehbehinderungsspezifische Pflege kann einerseits bedeuten, die rehabilitative Therapie einer Fachperson der Sehbehindertenrehabilitation fortzuführen, andererseits durch geschulte Pflegefachpersonen Trainings in den Pflegeprozess zu integrieren. Damit werden die betroffenen Personen fachkompetent und wirksam unterstützt. Durch Massnahmen im Bereich Low Vision (vgl. Kapitel 3.2.4) wird die optimale Nutzung des vorhandenen Sehvermögens ermöglicht. In diesem Bereich ist der Beizug von Fachpersonen der Sehbehindertenrehabilitation notwendig.

Zu den zentralen Elementen der gerontagogischen Pflege gehören Erkenntnisse zu Entwicklung und Lernen im Alter, dem Umgang mit Verlusten und Gewinnen sowie Ansätze der Sozialen Arbeit und der Heilpädagogik: behindertenfreundliches Milieu schaffen und gezielt nutzen, der Einsatz von Peergruppen, Sinnerfüllung (durch sinnvolle Tätigkeiten und Aufgaben, Mitbestimmung, Neu-/Wiedererlernen der Fähigkeit, Aktivitäten des täglichen Lebens und Orientierung selbstständig zu meistern, gegebenenfalls unter Einbezug von Fachpersonen der Sehbehindertenrehabilitation und der Sozialberatung aus den Beratungsstellen des Sehbehindertenwesens).

Basis der gerontagogischen Pflege und Betreuung ist das sehbehindertenfreundliche Milieu, die Umgebungsgestaltung und das Verhalten des Umfeldes, die von Sehbehinderung als Norm ausgehen (vgl. Kapitel 3.2.1). Überlegungen zu baulichen Anpassungen, Veränderungen in Abläufen und Führungsaspekten und eine ermächtigende Haltung sind Voraussetzung für dieses Milieu. Aufgabe der Pflegefachpersonen ist es, dieses Milieu einerseits zu nutzen, es andererseits mitzugestalten und zu prägen (vgl. Kapitel 3.2.3).

Für den sehbehinderungsspezifischen Pflegeprozess ist es wichtig, zu wissen, welche organischen Defizite vorhanden sind. So können Auswirkungen der Sehschädigung besser beurteilt und Pflegeziele präziser vereinbart werden.

4.1.2 Pflegeprozess

Was gerontagogische Pflege kennzeichnet, wird im Folgenden anhand der Schritte im Pflegeprozess gezeigt.

Der Pflegeprozess als Grundlage pflegerischen Handelns «fördert eine wissenschaftliche Herangehensweise an Probleme der klinischen Praxis. Die Techniken, die dabei angewandt werden, sind mit denen, die in anderen Fachbereichen zum Erkennen und Lösen von Problemen eingesetzt werden, eng verwandt» (Brobst et al. 2007, 26)

Abbildung 5   Übersicht über die Schritte des Pflegeprozesses, in Anlehnung an Brobst et al. (2007, 26)

Pflegeassessment
› Die subjektiven und objektiven Daten über das Gesundheitsproblem der Person werden gesammelt und analysiert
› Ressourcen und Fähigkeiten werden eingeschätzt
› Unterscheidung zwischen Basis- und Fokus-Assessment

Pflegediagnose
› Das aktuelle oder potenzielle Gesundheitsproblem und Gesundheitsförderungspotenziale werden festgestellt

Pflegeplanung
› Die Ziele werden benannt
› Ein Pflegeplan wird geschrieben, in dem die Pflegeinterventionen, -massnahmen benannt werden, die notwendig sind, um das Ziel zu erreichen

Pflegeimplementation, -durchführung
› Der Pflegeplan wird umgesetzt
› Die Pflegeinterventionen und ihr Ergebnis werden dokumentiert

Pflegeevaluation
› Die Ergebnisse werden mit den gesteckten Zielen verglichen; es wird überprüft, ob die richtigen Ziele gesetzt und richtig verfolgt wurden
› Der Pflegeplan wird überprüft und gegebenenfalls angepasst

Die einzelnen Phasen und Schritte des Pflegeprozesses sind je nach Literatur unterschiedlich benannt und beschrieben. Die folgenden Ausführungen orientieren sich vorwiegend an Brobst et al. (2007) und verwenden die entsprechenden

Schritte und ihre Bezeichnungen.[18] Die Besonderheiten der sehbehinderungsspezifischen Pflege sind auf alle Instrumente der Pflege anwendbar.

> **Kernaussagen Kapitel 4.1**
> › Gerontagogische Pflege: ermöglicht es den Betroffenen, ihre Potenziale zu nutzen und Selbstständigkeit zu gewinnen.
> › Sehbehinderungsspezifische Pflege: basiert auf den Kenntnissen von Zusammenhängen und Wechselwirkungen einer Sehschädigung mit der Gesamtsituation einer Person. Die Sehbehinderung wird in allen Schritten des Pflegeprozesses berücksichtigt.
> › Rehabilitative sehbehinderungsspezifische Pflege: Anleitung im Rahmen sehbehinderungsspezifischer Trainings und Interventionen zum Wiedererlangen von Selbstständigkeit und Eigenständigkeit.
> › Gerontagogische Pflege: basiert auf Erkenntnissen zu Entwicklung und Lernen im Alter, Umgang mit Verlusten und Gewinnen, Schaffung und Nutzung des gerontagogischen (behindertenfreundlichen) Milieus.

4.2 Bewohnerinnen mit Behinderung professionell pflegen

Brobst et al. (2007, 154) definieren Pflegeinterventionen als Tätigkeiten, «die eine professionelle Pflegeperson, auf der Grundlage einer klinischen Beurteilung und pflegerischen Wissens ausübt, um die gemeinsamen Ziele des Patienten und der Pflege zu erreichen, um die Unabhängigkeit des Patienten zu erhalten, zu fördern oder zu befähigen und um zum Wiedererlangen von Wohlbefinden und Unabhängigkeit beizutragen. Im Rahmen von Pflegeinterventionen handeln Pflegende für Patienten, sie führen und leiten diese, sorgen für eine entwicklungsfördernde Umgebung, unterstützen und fördern Patienten, sie beraten und unterrichten Patienten und leiten sie an».

Die behinderungsspezifische Pflege richtet sich aus auf die Minderung der Beeinträchtigung durch die Behinderung («Unabhängigkeit»; vgl. Kapitel 3.2.3, Pflegeauftrag) und legt den Fokus darauf, dass Pflegende nicht (stellvertretend) *für*, sondern *mit* dem Menschen mit einer Behinderung planen, handeln und evaluieren. Die Selbstbestimmung, das Ermächtigen zu eigenständigem Entscheiden,

---

18 Gewisse in der Literatur verwendete Begrifflichkeiten, z. B. Patient, Station, werden nur in Zitaten übernommen. Da sich das vorliegende Buch an die Pflege im Langzeitbereich wendet, werden im übrigen Text die Begriffe *Bewohner/in* oder *Person* verwendet.

Planen und Handeln und die Evaluation durch die Bewohnerin sind zentrale Pfeiler dieser spezialisierten Pflege.

Der Aufgabenbereich der Pflege erweitert sich in der gerontagogischen Pflege um:
› Nutzung und Mitgestaltung des Milieus
› Einbezug von Fachwissen aus dem Bereich der Behindertenarbeit (u. a. der Sozialen Arbeit/Sozialpädagogik und behinderungsspezifischer rehabilitativer Techniken)
› Einbezug des ganzen Hauses (inklusive Mitbewohnerinnen) in die Problemlösung, Schaffung von Gruppen (z. B. Austausch-, Erfahrungsgruppen)
› Sensibilisierung von Angehörigen und Nahestehenden bezüglich Sinnesbehinderung
› Einbezug der freiwilligen Helfer, Zivildienstleistenden usw.

Die Pflege unterstützt die Gestaltung und Nutzung eines Umfeldes, das dazu beiträgt, die Benachteiligung durch die Behinderung zu mindern. Das heisst, dass sie sich der Bedeutung einer entwicklungsfördernden Umgebung (Milieu) bewusst ist.

Zu den Aufgaben der gerontagogischen Pflege gehören das Einfordern, das Aufzeigen des Nutzens, das Mitgestalten sowie das therapeutische Einsetzen eines sinnesbehindertenfreundlichen Milieus.

4.2.1 Leitende Fragen für die sehbehinderungsspezifische Gestaltung des Pflegeprozesses

Die folgenden zwei Fragen sind leitend in der sehbehinderungsspezifischen Gestaltung des Pflegeprozesses:
› Wie können die sehbehinderungsspezifischen Aspekte in jeder Phase des Pflegeprozesses bewusst integriert werden?
› Wie kann ein Bewohner, eine Bewohnerin mit Sehbehinderung zu Selbstständigkeit und Teilhabe ermutigt und (pflegerisch) begleitet werden?

4.2.2 Pflegeassessment

Der erste Schritt im Pflegeprozess dient der Situationseinschätzung. Das Assessment ist ein kontinuierlicher Prozess, Beobachtungen werden laufend ergänzt und festgehalten. «Alle folgenden Schritte des Pflegeprozesses, sowie die Qualität der Pflege insgesamt, hängen von der Güte Ihrer Situationseinschätzung ab» (Brobst et al. 2007, 31).

Worauf muss im Assessment geachtet werden, um eine Sehbehinderung bei der Bewohnerin zu erkennen oder nicht zu verpassen?
a. Sichtung von schriftlichen Dokumenten wie Krankengeschichte (KG), Übergaberapporten: Suche nach Hinweisen zu Sehbehinderung, auch wenn die Diagnose Sehschädigung nicht explizit genannt wird.

b. Informationen direkt von der Bewohnerin: Im Rahmen des Assessmentgesprächs wird sie mit ihren Ressourcen und gesundheitlichen Problemen eingeschätzt. Bei Vorliegen einer Sehbehinderung können eine hohe psychische Belastung durch die zunehmende Veränderung der Lebenssituation und funktionelle Einbussen zu kognitiven Einschränkungen führen. Diesem Aspekt ist bei der Nutzung von Pflegebedarfserfassungsinstrumenten Rechnung zu tragen.
c. Beobachtungen von Angehörigen, Nahestehenden und anderen Mitarbeiterinnen: Angehörige und Nahestehende der Bewohner können bezüglich Sehbehinderung hilfreiche Hinweise und Ergänzungen beitragen. Von ihnen werden nur in Absprache und mit dem Einverständnis oder auf Wunsch des Bewohners Informationen eingeholt (das entspricht auch dem neuen Kindes- und Erwachsenenschutzrecht). Hinweise des sozialen Umfeldes können sein: Schilderungen wie allmähliche Verschlechterung des Allgemeinzustandes, neue Tendenz zu Verwahrlosung, Meiden von sozialen Kontakten, ungewohnte Unzuverlässigkeit in Abmachungen usw.

Bei den Beobachtungen anderer Mitarbeiterinnen zur Ergänzung des Assessments sind möglichst Mitarbeiterinnen des ganzen Hauses einzubeziehen: Hausdienst, Speisesaal/Cafeteria, Empfang usw. Mitarbeiter ausserhalb des Pflege- und Betreuungsteams haben andere Kontaktmöglichkeiten, erleben die Person in anderen Situationen und bringen aus diesem Grund andere Erfahrungen ein.

K26 – Einschätzung der körperlichen Verfassung unter dem Fokus Sehbehinderung

Im Zusammenhang mit Seh- und Hörbehinderung sind bei der Einschätzung der körperlichen Verfassung und körperlichen Untersuchung (objektive Daten) die folgenden Überlegungen zu berücksichtigen (aufgezeigt am Fragenkatalog nach Brobst et al. 2007, 58):

Allgemeiner Gesundheitszustand: Beobachtung reduzierter Allgemein- und Ernährungszustand aufgrund verminderter Nahrungsaufnahme (da Essen und Getränke nicht gesehen werden, Appetitanregung durch visuelle Reize fehlt, Schwierigkeiten bei der selbstständigen Nahrungsaufnahme bestehen), Muskelabbau durch verminderte Mobilität (durch Unsicherheit wegen mangelnder visueller Orientierung, Angst vor Stürzen/Unfällen), Schlafdefizit aufgrund Tag-Nacht-Umkehr durch Störung der Melatoninproduktion, durch Störung der Melatoninproduktion, Depression, Mutlosigkeit aufgrund abnehmender Alltagskompetenzen, kognitive Einbussen aufgrund von Informationsdefiziten und Depression.

Haut, Haare und Nägel: ungepflegte, trockene, schuppige Haut, mangelhafte Haar- und Nagelpflege weil infolge Sehbehinderung visuell nicht kontrollierbar oder wegen depressiver Verstimmung Kraft fehlt bzw. kein Wert auf Körperpflege gelegt wird.

Mund und Hals: Schluck-/Essensprobleme aufgrund fehlender visueller Steuerung und Kontrolle, gegebenenfalls nicht ausgewogene Ernährung.

Augen: Sehschärfe, Gesichtsfeld, Blendung und Kontrast, Hilfsmittel (Brille, Lupe usw.); exakte medizinische Diagnose Basis für Therapieausschöpfung und adäquate rehabilitative Massnahmen.

Ohren: Hörgerät(e), per se vermindertes Gehör, Beobachtung, ob Fragen bei angemessener Lautstärke gehört werden, ob nachgefragt werden muss. Gehör kann bei Sehbehinderung eine wichtige kompensatorische Rolle spielen, wenn visueller Sinn wegfällt, und umgekehrt (Lippenbewegungen mitlesen).[a]

Herz-Kreislaufsystem: Hypotonie, Schwindel aufgrund Bewegungsmangel durch Unsicherheit wegen Sehbehinderung, fehlende visuelle Orientierung, Fehlen von Fixierungspunkten zur Stabilisierung des Gleichgewichts.

Gastrointestinaltrakt: Verdauungsbeschwerden, Blähungen, Unverträglichkeiten aufgrund ungenügender bzw. unkontrollierter Nahrungs- und Flüssigkeitsaufnahme, Bewegungsmangel wegen Sehbehinderung.

Harnapparat: Inkontinenz aufgrund erhöhtem Zeitbedarf für Aufsuchen und Finden der Toilette durch verlangsamte Mobilität, Kleidung nicht öffnen können.

Neurologisches System (mentale Einbussen): aktueller und/oder früherer Gedächtnisverlust, Konzentrationsprobleme, visuelle Halluzinationen (CBS), Desorientierung, Sprach- oder Sprechstörungen, psychische Anpassungsstörungen/Depression, motorische Probleme wie Gleichgewicht und Koordination, Orientierungsprobleme, kognitive Einbussen wegen mangelhafter/lückenhafter visueller Informationsaufnahme, ungenügende Kontrolle über Mimik/Gestik des Gegenübers und Verlust von Alltagsfertigkeiten stellen hohe Anforderungen an Orientierung für ein Leben mit Sehbehinderung.

Muskel- und Skelettsystem: Bewegungsmuster, Grob- und Feinmotorik können beeinträchtigt sein durch fehlende visuelle Orientierung, Koordination und Kontrolle aufgrund der Sehbehinderung.

---

a) Zwischen den einzelnen Sinneswahrnehmungen besteht eine hohe Korrespondenz. So kann es sein, dass eine sehbehinderte Person im Winter keine Mütze tragen möchte, da ihr das Spüren des Windes auf dem Haar, der Wange hilft, sich zu orientieren und in Kontakt mit der Aussenwelt zu sein.

Zum Zeitpunkt des Assessments sind Wertungen und Schlussfolgerungen bewusst zu vermeiden. Dies ist ein wesentlicher Aspekt in der professionellen Arbeit mit dem Pflegeprozess (Brobst et al. 2007, 83).

> **K27 – Kardinalkriterien Sehbehinderung**
>
> Als Kardinalkriterien werden eine kleine Anzahl von Kriterien bezeichnet, deren Vorhandensein die Frage aufwirft, ob eine Sehbehinderung vorhanden sei könnte. Das Vorhandensein dieser Kriterien verlangt nach einer vertieften Abklärung im Rahmen eines Fokusassessments (gezieltes Assessment im Hinblick auf ein bestimmtes Gesundheitsproblem).
> Kardinalkriterien für eine Sehbehinderung sind:
> › kognitive Einbussen, verminderte Merkfähigkeit
> › depressive Verstimmung, Depression, Rückzug
> › verminderte Selbstpflege
> › Gangunsicherheit
> › soziale Auffälligkeiten
>
> Wenn eines oder mehrere dieser Kriterien im Assessment auftauchen, ist eine Sehbehinderung in Betracht zu ziehen bzw. sorgfältig auszuschliessen.

4.2.3 Pflegediagnosen

Die Klassifikationen von Pflegediagnosen (Nursing Diagnosis International, NANDA-I), Pflegeinterventionen (Nursing Interventions Classification, NIC) und Pflegeergebnissen (Nursing Outcomes Classification, NOC) dienen einer gemeinsamen Pflegefachsprache.

«Pflegediagnosen bilden die Grundlage, um Pflegeinterventionen auswählen, planen und durchführen zu können, um gemeinsam vereinbarte Pflegeziele und -ergebnisse erreichen und bewerten zu können» (Georg 2012 nach Doenges et al. 2013, 1362). Sie sind Ausdruck der und Mittel für die professionelle Pflege. Bei Menschen mit Sehbehinderung im Alter stehen meist mehrere Pflegediagnosen im Vordergrund.

Eine Pflegediagnose, die *Sehbehinderung* als Ursache mit all ihren Auswirkungen auf physischer, psychischer, funktionaler, kognitiver, emotionaler und psychosozialer Ebene erfasst, könnte als Syndrompflegediagnose formuliert sein. Eine solche existiert (noch) nicht. Sie müsste sowohl die Person wie die förderlichen und hinderlichen Aspekte des Umfeldes und die Person-Umwelt-Interaktionen einbeziehen. Für die interdisziplinäre Beurteilung und Interventionsplanung ist die Klassifikation NANDA-NIC-NOC (NNN) wenig geeignet, da sie alle vier

Bereiche (funktionaler, physiologischer, psychischer/psychosozialer und Umwelt-Bereich) streng aus der Optik der Bewohnerin betrachtet. NANDA definiert zwar den Begriff Pflegediagnose weit (Beurteilung auch der gemeinschaftlichen Reaktionen nicht nur von Gesundheitsproblemen, sondern auch von Lebensprozessen), schränkt ihn aber auf die Verantwortung der Pflegenden ein: «Eine klinische Beurteilung der individuellen, familiären oder gemeinschaftlichen Reaktionen auf gegenwärtige oder potenzielle Gesundheitsprobleme/Lebensprozesse. Eine Pflegediagnose stellt die Grundlage für die Auswahl an Pflegeinterventionen hinsichtlich der Erzielung von Outcomes dar, für die Pflegende verantwortlich sind» (angenommen an der 9. Konferenz, 1990) (NANDA-I 2010, 433, zitiert nach Lauber 2012, 227).

Die ICF (International Classification of Functioning, Disability and Health der Weltgesundheitsorganisation WHO) bietet ein Klassifizierungssystem, das eine bei Behinderung angemessene breitere Betrachtungsweise sichert, die geeignet ist für eine inter- bzw. transdisziplinäre Arbeitsweise. Für eine Entscheidung zugunsten von NANDA spricht allerdings, dass die Pflegediagnosen einer gemeinsamen professionellen Verständigung dienen und eindeutige Begriffsfüllungen von hohem praktischem Nutzen sind, speziell in Anbetracht unterschiedlicher begrifflicher Füllungen bei den sozialen und den Gesundheitsberufen. Zudem liegt in der Schweiz die rechtliche Entscheidungs- und Handlungsverantwortung bei Sehbehinderung im Alter bei der Pflege. Und die vielerorts gewünschte Abbildung des Pflegeprozesses im elektronischen Patientendossier dürfte nach der NANDA-, NIC- und NOC-Terminologie einfacher zu gestalten sein als mit der ICF-Terminologie.

Aus diesen Überlegungen wird im vorliegenden Kapitel so mit den Pflegediagnosen nach NANDA-I gearbeitet, dass es auch als Denkanstoss für eine zu formulierende Syndrompflegediagnose Sehbehinderung gelten mag.

Nach den Pflegediagnosen, Definitionen und Klassifikationen von NANDA International 2012–2014 ist die Wahrnehmungsstörung auf der Liste der zu entfernenden Pflegediagnosen aufgeführt. Wenn die Differenzierung für eine einzelne sensorische Wahrnehmungsstörung (z. B. die visuelle) mit bestimmenden Merkmalen und beeinflussenden Faktoren ausgearbeitet und eingereicht wird, könnte statt dessen diese Pflegediagnose in die Liste der Pflegediagnosen aufgenommen werden.

Für das Erstellen einer Pflegediagnose werden die Informationen aus dem Assessment gesammelt, geprüft, geordnet, gebündelt, dokumentiert, analysiert und interpretiert. Dabei müssen die essenziellen Daten für den weiteren Prozess herausgefiltert werden.

K28

K28 – Überlegungen zu Sehbehinderung beim Herausfiltern essenzieller Daten

Als Hilfe für das Herausfiltern der essenziellen Daten schlagen Brobst et al. eine Reihe von Fragen vor (2007, 105). Bei den Antworten weisen die folgenden Elemente auf eine Sehbehinderung hin:

> *Welche Merkmale und Symptome äussert die Bewohnerin (BW) oder welche sind bei ihr beobachtbar?*

Im physischen Bereich u. a. Grobmotorik (Mobilität), Feinmotorik (Essen und Trinken, sich waschen und kleiden). Im psychosozialen Bereich z. B. Kommunikation, Gesellschaft suchen, Austausch. Im emotionalen Bereich z. B. Rückzug, nicht mehr leben wollen, Überdruss, depressive Verstimmung, Niedergeschlagenheit wegen nicht mehr lesen können. Alle Merkmale und Symptome sind unter der Fragestellung «Welchen Einfluss hat die Sehbehinderung auf diesen Aspekt?» zu betrachten. Wenn eine Person z. B. äussert, nicht mehr stricken zu können, stellt sich die Frage nach den Gründen: Gibt es funktionelle Einschränkungen durch Gicht, Arthrose oder Ähnliches? Oder schämt/geniert sie sich, wenn sie in Gesellschaft Hilfe in Anspruch nehmen muss, wenn z. B. eine Masche hinunterfällt? Oder mag sie nicht mehr stricken, weil die Depression so weit fortgeschritten ist, dass sie es sich gar nicht mehr zutraut?

> *Welche Assessmentbefunde sind für diese BW «nicht normal»?*

Für die Einschätzung der abweichenden Werte ist das Bewusstsein für das Nichtwahrnehmen der Symptome durch Menschen mit Sehbehinderung relevant bzw. das Wissen, dass für Menschen mit Sehbehinderung im Alter die Situation so, wie sie ist, «normal» ist, dass sie sich damit abgefunden haben oder meinen, sich damit abfinden zu müssen. Kenntnisse über Zusammenhänge zwischen Sehbehinderung und anderen Pflegethemen, deren Abhängigkeiten und gegenseitigen Beeinflussungen sind in der Beurteilung von Assessmentbefunden grundlegend.

> *Wie beeinträchtigen bestimmte Verhaltensweisen das Wohlbefinden der BW?*

Rückzug und «Akzeptieren» der abnehmenden Sehschwäche als Altersfolge sind eher kontraproduktiv für einen erfolgreichen Umgang mit der Sehbeeinträchtigung. Pflegepersonen sind aufgefordert, Müdigkeit, vorgeschobene Zufriedenheit mit dem, was ist, nicht einfach so zu akzeptieren.

> *Welche Stärken oder Schwächen hat die BW, die ihren Gesundheitsstatus beeinflussen?*

Ressourcen und Resilienz zu erkennen bzw. zu erfragen und anzustossen, sind wichtige Aspekte für einen aktiven Umgang mit der Sehbehinderung. Ein gutes räumliches Vorstellungsvermögen, intakte taktile und auditive Wahrnehmung oder ein fröhliches und extravertiertes Wesen können positiv beeinflussend wirken, während z. B. übergrosse Korrektheit und ein starkes Sicherheitsbedürfnis auch hinderlich sein können.

> *Versteht die BW ihre Krankheit und die mögliche Behandlung?*
> *Bei Sehbehinderung: Versteht die betroffene Person die Situation in ihren biopsychosozialen Dimensionen?*

Menschen mit einer neu auftretenden Sehbehinderung sind darauf angewiesen, dass sie Informationen über den Zusammenhang zwischen funktionaler Einbusse und daraus folgenden psychischen Auswirkungen erhalten. Nur so können sie ein Verständnis für ihre Situation entwickeln, das sich vom Ertragen und Aushalten abhebt. Dabei ist es wichtig in Erfahrung zu bringen, wie die betroffene Person ihre Chancen für eine Verbesserung der Situation einschätzt, welche Zieldimensionen, -vorstellungen sie formuliert. Da sehbehinderungsspezifische Angebote und Therapien häufig nicht bekannt sind, müssen sie von der Pflegefachperson angesprochen und erklärt werden, z. B. was sehbehinderungsspezifische Rehabilitation leisten kann, durch wen sie ausgeführt und wie sie finanziert wird.

> *Wie beeinflusst die Umgebung die Gesundheit der BW?*

Eine neue Umgebung, der Eintritt in eine Alterseinrichtung, ist für die meisten älteren Menschen ein anspruchsvoller Schritt. Sehbehinderte Personen stellt er vor zusätzliche grosse Hürden: Mit unzureichender visueller Wahrnehmungsfähigkeit müssen sie sich integrieren in das neue soziale Umfeld, bestehend aus Mitbewohnern, gegebenenfalls einer Zimmerkollegin, Mitarbeiterinnen der Institution. Erkennt das Umfeld die speziellen Bedürfnisse von Menschen mit Sehbehinderung und stellt z. B. einer neuen Bewohnerin die Mitbewohner (unter Beachtung der «Goldenen Regeln», vgl. Kapitel 5.6) mit Namen vor? Oder wird den sozialen Kontakten wenig Gewicht beigemessen? Neue Wege müssen gelernt werden, das Zimmer erfahren, das Haus und die Umgebung kennengelernt werden. Die Anlage des Zimmers und seine Lage im Haus beeinflusst die Person, sich mit einer Sehbehinderung gut zu orientieren und selbstständig zu bewegen. Zeigt man ihr das ganze Haus und lässt sie es erfahren? Werden nur gerade die alltäglichen Wege gegangen, verschliesst sich der Person leicht das Umfeld als Ganzes.

> *Wie reagiert die BW auf ihr Gesundheitsproblem? Will sie ihren Gesundheitszustand ändern?*

Das Anerkennen und Annehmen einer Sehbehinderung ist ein langwieriger Prozess. Häufig reagieren Betroffene mit Rückzug, Anpassungsstörung, haben Angst vor (noch mehr) Autonomieverlust, verlieren den Mut, etwas zu ändern. In Unkenntnis darüber, welche Massnahmen vorhanden sind und welche Finanzierungsmöglichkeiten bestehen, ist es schwierig, die eigenen persönlichen Chancen einzuschätzen.

> *Wie ist das Verhältnis der BW zu ihrer Familie? Wie ist ihre Beziehung zu ihrer Umgebung?*

Auch bei Sehbehinderung können die Unterstützung durch die Familie und das Umfeld eine zentrale Ressource sein, sofern diese in Kenntnis der Zusammenhänge von Sehbehinderung und ihren Folgen reagieren und agieren. Die Einstellung der Angehörigen, was die Person selbst über ihr neues Lebensumfeld in der Alterseinrichtung denkt und wie sie sich darin fühlt, kann einen wichtigen Einfluss auf die Herangehensweise der Person an die Sehbehinderung haben.

> *Können die von mir festgestellten Probleme der BW mit Pflegeinterventionen und -massnahmen beeinflusst werden?*

Pflegefachpersonen mit erweitertem Wissen um Sehbehinderung steht eine grosse Palette von Möglichkeiten und Angeboten zur Verfügung: pflegerisches Wissen, ergänzt und erweitert durch Elemente aus der Behindertenarbeit (u.a. Gestaltung des Umfeldes/Milieus und dessen Nutzung) und der sehbehinderungsspezifischen Rehabilitation, sehbehinderungsspezifische Pflege mit rehabilitativen Pflegetrainings oder Übungselementen aus der Rehabilitation.

> *Müssen für die Pflegediagnose noch weitere Informationen eingeholt werden?*

Ophthalmologische Abklärung des Sehvermögens mit:
> Messung von Visus, Gesichtsfeld, Kontrast, Blendung und Akkomodation
> Augenvordergrund, Augenhintergrund

Bei Verdacht auf Demenz Einsatz von bildgebenden Verfahren in der Demenzabklärung.

Aufgrund dieser Überlegungen und Nachforschungen und unter Einbezug der fachlichen Beurteilung durch Fachpersonen anderer Professionen können differenzierte Pflegediagnosen formuliert werden, die das eingeschränkte Sehvermögen und die damit verbundenen Probleme der Bewohnerin berücksichtigen.

Pflegeprioritäten setzen

Für das Festlegen der Pflegeprioritäten ist zunächst gemeinsam mit der Bewohnerin zu bestimmen, welche Pflegediagnosen im Vordergrund stehen und die Bewohnerin am meisten belasten. Eingeschränkte Mobilität, Inkontinenz, Verdauungsprobleme, Depression und Desorientierung können eine Folge der Sehschädigung sein, aber auch andere Ursachen haben (z. B. rheumatologische Erkrankungen, Parkinson, Status nach Apoplexie, Demenz usw.). Deshalb muss zwingend abgeklärt sein, ob eine Sehschädigung und/oder andere organische Störungen vorliegen (Multimorbidität).

Die Sehbehinderung ist sehr hoch zu priorisieren, da sie Auswirkungen auf viele Funktionen hat und häufig zu Depression (bis hin zu Suizidwünschen, vgl. Hinweise in Kapitel 3.1.3 und Kapitel 3.2.7) und kognitiven Einbussen führt. Mit sehbehinderungsspezifischer Pflege können auch nicht-sehbehinderungsspezifische Probleme angegangen werden. Weil der Ansatz der sehbehinderungsspezifischen Pflege breit ist, empfehlen die Autorinnen, diese Chance bei Vorliegen oder bei Verdacht auf Vorliegen einer Sehbehinderung zu nutzen.

Folgende Fragen helfen, die Pflegeprioritäten festzulegen:

› Woran leidet die Person am meisten?
› Welche Ressourcen stehen der Person zur Verfügung, welche Potenziale können entwickelt werden?
› Welches Symptom, welche Symptome können am schnellsten beeinflusst werden?
› Welche Beschwerden lassen sich wirksam und effizient angehen?

Die betroffene Person ist bei der Prioritätensetzung immer einzubeziehen. Wichtig ist, dass sie über die Zusammenhänge und Möglichkeiten ausführlich informiert ist. Den individuell verschiedenen Bewertungen der Beeinträchtigungen ist Rechnung zu tragen.

K29

Je nach Persönlichkeit der Bewohnerin und ihren individuellen Präferenzen wird da angesetzt, wo sich die Beeinträchtigung am stärksten manifestiert, oder da, wo am schnellsten Erfolge erlebbar gemacht werden können. Für den einen Bewohner ist es vielleicht nicht so wichtig, wie er aussieht, wenn er dafür selbstständig Hörbücher oder Musik hören kann. Andere Personen fühlen sich am stärksten dadurch beeinträchtigt, dass sie nicht mehr lesen oder ihre Korrespondenz erledigen können. Die einen stört die wegfallende Kontrolle über ihren Körper am meisten. Andere erleben sich als sozial inkompetent, weil sie niemanden mehr erkennen und sich unfähig fühlen, auf Menschen zuzugehen. Oder sie fühlen sich nicht mehr als sich selbst, weil es ihnen nicht mehr möglich ist, sich selbstständig sicher zu bewegen.

K29 – Hinweise zur Prioritätensetzung

Folgende Überlegungen helfen bei der Prioritätensetzung und der Entscheidung, welche Massnahmen der gerontagogischen Pflege prioritär zu beachten und auszuführen sind:
1. Prioritär sind akut vital gefährdende Gesundheitsprobleme zu behandeln.
2. Sodann findet eine Beurteilung der vorliegenden Pflegediagnosen und deren Wechselwirkungen statt.
3. Wird festgestellt, dass die Sehbehinderung Ursache für weitere Gesundheitsprobleme ist oder sein könnte, ist prioritär bei der Sehbehinderung anzusetzen. Negative Auswirkungen von rehabilitativen Massnahmen sind nicht zu befürchten.
4. Es wird nach geeigneten rehabilitativen Massnahmen gesucht, welche die Sehbehinderung und die damit verbundenen Probleme verbessern (z. B. wird bei Sehbehinderung und Verdauungsproblemen Mobilitätstraining aufgenommen, in der Absicht, mit der erhöhten und nach und nach selbstständig möglichen Mobilität «nebenbei» auch die Verdauung zu regulieren).
5. Erst dann werden die weiteren Gesundheitsprobleme angegangen, z. B. eine Schlafstörung.

4.2.4 Zielsetzung und Pflegeplan

Die schriftliche Dokumentation des Pflegeplans beinhaltet Pflegediagnosen, Pflegeziele und Massnahmen. Nach der Festlegung von Pflegeprioritäten müssen messbare, patientenbezogene Pflegeziele benannt werden, welche sich von der Pflegediagnose ableiten. Sie dienen als Basis für die Formulierung der Pflegehandlungen und die Evaluation.

Pflegeziele entwickeln und formulieren

Die Pflegeziele werden in Zusammenarbeit mit dem Bewohner entwickelt. Er bestimmt, welche Ziele er erreichen möchte, welche drängenden Probleme er angehen will. Dafür braucht er eine Vorstellung davon, welcher Zustand mit den geeigneten Massnahmen erreicht werden kann. Hilfreich sind Informationen von geschulten Pflegefachpersonen, der Austausch in Peergruppen und Vorbilder aus der Gruppe der Betroffenen sowie ein Umfeld, das die Überzeugung ausstrahlt, dass die Situation positiv veränderbar ist und ein selbstbestimmtes Leben mit Sehbehinderung möglich ist. Selbstbestimmung bedeutet nicht, alle Alltagsverrichtungen selbst auszuführen, sondern heisst, eigenständig zu entscheiden, welche

Tätigkeiten gelernt werden wollen (Rehabilitation) und welche Verrichtungen/ Aktivitäten delegiert werden und an wen. Für den Bewohner ist die Vorstellung, dass sich die Situation positiv verändern könnte, obwohl die Sehschädigung bestehen bleibt, schwer vorstellbar. Das Aufbringen der Motivation, an dieser Veränderung zu arbeiten, ist ein Prozess, der als Pflegeziel formuliert werden kann.

Klare und messbare Zielsetzungen im Pflegeplan bieten später die besten Voraussetzungen für eine erfolgreiche Pflegeevaluation (Brobst et al. 2007, 189).

Pflegemassnahmen formulieren

Bei der Planung der Pflegemassnahmen – der sehbehinderungsspezifischen wie der rehabilitativ sehbehinderungsspezifischen – ist grundsätzlich von der Lernfähigkeit der Person auszugehen und vom Vertrauen und Zutrauen in die Möglichkeiten der Verbesserung der Situation. Zudem ist zu berücksichtigen, dass alle Massnahmen sehbehinderungsspezifisch auszuführen sind, unter Berücksichtigung des besonderen Informationsbedarfs von alten Menschen mit Sehbehinderung. Zu beachten ist, dass bei sehbehinderten Bewohnern die Geschwindigkeit der Informationsverarbeitung verlangsamt und der Konzentrationsbedarf für jede Verrichtung hoch ist. Dadurch stellt sich schnell Ermüdung ein. Multitasking ist nicht möglich, Langsamkeit ist die Norm. Bei rehabilitativen Massnahmen sind deshalb kurze Übungssequenzen mit häufigen Wiederholungen längeren Trainingssequenzen vorzuziehen, und die Massnahmen sind in kleine Teilschritte zu gliedern. Um eine sehbehindertenfreundliche Gestaltung der Pflege sicherzustellen, müssen die geplanten Pflegemassnahmen so formuliert werden, dass auch Pflegekräfte ohne sehbehinderungsspezifisches Wissen diese sicher ausführen können. Das ermöglicht es ihnen, leichter eine Erwartungshaltung einzunehmen, die vom Vertrauen in die Erreichbarkeit der gesetzten Ziele geprägt ist.

Massnahmen zur Auswahl von spezifischen (z. B. optischen) Hilfsmitteln und Instruktion im Umgang damit sowie für besondere Trainings wie das exzentrische Sehen, sind an Fachpersonen der Sehbehindertenrehabilitation zu delegieren (vgl. Kapitel 3.2.4).

4.2.5 Pflegeimplementation und -durchführung

In der unmittelbaren Interaktion mit sehbehinderten Bewohnern berücksichtigen die Pflegepersonen bei sämtlichen Verrichtungen die Sehbehinderung und ihre Folgen in den komplexen Wechselwirkungen. Beim Auftreten einer mit der Sehbehinderung einhergehenden Anpassungsstörung gilt es beispielsweise, den Bewohner auf psychosozialer Ebene zu unterstützen und zu begleiten. Da der Anpassungsprozess an die neue Situation herausfordernd ist, kann diese Phase der Unterstützung lange andauern.

Informationen über die Zusammenhänge zwischen Sehbehinderung und kognitiven Leistungen, Depression und Pflegethemen wie Inkontinenz, verminderte Flüssigkeitsaufnahme usw. sind für die betroffene Person sehr wichtig, um die Vorgänge einordnen zu können. Die Bewohnerin darin zu unterstützen, ihre Situation besser zu verstehen, hilft ihr, ihre persönlichen Bedürfnisse und Wünsche besser wahrzunehmen und zu äussern.

Die (Mit-)Gestaltung und Nutzung des sehbehindertenfreundlichen Milieus und die Arbeit im multiprofessionellen Team geschehen unter Berücksichtigung der sehbehinderungsspezifischen Aspekte im funktionalen, psychischen und psychosozialen Bereich.

Pflegemassnahmen können delegiert werden. Dann werden diese Massnahmen nicht durch Mitarbeiterinnen des Pflegedienstes erbracht, sondern an die Mitarbeiter anderer Dienste in der gerontagogischen Einrichtung übergeben, beispielsweise an diejenigen des Speisesaals (vgl. Kapitel 3.2.3, Delegierte Pflege). Diese Mitarbeiter müssen die Zielsetzung der Pflegemassnahmen verstehen und die entsprechende Kompetenz zur Durchführung mitbringen und/oder instruiert und kontrolliert werden. Delegierte Pflegemassnahmen sind (wegen der Behinderung) pflegerisch notwendige Massnahmen und werden als solche abgerechnet.

In der Zusammenarbeit mit dem ärztlichen Dienst gilt es, Wechselwirkungen der Folgen von Sehbehinderung bewusst zu halten, auf die besonderen Bedürfnisse von Menschen mit Sehbehinderung aufmerksam zu machen, exakte augenärztliche Diagnosen zu verlangen und adäquate Therapie, beispielsweise sehbehinderungsspezifische Pflegetrainings/Rehabilitation, verordnen zu lassen. Diagnostische und therapeutische Handlungen werden gemäss den geschilderten Prinzipien sehbehinderungsspezifisch durchgeführt.[19]

4.2.6 Pflegeevaluation

In der Evaluation geht es darum, gemeinsam mit der Bewohnerin und im überprofessionellen Team aufgrund subjektiver und objektiver Kriterien zu prüfen, ob die gesetzten Pflegeprioritäten und Ziele richtig waren und mit den geplanten und durchgeführten Massnahmen erreicht werden konnten.

Ergibt die Evaluation, dass die Ziele nur teilweise oder ungenügend erreicht wurden, gilt es, gemeinsam herauszufinden, was die Gründe dafür sein könnten.

---

19 Insgesamt wird der Aspekt Sehbehinderung von der Pflege in den direkten pflegerischen Tätigkeiten, körperbezogen (body to body) oder psychosozial (face to face), in den indirekten Tätigkeiten (patientenferne Handlungen, im Interesse des Patienten, gesundheitsfördernde Umgebung, Organisation und Koordination der interdisziplinären Zusammenarbeit), bei pflegeinitiierten Tätigkeiten (unabhängige Handlungen, von professioneller Pflegeperson aufgrund von Pflegediagnosen eingeleitet zur Erreichung des gesetzten Pflegeziels) sowie bei arztinitiierten Tätigkeiten (von der Pflege in abhängiger Funktion ausgeführt) vertreten (Brobst et al. 2007, 154).

K30 – Beispiel für ein rehabilitatives sehbehinderungsspezifisches Pflegetraining: Essenstraining

Pflegetrainings, wie sie in BESA oder RAI eingeführt sind, werden in die Schritte Planung, Durchführung und Evaluation gegliedert.

Die *Planung* beinhaltet die Abklärung mit der betroffenen Person über Bedürfnis und Zielsetzung des Trainings. Eine Bewohnerin möchte z. B. wieder Salat essen können, ohne Angst zu haben, ihn auf dem Tisch und der eigenen Kleidung zu verteilen, und sie möchte das Fleisch selber schneiden können. Sie würde gerne wieder einmal in der Öffentlichkeit, im Speisesaal essen, ohne sich dabei zu schämen. Pflegetrainings, z. B. ein Essenstraining[a], werden mittels der Pflegebedarfserfassungssysteme (z. B. RAI oder BESA) geplant und abgerechnet. Sie müssen ärztlich verordnet sein. Das Essenstraining findet einmal wöchentlich während 15–30 Minuten statt und wird durch eine spezifisch ausgebildete Person durchgeführt. Das Üben der neu gewonnenen Fähigkeiten kann durch instruierte Mitarbeiterinnen geschehen und ist zentral für den Erfolg des Trainings.

Durchführung: In wöchentlichen, der Konzentrationsfähigkeit der Person angepassten zeitlichen Trainingseinheiten wird das Essenstraining in einer ruhigen Umgebung (im Zimmer, nicht im Rahmen einer regulären Mahlzeit) durchgeführt. Zu Beginn ist es wichtig, dass der Bewohner nicht hungrig ist, sondern sich in Ruhe mit dem Training befassen kann. Räumliche Orientierung auf dem Gedeck und im Teller sind die ersten Schritte. Die Trainerin beschreibt das Essen, seine Anordnung (nach der Uhr) und die Portionierung. Mithilfe des Bestecks macht sich der Bewohner eine eigene Vorstellung davon. Dabei wird er zunächst verbal von der Trainerin geleitet: oben – unten, links – rechts, mit dem Besteck ertasten, wie die Nahrungsmittel liegen, welche Dimensionen sie haben, entscheiden, welche zerschnitten werden sollen, welche sich leicht ohne Messer portionieren lassen. Wo befindet sich der Salat? Wie hoch und wie lang ist das Stück Fleisch? Wie breit soll das Stück sein, das abgeschnitten werden soll? Der Ablauf wird als Ganzes vorgestellt, zum Lernen dann in einzelne Schritte gegliedert, Geduld ist gefragt. Die Mitarbeiterinnen, die das Essenstraining im Alltag weiter begleiten, werden über die neu erlernten Schritte informiert.

Evaluation: Die Trainerin fragt nach, wie der Bewohner den Umgang mit den neu erworbenen Fähigkeiten erlebt hat, wo er weitere Lern- oder Übungsbedürfnisse hat. Schrittweise werden die Erfolge bewusst gemacht und die Zielerreichung zusammen mit dem Bewohner ausgewertet.

---
a) Ein Essenstraining kann auch durch eine Rehabilitationsfachperson des Sehbehindertenwesens durchgeführt werden, dann handelt es sich nicht um ein Pflegetraining und nur die Organisation des Essenstrainings kann über BESA bzw. RAI abgerechnet werden.

Im Zusammenhang mit Sehbehinderung im Alter können sich beispielsweise die Zielsetzungen des Bewohners im Verlauf der Pflegephase verändert haben oder die Zielsetzung ist nicht mehr gültig aufgrund einer Veränderung oder Verschlechterung des Allgemeinzustandes. Es ist auch möglich, dass sich die gewählten Massnahmen als nicht ausreichend oder nicht zielführend erweisen (z. B. weil die Instruktion durch eine Therapiefachperson vom Pflegeteam nicht konsequent verfolgt wurde) oder die Interventionen einen längeren Zeithorizont erfordern (die Durchführung von begleiteten Gruppen wie Peer-Gruppen, die Stärkung der Identität als Person mit Sehbehinderung sind z. B. langwierige Prozesse). Zu beachten ist, dass Sehschädigungen häufig progredient verlaufen, sich also zunehmend verschlechtern, dies durch den Bewohner aber oft nicht bewusst wahrgenommen wird.

Mit der Evaluation beginnt der erste Schritt des Pflegeprozesses erneut. Neue Probleme treten auf oder rücken in den Vordergrund, Ziele und Massnahmen müssen überprüft und angepasst werden. Nach der Evaluation beginnt die nächste Phase des Assessments und des weiteren Vorgehens nach dem Pflegeprozess.

4.2.7 Gerontagogische Pflege als neues Feld in der Langzeitpflege

Das Kapitel 4.2 zeigt auf, wie der Pflegeprozess so gestaltet werden kann, dass eine Sehbehinderung erkannt und in allen Prozessschritten berücksichtigt wird. Die Verbindung der Thematik Sehbehinderung im Alter mit dem Pflegeprozess dient als Basis für das Aufzeigen der sehbehinderungsspezifischen Pflege anhand eines Fallbeispiels (Kapitel 4.4).

Im Zusammenhang mit den Pflegediagnosen (Schritt 2 des Pflegeprozesses) zitieren Brobst et al. (2007, 87) Norma Lang (1992): «If we cannot name it, we cannot control it, finance it, research it, teach it or put it into policy». Frei übersetzt: «Wenn wir sie [den Gegenstand der Pflege, die pflegerischen Probleme, Ziele und Handlungen] nicht benennen können, dann können wir sie auch nicht kontrollieren, finanzieren, erforschen, lehren und in (berufs-)politische Forderungen und Richtlinien umsetzen.»

Für die gerontagogische Pflege bedeutet dies:

› *We name it:* Wir benennen ein neues pflegerisches Feld in der Langzeitpflege: rehabilitative sehbehinderungsspezifische Pflege.
› *We control it:* Wir halten das Thema im Pflegeprozess fest, somit wird die rehabilitative sehbehinderungsspezifische Pflege sichtbar und verbindlich.
› *We finance it:* Wir argumentieren mit Behindertenrechtskonvention (UN-BRK) und Krankenversicherungsgesetz (KVG) und zeigen gerechte Finanzierungswege auf.
› *We research it:* Wir machen Forschungserkenntnisse zu Sehbehinderung sichtbar.

› *We teach it:* Wir bieten Kurse und Schulungen zu Sehbehinderung im Alter an.
› *We put it into policy:* Wir machen uns für die Integration des Themas Sehbehinderung im Alter in berufspolitische Forderungen und Richtlinien stark.

> **Kernaussagen Kapitel 4.2**
> › Behinderungsspezifische Pflege legt den Fokus auf die Ermächtigung zu eigenständigem Entscheiden, Planen, Handeln und Evaluieren durch die betroffene Person.
> › Der Aufgabenbereich der Pflege erweitert sich um: Nutzung und Mitgestaltung des Milieus, Einbezug von Fachwissen aus der Behindertenarbeit, Einbezug des ganzen Hauses in die Problemlösung, Schaffung von Gruppen, Sensibilisierung von Angehörigen und Nahestehenden zu Sinnesbehinderung und ihren Folgen sowie den möglichen Massnahmen, Einbezug von freiwilligen Helferinnen und Zivildienstleistenden.
> › Sehbehinderungsspezifische Gestaltung des Pflegeprozesses: bewusstes Integrieren der Frage nach Sehbehinderung und deren Bedeutung in alle Schritte des Pflegeprozesses.

4.3 Exkurs: Problemlösungsprozess in Bezug auf das Umfeld

Das Umfeld hat einen wesentlichen Einfluss auf das Ausmass einer Behinderung (vgl. Kapitel 2.2.2 und 3.2.1). Gerontagogische Pflege gestaltet das Milieu mit und nutzt es therapeutisch. Dabei gehört es auch zu den Aufgaben der Pflege, beeinflussende Aspekte des Umfeldes zu erkennen, kritisch zu prüfen und anzugehen. Die Pflege vertritt ihre Kenntnisse und die Bedürfnisse der Bewohner aus pflegerischer Sicht in Führungsgremien und den von der Führung vorgesehenen Qualitäts- und Managementaktivitäten der Alterseinrichtung, beispielsweise im Managementreview. Als Hilfestellung werden in der folgenden Übersicht (Abbildung 6) analog zum Pflegeprozess Aspekte des Umfeldes in einem Problemlösungsprozess dargestellt.

Abbildung 6   Übersicht über die Schritte des Umfeld-Problemlösungsprozesses analog zum Pflegeprozess (vgl. Kapitel 4.1.2)

Situationseinschätzung bzgl. baulicher, fachlicher und führungsmässiger Situation der Institution
  Im Rahmen eines Managementreviews werden folgende Fragen geprüft:
› Welche Umgebungsfaktoren haben einen fördernden oder hindernden Einfluss auf die Situation der Person mit Sehbehinderung?
› Welche funktionalen Einschränkungen durch das Umfeld sind beobachtbar?
› Welche psychischen Belastungen, sozialen Ausgrenzungen durch das Umfeld sind feststellbar?

Problem
› Problemformulierung in Bezug auf das Umfeld

Zielsetzung
› Die Institution als Ganzes ist sehbehindertenfreundlich gestaltet im Hinblick auf bauliche, fachliche und führungsmässige Anforderungen.
› Die kommunikativen und sozialen Bedürfnisse der Bewohner mit Sehbehinderung werden in therapeutischer («heilender») Weise unterstützt.
› Alle Mitarbeiterinnen der Institution wirken für Menschen mit Sehbehinderung funktional, psychisch und psychosozial unterstützend.

Massnahmen planen
› Einbezug aller Mitarbeiterinnen in Problemlösung; unkonventionelle Überlegungen und Wege prüfen und einbeziehen
› Einbezug Aussenstehender, Familie, Bewohner
› Anpassung des Umfeldes, damit Barrieren abgebaut werden
› alles unter Beachtung der Wirkung von Pflegehandlungen auf das Umfeld und umgekehrt

Durchführung
› multidisziplinär
› alle Ebenen berücksichtigend: baulich, fachlich, Management

Evaluation
› Überprüfung der Zielsetzung im Rahmen des Managementreviews

---

4.4 Sehbehinderungsspezifische Pflege – exemplarische Umsetzung des gerontagogischen Pflegeprozesses an einem Fallbeispiel

4.4.1 Fallbeispiel Hannah Pfenninger

Die Umsetzung des gerontagogischen Pflegeprozesses in die Praxis wird mittels eines fiktiven Fallbeispiels dargestellt. Dieses ermöglicht das beispielhafte Aufzeigen von Situationen, wie sie im Alltag von Alters- und Pflegeeinrichtungen vorkommen können.

Vorgeschichte von Frau Pfenninger Hannah, Jg. 1932
Frau Pfenninger wohnte vor dem Eintritt ins Alters- und Pflegezentrum Berg selbstständig in einer kleinen 3-Zimmer-Wohnung. Sie lebte allein, ihr Mann starb 10 Jahre zuvor ganz unerwartet an einem Herzversagen. Der Bekanntenkreis des Ehepaars Pfenninger war nicht gross, sie lebten zurückgezogen und hatten wenig Zeit für Freunde. Mit dem Geld mussten sie haushälterisch umgehen. Einmal im Jahr leisteten sie sich Wanderferien in der Schweiz, Österreich oder im Schwarzwald. Frau Pfenninger lebte im Lesen ihre Träume von fremden Ländern und Kulturen aus.

Gemeinsam mit ihrem Mann führte sie ein Maler-Geschäft. Sie war zuständig für die gesamte Administration, inklusive Rechnungswesen. Obwohl die Arbeit häufig belastend war – die Auftragslage bereitete in den letzten Jahren immer häufiger Grund zu Sorgen –, mochte Frau Pfenninger ihre Arbeit. Sie genoss es, eigenständig und selbstverantwortlich für diesen Bereich zuständig zu sein. Das Geschäft konnte nicht wie gewünscht übergeben, sondern musste liquidiert werden. Herr und Frau Pfenninger hofften bis zuletzt auf eine Übernahme durch einen ihrer langjährigen Mitarbeiter. Dass sie ihr Lebenswerk nicht in neue Hände übergeben konnten, schmerzte sie sehr.

Ein Neffe, der Sohn des einzigen Bruders ihres Mannes, auch er vor Jahren verstorben, lebt seit 40 Jahren in Norwegen. Er kommt alle ein bis zwei Jahre in die Schweiz und besucht bei dieser Gelegenheit auch seine Tante. Ansonsten pflegt er an Weihnachten anzurufen. Mehr Kontakt besteht nicht. Seit einem Sturz im Badezimmer wurde Frau Pfenninger in den letzten zwei Jahren einmal wöchentlich von der Spitex besucht.

Auch wenn Frau Pfenninger in bescheidenen Verhältnissen lebte, war sie immer sehr gepflegt. Ihr Äusseres und ihre Kleidung waren ihr sehr wichtig, wie die Spitex-Mitarbeiterinnen bemerkten.

Im Verlauf des letzten Jahres ist den Mitarbeiterinnen der Spitex aufgefallen, dass Frau Pfenninger zunehmend unselbstständiger wurde. Sie beobachteten, dass das Badezimmer nicht mehr so sauber war wie früher und im Schlafzimmer schmutzige und gewaschene Kleider durcheinander auf Stühlen lagen. Vor zwei Jahren war der Haushalt noch tipptopp gepflegt und aufgeräumt gewesen. In der Küche sah es nun zunehmend unappetitlich aus, angefaulte Früchte lagen herum.

Die Einkäufe hatte Frau Pfenninger gemeinsam mit ihrer Nachbarin Maya erledigt. In den letzten Monaten vermied sie es mehr und mehr, aus dem Haus zu gehen, fühlte sich unsicher und fremd auf der Strasse. Die Nachbarin brachte ihr die Einkäufe immer häufiger nach Hause.

Frau Pfenninger hat in den letzten sechs Monaten markant an Gewicht verloren. Sie war schon immer eine schlanke Person, jetzt sitzen ihre Kleider sehr locker.

Im Gespräch mit dem Hausarzt und der Spitex-Mitarbeiterin gestand sich Frau Pfenninger ein, dass ihr der Haushalt immer mehr Mühe bereitete.

Als durch eine Totalsanierung der Wohnsiedlung ein Wohnungswechsel anstand, entschied sie sich zum Eintritt in ein Alters- und Pflegezentrum. Sie dachte, dass es mehr Sinn machen würde, gleich in ein Alterszentrum zu ziehen, statt eine neue Wohnung zu suchen. Die alte Wohnung wäre nach der Sanierung für sie nicht mehr zahlbar gewesen und die von der Verwaltung angebotene Übergangslösung überzeugte sie nicht.

Vor drei Wochen ist Frau Pfenninger im Alters-und Pflegezentrum Berg eingezogen.

4.4.2 Pflegeassessment anhand der Gesundheitsverhaltensmuster nach Gordon

Unmittelbar nach dem Einzug von Frau Pfenninger hat ein Eintrittsgespräch stattgefunden. Dabei wurde das Assessmentgespräch angekündigt.

Im Alters- und Pflegezentrum Berg werden die Informationen des pflegerischen Basisassessments nach den elf funktionellen Gesundheitsverhaltensmustern nach Gordon strukturiert (2001, 2007, nach Brobst et al. 2007, 35). Am Schluss jeder Kategorie/jedes Musters findet eine Einschätzung und Beurteilung in funktionell oder dysfunktional/gestört statt. Diese Einschätzung stellt einen Widerspruch zum Grundsatz dar, im Schritt Assessment noch keine Interpretationen und Schlussfolgerungen zu machen (vgl. Kapitel 4.2.2). Im Sinne einer Ersteinschätzung werden hier trotzdem im Anschluss an die einzelnen Kategorien funktionale und dysfunktionale Aspekte aus der Informationssammlung aufgeführt, weil sie Hinweise geben können, in welche Richtung die Problematik deuten kann.

1. Muster «Wahrnehmung und Umgang mit der eigenen Gesundheit»

Frau Pfenninger äussert, es sei schon recht, dass sie im Alterszentrum Berg sei. Sie ist froh, sich um nichts mehr kümmern zu müssen. Zu Hause sei ihr alles zu viel geworden. Und der Umzug habe alle Kräfte aufgezehrt, sie sei «nudelfertig», wie sie es ausdrückt. Obwohl sie grosses Vertrauen in ihren Hausarzt hat, der sie in ihrem Entscheid, ins Zentrum zu ziehen, sehr unterstützte, willigte Frau Pfenninger beim Eintritt ein, sich neu von der Zentrumsärztin behandeln zu lassen. Das sei für alle Beteiligten einfacher. In einer Nebenbemerkung fügt sie an, dass sie ja gar keinen Arzt mehr brauche, es lohne sich nicht mehr für sie.

Kommentar Ersteinschätzung:
› (Eher) dysfunktionale Aspekte: Hat aufgegeben, ist alles zu viel geworden, es einfacher machen, lohnt sich nicht mehr, froh, sich um nichts mehr kümmern zu müssen.

2. Muster «Ernährung und Stoffwechsel»

Die Speisesaalmitarbeiterinnen beobachten, dass Frau Pfenninger sehr wenig isst, häufig nicht einmal die halbe Portion. Sie stochert lustlos im Teller herum und legt die Gabel bald wieder zur Seite, auch wenn es ihre Lieblingsspeise von früher ist. Auf die Nachfrage, ob sie schon satt sei, sagt sie: «Ich habe keinen Hunger, es braucht alles so viel Kraft.» Frau Pfenninger ist sehr dünn, die Kleider sind ihr alle viel zu weit. Sie bestätigt, abgenommen zu haben. Öfter äussert sie, Übelkeit zu verspüren, alles widerstehe ihr. Es fällt auf, dass die Flasche Mineralwasser verschlossen auf dem Tisch steht, häufig das Glas Wasser nach einem halben Tag immer noch gleich voll ist. Zusätzlich wird sie durch die Tendenz zur Verstopfung geplagt. Dies ist nichts Neues für sie, ihr Hausarzt riet ihr schon vor Jahren zu einer ballaststoffreichen, abwechslungsreichen Mischkost und machte sie darauf aufmerksam, auf die Trinkmenge zu achten. Sie friert häufig, schätzt es, wenn man ihr den Wollschal um die eingefallenen Schultern legt.

Kommentar Ersteinschätzung:
› Dysfunktionale Aspekte: Hat abgenommen, Kleider sitzen locker, trinkt nur auf Aufforderung, mag nicht essen, halbe Portion ist zu viel, leidet unter Übelkeit und Verstopfung, friert, es ist ihr alles zu viel.

3. Muster «Ausscheidung»

Frau Pfenninger reagiert häufig gereizt, da sie wegen der Einlagen, die sie wegen der in unregelmässigen Abständen neu aufgetretenen Inkontinenz trägt, manchmal Hilfe bei der Toilettenbenutzung braucht. Sie schämt sich, wenn sie den Weg zur Toilette nicht schnell genug schafft und dann die Einlagen nass sind. Dies ist häufig in der Nacht der Fall.

Kommentar Ersteinschätzung:
› Dysfunktionale Aspekte: Inkontinenz unregelmässig, einnässen, da Weg zur Toilette dauert.
› Funktionale Aspekte: Schämt sich, ist gereizt, wenn sie Hilfe braucht wegen Einlagen und weil sie mehr Zeit braucht, um Toilette zu erreichen.

4. Muster «Aktivität und Bewegung»

Die Körperpflege vernachlässigt Frau Pfenninger, ohne Aufforderung würde sie sich kaum waschen wollen. Mit viel Unterstützung durch das Pflegepersonal lässt sie die Körperpflege zu, kämmt sich, wenn ihr die Bürste in die Hand gegeben wird, spült auch den Mund, wenn ihr das Mundwasser gereicht wird. Häufiges Eincremen findet sie lästig, es spiele doch keine Rolle mehr, ob die Haut trocken sei. Ebenso empfindet sie die häufigen Aufforderungen, viel zu trinken, da dies die Hautpflege unterstützen würde, eher als eine Zumutung.

Die Kleider sind fleckig. Es ist sichtbar, dass sie von guter Qualität und geschmackvoll sind. Bei der Kleiderauswahl zeigt Frau Pfenninger wenig Interesse, sie sagt, früher sei das wichtig gewesen, heute kümmere es sie nicht mehr.

Frau Pfenninger geht nur in Begleitung einer Pflegeperson aus dem Zimmer in den Speisesaal. Bereits das Geradeausgehen auf dem Gang bereitet ihr Mühe, sie geht unsicher und wirkt instabil. Beim Überwinden der drei Treppenstufen, um auf die Terrasse zu gelangen, braucht sie Unterstützung. Sie hat Angst zu stürzen. Auch im Zimmer fällt auf, dass sich Frau Pfenninger sehr vorsichtig bewegt. Sie bittet häufig darum, dass man ihr Gegenstände vom Tisch auf den Nachttisch stelle und umgekehrt, sie traue sich nicht mehr zu, dies selbst zu tun.

Kommentar Ersteinschätzung:
› Dysfunktionale Aspekte: Vernachlässigt Körperpflege, wäscht sich nur auf Aufforderung, trockene Haut, Kleiderwahl kümmert sie nicht mehr, fleckige Kleidung, nur noch in Begleitung auf Gang und in Speisesaal, geht unsicher, instabil auch geradeaus. Unterstützung bei Treppenstufen, bewegt sich im Zimmer vorsichtig, ist unsicher.
› Funktionale Aspekte: Kämmt sich auf Aufforderung, wenn Bürste in Hand gegeben, spült den Mund, wenn Glas in Hand gegeben, bittet um Hilfe beim Umplatzieren von Gegenständen im Zimmer.

5. Muster «Schlaf und Ruhe»

Frau Pfenninger erzählt, dass sie ein Morgenmensch sei. In der letzten Zeit erwache sie aber immer früher, häufig hört sie bereits um 5 Uhr die Kirchenglocken. Und die Nachtwache berichtet, dass Frau Pfenninger jeweils zwischen 3 und 4 Uhr in der Früh wach werde. Dafür ist sie bereits nach dem Frühstück wieder müde und legt sich gerne nochmals ins Bett.

Kommentar Ersteinschätzung:
› Dysfunktionale Aspekte: Frühes Erwachen, nach Frühstück müde.

6. Muster «Kognition und Perzeption»

Frau Pfenninger kann sich die Namen der Mitarbeiter nur schlecht merken. Das ist neu für sie. Als Geschäftsfrau war es wichtig, Kundinnen und Geschäftspartner jederzeit mit dem Namen ansprechen zu können. Auch Termine hat sie schon vergessen, obwohl eine Notiz auf dem Nachttisch hinterlegt wurde. Dies verunsichert sie.

Frau Pfenninger trägt kein Hörgerät, verneint auch, nicht gut zu hören. Es fällt auf, dass sie ab und zu nachfragt bzw. eine unpassende Antwort auf Fragen gibt. Die Frage nach ungewohnten Bildern (visuellen Halluzinationen) verneint sie. Sämtliches Informationsmaterial vom Zentrum liegt unangetastet auf dem

Tisch. Eine Brille liegt daneben. Wenn die Pflegerinnen sie ihr reichen, reagiert Frau Pfenninger ablehnend und abweisend. Das Lesen falle ihr schwer, das sei ja normal in ihrem Alter. Auf die Nachfrage nach der letzten Augenkontrolle antwortet sie ausweichend: «Das ist lange her.»

Kommentar Ersteinschätzung:
› Dysfunktionale Aspekte: Schwierigkeiten sich zu erinnern, Vergesslichkeit, Verunsicherung, Namen nicht merken, häufiger nachfragen, unpassende Antworten, Ablehnung der Brille, nicht mehr Lesen können in ihrem Alter als normal betrachten.

7. Muster «Selbstwahrnehmung und Selbstbild»

Die Pflegenden beobachten, dass Frau Pfenninger praktisch immer allein im Zimmer sitzt, in Gedanken versunken scheint, bei Ansprache jedoch aufmerksam und wach ist. Sie erzählt dann jeweils ausführlich aus ihrem Leben und stellt im Gespräch Gegenfragen. So erzählt sie, dass sie noch vor ihrer Heirat ein Welschlandjahr bei einer spanischen Diplomatenfamilie in Genf verbracht hatte. Sie, die Sprachen in der Schule geliebt hatte, konnte so zusätzlich Spanisch lernen. Ihre Sprachkompetenz war auch im Geschäft ein grosser Gewinn, sie führte mühelos Telefonate und erledigte Korrespondenz in Französisch, Italienisch und Spanisch. Bei der Verabschiedung reagiert sie nicht auf das Winken an der Tür. Sie lehnt jegliche Angebote für Gruppenanlässe strikt ab. Sie sei gerne allein, sagt sie.

Kommentar Ersteinschätzung:
› Dysfunktionale Aspekte: Reagiert nicht auf Winken an der Tür, kein Interesse an Gruppenanlässen, thematisiert aktuelle Situation nicht.
› Funktionale Aspekte: Bei Ansprache aufmerksam und wach, ansonsten in Gedanken versunken. Bei Nachfrage erzählt Frau Pfenninger von früher, schildert ihre vielseitigen Sprachkompetenzen und stellt im Gespräch Gegenfragen.

8. Muster «Rollen und Beziehungen»

Beim Eintritt gab Frau Pfenninger eine langjährige ehemalige Nachbarin als Kontaktperson an. Sie vermisst die regelmässigen Gespräche mit ihr. Die wöchentlichen Anrufe sind kein Ersatz für die persönlichen Treffen. Trotzdem beobachten die Pflegenden, dass Frau Pfenninger auf die Anrufe wartet. Dass der Kontakt zu ihrem Neffen kaum existiert, bedrückt Frau Pfenninger, aber sie jammert nicht. Sich von der Wohnung zu trennen, fiel ihr schwer. Im Alterszentrum hat sie zu Mitbewohnern ausschliesslich am Tisch Kontakt. Die Gesprächsthemen beschränken sich auf das Wetter und das Essen, Frau Pfenninger hat keine Kraft, sich mehr zu engagieren.

Kommentar Ersteinschätzung:
› Dysfunktionale Aspekte: Wartet auf Anrufe der Nachbarin, Neffe ist kaum existent, jammert nicht, Kraftlosigkeit, nach drei Wochen in der neuen Umgebung noch kaum Kontakt zu Mitbewohnern.
› Funktionale Aspekte: Vermisst den persönlichen Kontakt zur Nachbarin, ist bedrückt über Situation mit dem Neffen, Trennung von Wohnung fällt schwer.

9. Muster «Sexualität und Reproduktion»

Frau Pfenninger vermisst ihren Mann auch zehn Jahre nach seinem Tod immer noch. Sie erinnert sich gerne an gemeinsam Erlebtes, z. B. das Beobachten von Wildtieren in den Wanderferien. Eine neue Beziehung einzugehen, wäre für sie schlicht unvorstellbar. Eine attraktive Erscheinung zu sein, war ihr früher sehr wichtig, ein gepflegtes Auftreten ein Muss in ihrer Funktion. Heute ist sie zu müde, um sich darüber Gedanken zu machen.

Kommentar Ersteinschätzung:
› Dysfunktionale Aspekte: Müdigkeit, keine Gedanken über Äusseres.
› Funktionale Aspekte: Vermisst ihren Mann, verbindet positive Erinnerungen mit ihm, Treue über den Tod hinaus.

10. Muster «Bewältigungsverhalten (Coping) und Stresstoleranz»

Trotz der knapp bemessenen Freizeit liebte Frau Pfenninger früher den Ausgleich durch lange Spaziergänge in der Natur. Und sie las sehr gerne, war eifrige Besucherin in der Bibliothek. Der Aufforderung, doch den schönen Zentrumspark zu nutzen, kommt Frau Pfenninger nicht nach. Auch ihre Bücher fasst sie nicht mehr an.

Bei der schmerzhaften Liquidation des Geschäftes hat Frau Pfenninger am meisten geholfen, dass sie immer wieder mit ihrem Mann über den Verlust sprechen konnte, dass sie diesen Prozess gemeinsam erlebt haben: «Geteiltes Leid ist halbes Leid.» Auf den Umgang mit dem plötzlichen Tod des Mannes angesprochen, erzählt Frau Pfenninger, dass es zu Beginn ein Schock gewesen sei. Sie habe sich Ablenkung verschafft durch lange Spaziergänge in der Natur und sie habe gelesen und gelesen, ganze Nächte durch. Heute gibt Frau Pfenninger als bewährte Bewältigungsstrategie an, sie sei bescheiden und angepasst.

Kommentar Ersteinschätzung:
› Dysfunktionale und/oder funktionale Aspekte: Rückzug, Ablehnung, Anpassung und Bescheidenheit.
› Funktionale Aspekte: Über Verlust sprechen können, Bewältigungsstrategien von früher nennen können.

11. Muster «Werte und Überzeugungen»

Frau Pfenninger bezeichnet ihr Leben als glücklich, bis zu dem Moment, als ihr Mann gestorben ist. Im Hinblick auf das Alter hat sie wenig Ansprüche. Sie macht sich Sorgen wegen der finanziellen Situation, befürchtet, dass das Geld nicht reichen könnte für den Aufenthalt im Pflegezentrum. Aus diesem Grund möchte sie auf keinen Fall Extrakosten verursachen. Sie weiss um die Option, Ergänzungsleistungen anfordern zu können, aber diese Möglichkeit lehnt sie entschieden ab. Frau Pfenninger möchte allein gelassen werden, es sei ihr wohl allein.

Kommentar Ersteinschätzung:
› Dysfunktionale und/oder funktionale Aspekte: Rückzug, sich ergeben.

Die erhobenen Daten und Informationen werden im nächsten Schritt des Pflegeprozesses weiterbearbeitet.

4.4.3 Pflegediagnose

Herausfiltern der essenziellen Daten

Für die Pflegediagnosen werden die wesentlichen Daten gemäss Vorgehen nach Brobst et al. herausgefiltert (vgl. Kapitel 4.2.3):

› *Welche Merkmale und Symptome äussert die Bewohnerin (BW) oder welche sind bei der BW beobachtbar?*
Aufgeben, Rückzug, vermisst Kontakt zu Nachbarin, vermisst verstorbenen Ehemann, verbunden mit positiven Erlebnissen, bedrückt über Situation mit dem Neffen, Appetitlosigkeit/Gewichtsabnahme, achtet nicht auf Aussehen, trockene Haut, trinkt wenig, Übelkeit, Tendenz zu Verstopfung, frühes Erwachen, Inkontinenz vor allem nachts, braucht viel Zeit für den Weg zur Toilette, schämt sich, reagiert gereizt wegen Einlagen, braucht Begleitung ausserhalb Zimmer, geht unsicher, wirkt instabil, Vergesslichkeit, Namen nicht merken, unpassende Antworten, kein Interesse an Gruppenaktivitäten, wache Aufmerksamkeit bei direkter Ansprache im Zimmer, äussert nicht mehr lesen zu können usw.

› *Welche Assessmentbefunde sind für diese BW «nicht normal»?*
Rückzug und Aufgeben, ungepflegte Erscheinung, Inkontinenz, Vergesslichkeit, Immobilität, Inappetenz, Gewichtsabnahme

› *Wie beeinträchtigen bestimmte Verhaltensweisen das Wohlbefinden der BW?*
Unsicherheit, Abhängigkeit, Ärger, Rückzug, Scham

› *Welche Stärken oder Schwächen hat die BW, die ihren Gesundheitsstatus beeinflussen?*

Stärken: Erzählt lebendig von früher, wenn gezielt angesprochen, kämmt sich, spült Zähne, wenn Hilfsmittel angeboten, fragt um Hilfe im Zimmer, vermisst Kontakt zu Nachbarin
Schwächen: Abhängigkeit, Rückzug, nicht mehr mögen, Müdigkeit

› *Versteht die BW ihre Krankheit und die Behandlung?*
Nicht erkannt, wird nicht behandelt. Frau Pf. will nicht mehr, hat sich aufgegeben, flüchtet sich gerne in Alleinsein

› *Wie beeinflusst die Umgebung die Gesundheit der BW?*
Neuorientierung in fremder Umgebung verunsichert: Regeln im Haus (was gehört sich, was nicht), neue Umgebung verursacht Verschlechterung der Selbstständigkeit in der Bewegung, verstärkt Unsicherheit, verursacht Inkontinenz durch fremde Raumverhältnisse und führt zu Abhängigkeit von den Pflegenden, welche sie beschämt und wütend macht. Viele neue Kontakte, neue Namen führen zu Überforderung usw.

› *Wie reagiert die BW auf ihr Gesundheitsproblem? Will sie ihren Gesundheitszustand ändern?*
Rückzug, hofft, bald sterben zu können (es lohnt sich nicht mehr) versus Erzählen von früher bei direkter Ansprache. Wartet auf Anrufe von der Nachbarin.

› *Wie ist das Verhältnis der BW zu ihrer Familie? Wie ist ihre Beziehung zu ihrer anderen Umgebung?*
Einzige Bezugsperson, ehemalige Nachbarin, wohnt weit weg, Kontakt ist «am Versanden», Neffe praktisch inexistent, vermisst Ehemann

› *Können die von mir festgestellten Probleme der BW mit Pflegeinterventionen und -massnahmen beeinflusst werden?*
Auf jeden Fall.

› *Muss ich für meine Pflegediagnosen noch weitere Informationen einholen?*
Mit Frau Pfenninger klären, welches für sie die vorrangigen Probleme sind, in welchem Bereich sie sich eine Lösung wünscht bzw. vorstellen kann.

Aufgrund der zusammengetragenen Informationen und Beobachtungen entsteht der Verdacht einer Sehschädigung. Ein augenärztliches Konsilium wird veranlasst. Dieses ergibt die Diagnose einer AMD bds. Sehschärfe auf dem re Auge: 0.1, auf dem li Auge: 0.05. Gesichtsfeld rechts: unspezifisch etwas eingeschränkt auf 65° temporal, links: Aussengrenzen normal bei ca. 80° temporal. Prognose: eine Verschlechterung ist zu erwarten, die BW ist informiert.

Prioritäten setzen

Mit Frau Pfenninger wird geklärt, welches Problem für sie im Vordergrund steht: Auf Nachfrage äussert sie, dass sie der Umzug und der Weggang von der Wohnung doch viel mehr Kraft gekostet habe, als sie sich vorstellen konnte. Irgendwie komme sie gar nicht mehr zu Kräften. Sie vermisst den Kontakt zu ihrer ehemaligen Nachbarin Maya. Die Inkontinenz stört sie massiv. Sie habe sich nie vorstellen können, jemals so abhängig zu werden. So möchte sie lieber nicht weiterleben. Und es ärgere sie, dass sie Termine vergesse, sie sei ein Leben lang sehr zuverlässig gewesen.

Im Pflegezentrum Berg findet die Interpretation/Diskussion der gesammelten Informationen im multiprofessionellen Team statt (Pflege, medizinische Therapie, Sozialdienst, Ärztin, Gerontopsychologe, Fachperson der Sehbehindertenrehabilitation). Abhängigkeit führt bei Frau Pfenninger zu «Lebensmüdigkeit», sie betont, dass sie sich gar nicht erholen könne nach dem Umzug, welcher viel mehr Kräfte gekostet hat, als erwartet. Ärger über Vergesslichkeit und Sich-Stören an der Inkontinenz wird im interdisziplinären Team als Ressource wahrgenommen. Auch dass Frau Pfenninger den Kontakt zur Nachbarin vermisst, wird als Problem und gleichzeitig als Ressource betrachtet. Rückzug, die Gangunsicherheit und die Appetitlosigkeit werden auf der Basis der vorliegenden Diagnose einer AMD (trockene Form, keine medikamentöse Behandlung vorgesehen) betrachtet. Auch die Inkontinenz, die Vergesslichkeit und der rege Austausch bei direkter Ansprache im Zimmer können so besser verstanden werden.

Damit die Anliegen von Frau Pfenninger berücksichtigt werden, einigt sich das Team auf die prioritäre Bearbeitung folgender Themen: Kontakt zur ehemaligen Nachbarin, Abhängigkeit (insbesondere bzgl. Inkontinenz, Mobilität), Vergesslichkeit, Gewichtsverlust/ungenügende Flüssigkeitsaufnahme, Müdigkeit/nicht mehr leben wollen, sich nicht pflegen.

Aufgrund der Analyse und Interpretation der gesammelten Informationen kommen nach Gordons funktionellen Gesundheitsverhaltensmustern (Doenges et al. 2013, 1362) als Pflegediagnosen die folgenden in Frage:

› Unwirksames Gesundheitsverhalten (S. 500)
› Gefahr eines Flüssigkeitsdefizits (S. 429)
› Mangelernährung (S. 693)
› Übelkeit (S. 1166)
› Funktionelle Urininkontinenz (S. 1209)
› *Beeinträchtigte Gehfähigkeit (S. 467)*
› Selbstversorgungsdefizit Körperpflege etc. (S. 1008)
› Schlafstörung (S. 914)
› *Beeinträchtigte Gedächtnisleistung (S. 462)*
› Orientierungsstörung (S. 787)

> Hoffnungslosigkeit (S. 562)
> *Beeinträchtigte soziale Interaktion (S. 606)*
> Defensives Coping (S. 224)
> Gefahr einer Sinnkrise (S. 1059)
> *Wahrnehmungsstörung visuell (S. 1303)*

Die *kursiv hervorgehobenen* Pflegediagnosen werden im folgenden Pflegeplan exemplarisch bearbeitet.

Die Abhängigkeit in Bezug auf Inkontinenz, Mobilität, Orientierung, Körperpflege, sich Kleiden, Schlafrhythmus, Essen und Trinken werden durch die freie Formulierung des Pflegeproblems *«Funktionelle Beeinträchtigungen»* beschrieben.

4.4.4 Zielsetzung und Pflegeplan

Nach der Prioritätensetzung findet die Ausformulierung von Pflegediagnose, Zielen und Massnahmen im Pflegeplan statt. Dabei wird auch festgelegt, ob rehabilitative Massnahmen durch (externe) Fachpersonen der Sehbehindertenrehabilitation, durch entsprechend geschulte Fachpersonen der Medizinischen Therapie oder durch spezialisierte Pflegefachpersonen durchgeführt werden.

4 Sehbehinderungsspezifische Pflege

Tabelle 1 Pflegeplan Frau Pfenninger

Abkürzungen: P = Person (person) / E = Ursache (etiology) / S = Symptom (symptom) / BW = Bewohnende / MA = Mitarbeitende / PZ = Pflegezentrum

Pflegediagnose	Pflegeziel (Z)	Pflegemassnahmen (M)	Begründungen (B)
Beeinträchtigte soziale Interaktion			
P: Frau Pf. vermisst den Kontakt zur Nachbarin, zieht sich zurück, verweigert Kaffeerunden auf der Station	Frau Pf. nimmt bis in vier Monaten selbstständig Telefonkontakt mit der Nachbarin auf.	M1: Unterstützung bzgl. Aufnahme Telefonkontakt mit der ehemaligen Nachbarin: Pflegende wählt Nr. für Frau Pf.	B1: Kontakt als wichtig erachten, aktive Rolle von Frau Pf. anstossen
E: Sehbehinderung, Depression, Kraftlosigkeit, Müdigkeit	Frau Pf. äussert sich in einem halben Jahr zufrieden über den sozialen Austausch am neuen Wohnort.	M2: Angebote Sehbehindertenrehabilitation und Hilfsmittel zur selbstständigen Bedienung des Telefons.	B2: Selbstständigkeit unterstützen
S: Folgt Aufforderung nach gemeinschaftlichen Anlässen nicht, sitzt allein im Zimmer, wartet auf Anrufe von der ehemaligen Nachbarin, geht nicht in den Garten		M3: Unterstützung in der Kontaktaufnahme mit anderen BW durch begleitete Austauschrunden, begleitetes und unterstütztes Kennenlernen einzelner Personen, gemäss Zuständigkeiten im PZ Berg	B3: Schrittweise Hinführung zu neuen sozialen Kontakten in der neuen Umgebung. Kontakte mit Frau Pf. vorbereiten und auswerten
Beeinträchtigte Gedächtnisleistung			
P: Frau Pf. stört sich daran, dass sie sich neue Namen nicht merken kann, Termine vergisst	Frau Pf. kennt in den nächsten zwei Monaten mögliche Ursachen des Gedächtnisproblems. Sie nutzt bis in sechs Monaten Strategien und Methoden, die ihr das Erinnern erleichtern.	M1: Frau Pf. im Gespräch den Zusammenhang zwischen der Sehbehinderung und der Schwierigkeit der Informationsverarbeitung erklären. Depression (verursacht durch Sehbehinderung, Verluste Wohnung und Ehemann) verstärkt kognitive Einbussen. Flüssigkeitsdefizit kann die Gedächtnisleistung zusätzlich beeinträchtigen.	B1: Informationsverarbeitung durch eingeschränkte visuelle Information beeinträchtigt. Depressive Erkrankungen, die das Gedächtnis und die Konzentration beeinträchtigen, kommen bei Menschen mit Sehbehinderung besonders häufig vor. Flüssigkeitsmangel bedingt durch Sehbehinderung (sieht Glas nicht).
E: Sehbehinderung, Depression, unausgeglichener Flüssigkeits- und Elektrolythaushalt, neue Umgebung		M2: Frau Pf. lernt zu bestimmen, wie sie zu welchen Informationen kommen kann, was sie von wem einfordert, damit sie Entscheidungsgrundlagen hat. Nutzung der div. Informationskanäle in der Institution (automatisch abrufbare Sprachmitteilungen zu Anlässen, Information über Mikrofon etc.)	B2: Selbstbestimmung unterstützen durch Delegation von Aufgaben, Selbstständigkeit in der Nutzung des sehbehindertenfreundlichen Milieus
S: Vergisst Termine trotz Notizen auf dem Nachttisch, bezeichnet sich als unzuverlässig			

133

Pflegediagnose	Pflegeziel (Z)	Pflegemassnahmen (M)	Begründungen (B)
		M3: Konsequente Beachtung der «Goldenen Regeln» durch alle MA der Institution, bspw. sich mit Namen vorstellen, andere Personen vorstellen	B3: Entlastung für BW, hat Zeit, sich die Namen von denjenigen Personen zu merken, die sie kennen möchte
		M4: Vorstellen und Instruktion von Hilfsmitteln, z. B. Grossschriftagenda, Diktiergerät für akustische Notizen (z. B. Milestone) durch informierte Pflegende oder Fachperson Sehbehindertenrehabilitation	B4: Angepasste Hilfsmittel erleichtern den Alltag
		M5: Instruktion von Hilfsmitteln zum selbstständigen Eingiessen von Wasser in kontrastierenden Becher bzw. Erklärungen durch die MA, wo sich der Becher befindet.	B5: Kontrastreiches Gedeck und Eingiesshilfe unterstützen Selbstständigkeit, verbale Instruktionen durch MA geben Orientierung und Sicherheit

Funktionale Beeinträchtigungen[a]

P: Frau Pf. hat funktionale Beeinträchtigungen in Bezug auf
 - Kontinenz
 - Ess- und Trinkverhalten
 - Mobilität und örtl./zeitl. Orientierung
 - Lesen
 - Erscheinungsbild und Körperpflege
 - Schlafrhythmus
E: Sehbehinderung
S: unregelmässiges, häufig nächtliches Einnässen, Abhängigkeit im Umgang mit Inkontinenzmaterial
 - isst sehr wenig, Gewichtsabnahme, trinkt nur auf Aufforderung

	Frau Pf. kennt bis in den nächsten zwei Monaten Zusammenhänge zwischen Sehbehinderung und den diversen funktionalen Einschränkungen. Frau Pf. kennt und lernt in den nächsten vier Monaten Methoden und Strategien, die ihr mehr Selbstständigkeit und Unabhängigkeit ermöglichen. Die funktionalen Einschränkungen verbessern sich bis in sechs Monaten.	M1: Spezialisierte/geschulte MA (Fachverantwortliche) erklärt Frau Pf. die Zusammenhänge zwischen der Sehbehinderung und ihrem Zustandsbild und informiert über Massnahmen der Rehabilitation. *Variante 1* Externe Fachpersonen beiziehen: Rehaplan *Variante 2* Plan Pflegetrainings durch spezialisierte MA, inhaltlich und zeitlich differenziert gestaltet:	B1: Basis schaffen für Verständnis der Situation, Motivation und Einwilligung zu Rehabilitation durch die BW Der Trainingsplan wird differenziert und zeitlich gestaffelt gestaltet. Erwartung, dass durch neu erworbene Selbstständigkeit im funktionalen Bereich, die Integration im sozialen Bereich erleichtert wird (Gewissheit über Aussehen, Müdigkeit vermindert durch guten Ernährungszustand, selbstständige Orientierung, etc.).

4 Sehbehinderungsspezifische Pflege

Wahrnehmungsstörung visuell[b]
Veränderung der Anzahl oder des Musters eingehender Reize, begleitet von einer verminderten, verstärkten, verzerrten oder beeinträchtigten Reaktion auf solche Reize

Pflegediagnose	Pflegeziel (Z)	Pflegemassnahmen (M)	Begründungen (B)
– braucht Begleitung in Speisesaal und im Korridor, will nicht in Garten, Orientierung im Zimmer braucht Zeit – bedauert, nicht mehr lesen zu können – ungepflegte Erscheinung, fleckige Kleidung, Abhängigkeit in Körperpflege – frühes Erwachen, Müdigkeit nach Frühstück		M2: Kontinenz: Anleitung bzgl. Umgang mit Inkontinenzmaterial, Einrichtung und Verbesserung Orientierung M3: Ess- und Trinkverhalten: Essenstraining M4: Mobilität: Orientierungs- und Mobilitätstraining M5: Lesen: Vorstellen von optischen Hilfsmitteln und Instruktion durch Low Vision M6: Erscheinung, Körperpflege: Pflegetraining Selbsthilfe M7: Schlafrhythmus: Essen, Trinken und Bewegung, sprechende Uhr	Erwartung, dass durch Verbesserung des Ernährungszustandes sowie Training in Orientierung und Mobilität zusätzliche Stabilisierung des kognitiven Zustands erreicht wird.
P: Frau Pf. leidet unter einer visuellen Wahrnehmungsstörung, die sich in Abhängigkeit und sozialem Rückzug äussert. E: Unzureichende Reize aus der Umgebung bedingt durch AMD; veränderte Reizaufnahme, -leitung, -verarbeitung wegen verändertem Zustand des Sinnesorganes Auge (durch AMD); psychischer Stress wegen Eintritt in PZ; Elektrolytverschiebungen (z. B. Sedativa mit Einfluss auf das Zentralnervensystem); übermässige Umgebungsreize (Lärmpegel) im Speisesaal, bei Gruppenaktivitäten	Z1: Kognitive Leistungsfähigkeit bleibt erhalten. Z2: Erkennt, korrigiert, kompensiert bis in sechs Monaten sensorische Störungen. Z3: Frau Pf. kann bis in zwei Monaten Reizüberflutung/-mangel wahrnehmen und äussern, kann fehlende Informationen einfordern.	M1: Die wichtigsten durch die visuelle Einbusse fehlenden Informationen werden sichergestellt: akustische Information, Vorlesen, Erklären, Grossschrift, Agenda, Lupe, Bildschirmlesegerät M2: Information über sensorische Störung durch AMD. Angebote gemäss M1 M3: Geäusserte Bedürfnisse ernst nehmen, nachfragen M4: Information und Training zu Storenregulation, Lichteinstellung, Einsatz von Kontrasten am Tisch, im Badezimmer etc.	B1: Informationen bilden die Grundlage für Orientierung und Entscheidungsfähigkeit B2: Entlastung der BW durch Erkennen der Zusammenhänge B3: BW erfährt Verständnis für ihre spezielle, herausfordernde Situation B4: Eigenständige Nutzung von Hilfsmitteln, Hilfestellungen ermöglicht Unabhängigkeit

135

Pflegediagnose	Pflegeziel (Z)	Pflegemassnahmen (M)	Begründungen (B)
S: Veränderung der Sinnesschärfe (z. B. Lichtempfindlichkeit), verzerrte sensorische Wahrnehmung, Veränderung der gewohnten Reaktion auf Reize und der Verhaltensmuster, Reizbarkeit (Ärger über Inkontinenz und Abhängigkeit durch Inkontinenzmaterial), veränderte Problemlösungsfähigkeit (Rückzug, ungepflegte Erscheinung, Malnutrition), schlechtes Konzentrationsvermögen, fehlende Orientierung (braucht Begleitung ausserhalb des Zimmers, braucht viel Zeit, um die Toilette aufzusuchen, kann sich am Lavabo nicht orientieren, trinkt nur auf Aufforderung, da sie Glas nicht sieht), beeinträchtigte Kommunikation (Rückzug, keine Gruppenaktivitäten), gestörter Gleichgewichtssinn (geht instabil, schwankt beim Geradeausgehen, äussert Bedenken zu stürzen)[c]	Z4: Fr. Pf. kennt bis in zwei Monaten mehrere Verhaltensweisen, die bspw. Blendung mindern, Nutzen von Kontrasten. Z5: Fr. Pf. kennt bis in sechs Monaten sehbehinderungsspezifische Techniken für Alltagsverrichtungen und die Orientierung, kann Aufgaben selbstbestimmt delegieren und entscheidet, welche Verrichtungen sie selbstständig ausführen will. Z6: Fr. Pf. gestaltet bis in zwölf Monaten ihren Alltag selbstbestimmt und weitgehend selbstständig, bestimmt das Risiko selbst.	M5: Rehaplan durch externe Rehafachleute oder Selbstpflegetrainings durch spezialisierte Pflegefachpersonen M6: Gefahrensituationen werden mit Frau Pf. besprochen, Risikoabwägung gemacht	B5: Erhöht Selbstwirksamkeitsüberzeugung B6: Selbst- anstelle Fremdbestimmung[d]

a) «Funktionale Beeinträchtigungen» existiert nicht als bereits definierte Pflegediagnose. Die Formulierung als Pflegeproblem zeigt beispielhaft die Vernetzung der unterschiedlichen Phänomene mit der Ursache Sehbehinderung auf.

b) Die Pflegediagnose «Wahrnehmungsstörung visuell» ist in «NANDA International, Pflegediagnosen, Definitionen und Klassifikation 2012–2014» auf der Liste der zu entfernenden Pflegediagnosen aufgeführt. Ein Vorschlag zur Differenzierung und Erweiterung könnte eingereicht werden (vgl. Kapitel 4.2.3).

c) Im Zusammenhang mit einer spät auftretenden Sehbehinderung kommen bei den Symptomen oft auch visuelle Halluzinationen (Charles-Bonnet-Syndrom) vor, das ist bei Frau Pfenninger nicht der Fall.

d) Die Policy der Alterseinrichtung gegenüber dem Verhältnis von Schutz/Risiko gehört zu den Führungsthemen. Bei den Überlegungen dazu ist vom neuen Kindes- und Erwachsenenschutzrecht auszugehen.

4.4.5 Pflegeimplementation und -durchführung

Die geplanten Massnahmen werden von allen an der Pflege und Betreuung Beteiligten sehbehindertenfreundlich und unter Beachtung der «Goldenen Regeln» (vgl. Kapitel 5.6) ausgeführt. Bei der Durchführung der Massnahmen sind folgende Fragen leitend: Welchen Einfluss könnte die Sehbehinderung auf die Intervention haben und was gibt es aufgrund dessen bei der Durchführung besonders zu beachten? Die Erkenntnis, dass bei Frau Pfenninger die Sehbehinderung das Bedienen des Telefons und damit die eigenständige Kontaktaufnahme mit der Nachbarin verunmöglicht, führt zu einer Abhängigkeit, welcher entgegengewirkt werden kann. Ein entsprechendes Telefongerät und eine fachkompetente Instruktion (durch eine Fachperson der Sehbehindertenrehabilitation oder eine spezialisierte Pflegefachperson) können Frau Pfenninger zur selbstständigen Bedienung des Telefons verhelfen und ihr damit soziale Kontakte ermöglichen. Dies kann sie ermutigen, auch Kontakte im Alterszentrum (Milieu) zu knüpfen.

Für Frau Pfenninger ist es eine grosse Erleichterung, den Zusammenhang zwischen der Sehbehinderung und den sie besonders belastenden Problemen der Inkontinenz, der Vergesslichkeit und der Abhängigkeit zu erkennen. Das sehbehindertenfreundliche Milieu unterstützt sie bei der selbstständigen Informationsbeschaffung (Information über den automatischen internen Telefondienst, über Mikrofonansage usw.). Die Einhaltung der «Goldenen Regeln» durch alle Mitarbeitenden der Institution schafft Sicherheit und Vertrauen.

4.4.6 Pflegeevaluation

Im letzten Schritt des Pflegeprozesses, der Pflegeevaluation, wird überprüft, ob die Ziele mit den gewählten Massnahmen erreicht wurden. Dafür wird die Situation von Frau Pfenninger beurteilt und es wird geprüft, ob andere Massnahmen zur Zielerreichung notwendig sind oder neue Ziele formuliert werden müssen.

> Fortsetzung des Fallbeispiels

Frau Pfenninger feiert heute ihren ersten Geburtstag seit dem Eintritt ins Alterszentrum. Sie freut sich über den geschmückten Tisch beim Mittagessen und dass ihr am Mikrofon zum Geburtstag gratuliert und ihr Wunschmenü bekanntgegeben wird. Am Nachmittag bekommt sie Besuch von der ehemaligen Nachbarin Maya mit deren Tochter. Sie möchte diese einer neuen Bekannten aus dem Alterszentrum vorstellen, die sie seit einigen Monaten regelmässig trifft, um im Garten spazieren zu gehen. Diese Mitbewohnerin schätzt die anregenden Gespräche mit Frau Pfenninger und begleitet sie deshalb gerne nach draussen.

In den vergangenen sechs Monaten hat Frau Pfenninger viel erfahren:
› Sie freut sich darüber, dass sie die ihr wichtigen Bezugspersonen erkennt und deren Namen weiss, oft bevor sich diese mit Namen vorstellen. Als

sehr hilfreich empfindet sie die Grussregel bei Menschen, die sie nicht so häufig sieht und deshalb weniger gut kennt.
› Sie fühlt sich psychisch stabiler, kann wieder länger schlafen und fühlt sich ausgeruhter.
› Seit dem Essenstraining hat sie mehr Appetit, das Essen macht Freude und sie konnte das Gewicht stabilisieren.
› Sie ist zunehmend neugierig auf das neue Umfeld. Zum Beispiel schätzt und besucht sie gerne das wöchentliche Vorlesen durch eine freiwillige Mitarbeiterin.
› Sie freut sich darüber, dass das gemeinsame Spazierengehen im Garten für ihre neue Bekannte ein «Lichtblick» ist.
› Sie geht selbstständig in den Speisesaal, kann sich dank des Orientierungstrainings entlang der neu angebrachten Handläufe orientieren und überwindet auch kurze Strecken ohne Probleme. Im Garten fühlt sie sich wohler in der Begleitung ihrer Bekannten oder einer Betreuungsperson.
› Es gelingt ihr heute in der Regel, auch nachts die Toilette so schnell aufzusuchen, dass die Inkontinenz kaum mehr ein Thema ist. Den Umgang mit den Einlagen, die sie zur Sicherheit trägt, hat sie gelernt.
› Die Körperpflege braucht Zeit, Geduld und Konsequenz im Ordnen der Utensilien. Neulich ist es vorgekommen, dass eine neue Mitarbeiterin gut gemeint im Bad Ordnung gemacht hat. Dabei hat sie die Mundspülung und das Gesichtstonic durcheinandergebracht. Dank des Geruchs ist Frau Pfenninger aufgefallen, dass das, was sie auf dem Wattepad hatte, nicht ihr übliches Tonic war.
› Gruppenaktivitäten auf der Station zu besuchen, fällt Frau Pfenninger immer noch schwer. Sie findet es sehr anstrengend, wenn mehrere Leute miteinander sprechen, teilweise hat sie Mühe, dem Gespräch zu folgen.
› Sie merkt, dass sie das Lesen vermisst und es schmerzt sie nach wie vor, nicht mehr lesen zu können.

Tabelle 2 Evaluation der Pflege von Frau Pfenninger in den Schritten nach Brobst et al. (2007, 191 ff.)

Schritte	Beurteilung, Prozedere
1) Sammeln von Daten für das neue Assessment	siehe Fortsetzung des Fallbeispiels
2) Datenvergleich von Pflegezielen und Neueinschätzung	› Frau Pf. nimmt selbstständig Telefonkontakt mit der ehemaligen Nachbarin auf: Findet statt. › Frau Pf. äussert sich zufrieden über den sozialen Austausch am neuen Wohnort: Eine Bekannte für Spaziergänge, noch Zurückhaltung mit Gruppenaktivitäten. › Fr. Pf. kennt mögliche Ursachen des Gedächtnisproblems, nutzt Strategien und Methoden, die ihr das Erinnern erleichtern: Sie kann sich Namen merken. › Fr. Pf. kennt Zusammenhänge zwischen Sehbehinderung und den diversen funktionalen Einschränkungen: Das Verstehen der Zusammenhänge erleichtert ihr den Umgang mit den Einschränkungen. › Frau Pf. kennt und lernt Methoden und Strategien zu Selbstständigkeit und Unabhängigkeit: Selbstständigkeit im Umgang mit Inkontinenzmaterial, bzgl. Essen und Trinken, bzgl. Mobilität, Orientierung und Körperpflege, sie fühlt sich ausgeruhter und psychisch stabiler.
3) Faktoren erkennen, die Zielerreichung behindern	Es braucht viel Zeit.
4) Pflegeevaluation schriftlich festhalten	Wird gemacht
5) Den Pflegeplan überarbeiten, neue Zielsetzungen	› Umgang mit Verlust des Lesen-Könnens Ziel: Frau Pf. lernt mit Abspielgerät (z. B. Daisygerät) Hörbücher zu hören, bestellt diese selbstständig. › Umgang mit Gruppenanlässen Ziel: Frau Pf. nimmt an Gruppenanlässen ihrer Wahl teil, kann sich einbringen und erlebt Gemeinschaft, die sie stützt und schätzt.

4.4.7 Fazit

Kapitel 4.4 zeigt an einem konkreten Beispiel auf, wie eine Bewohnerin mit Sehbehinderung zu Selbstständigkeit und Teilhabe ermutigt und pflegerisch begleitet werden kann. Je nach Sehschädigung und ihren Folgen bei der Bewohnerin, je nach ihren weiteren Lebensumständen, nach Struktur der Alterseinrichtung und deren Stand der Entwicklung in gerontagogischer Arbeitsweise gestaltet sich der Prozess sehr unterschiedlich. Die Erfahrungen in der Praxis an vielen konkreten Beispielen zeigen, dass sich das sehbehinderungsspezifische Vorgehen in der Gestaltung des Pflegeprozesses unbedingt lohnt. Menschen mit einer Sehbehinderung im Alter können auf dem Weg zum Leben mit der Sehbehinderung gefördert, begleitet und gestärkt werden. Wichtigste Elemente der gerontagogischen

Pflege sind die Überzeugung von der positiven Veränderbarkeit der Situation, das Bewusstsein für die Wechselwirkungen zwischen Sehschädigung und weiteren gesundheitlichen Beeinträchtigungen, die geschulten Kenntnisse in sehbehinderungsspezifischer Pflege, die Mitgestaltung und Nutzung des sehbehindertenfreundlichen Milieus und das Einbeziehen von Fachkenntnissen und Beurteilungen aus anderen Professionen und Disziplinen. Grundlegend ist es, immer mit dem Bewohner statt für ihn zu entscheiden und zu handeln.

4.5 Literatur

Brobst, R. A., A.M. Clarke Coughlin, D. Cunningham, J. Martin Feldman, R.G. Hess Jr., J. E. Mason, L.A. Fenner Mc Bride, R. Perkins, C. A. Romano, J. Warren und W. Wright. 2007. *Der Pflegeprozess in der Praxis.* 2. Auflage. Bern: Huber.

Lauber, Annette (Hrsg.). 2012. *Grundlagen beruflicher Pflege.* 3., überarbeitete Auflage. Stuttgart, New York: Georg Thieme Verlag (verstehen & pflegen 1).

Doenges, M.E., M.F. Moorhouse und A.C. Murr. 2013. *Pflegediagnosen und Pflegemassnahmen.* 4. vollständig überarbeitete und erweiterte Auflage. Bern: Huber.

NANDA International. 2013. *Pflegediagnosen Definitionen und Klassifikation 2012–2014.* Kassel: Recom.

Sutter, Florian. 2014. *Netzhautdegenerationen: Ein anderes Sehen.* 2. Auflage. Zürich: Retina Suisse.

5 Schlaglichter – Perspektiven aus verschiedenen Disziplinen

Das im vorliegenden Buch vorgestellte Konzept der Gerontagogik beruft sich auf Erkenntnisse aus verschiedenen Fachgebieten. Im Kapitel «Schlaglichter» beleuchten Beiträge verschiedener Autoren beispielhaft einzelne Aspekte aus Referenzdisziplinen.

François Höpflinger (Kapitel 5.1) untersucht aus sozialgerontologischer Sicht anhand ausgewählter Indikatoren und Einflussfaktoren die Lebenszufriedenheit und psychische Befindlichkeit bei zu Hause lebenden älteren und alten Menschen. Seine Untersuchungen bestätigen den Zusammenhang von Mobilitätseinschränkungen und funktionalen Einschränkungen im Alltag mit Depressionen sowie den deutlichen Zusammenhang von Kontrollüberzeugung (Gefühl, das eigene Leben selbstbestimmt gestalten zu können bzw. von Einflüssen von aussen gesteuert zu sein) und psychischer Befindlichkeit. Die in der Untersuchung erfassten Seheinschränkungen beeinflussen bezüglich Selbstvertrauen, Gefühlen von Traurigkeit und Freude an eigenen Aktivitäten die psychische Befindlichkeit älterer Menschen negativ. Die Auswirkungen auf die Lebensqualität hängen nicht nur vom Bewältigungsverhalten und der Resilienz der Betroffenen ab, sondern auch stark von den Lebensbedingungen und der sozialen Unterstützung.

Die Gerontopsychologin *Vera Heyl* (Kapitel 5.2) untersucht die psychosozialen Konsequenzen von Sehbehinderung im Alter und wirksame Unterstützungsangebote. Sie unterstreicht die Auswirkungen auf die Alltagskompetenzen, insbesondere im funktionalen Bereich, und auf das subjektive Wohlbefinden. Bei den Betroffenen nimmt die Zukunftsperspektive ab, es gibt häufiger negative Affekte wie Reizbarkeit und Feindseligkeit, es zeigt sich eine erhöhte Depressivität (besonders deutlich bei der AMD) und ein deutlicher Zusammenhang zwischen kognitiver Leistungsfähigkeit und Alltagskompetenz. Psychosoziale Programme zu Selbstmanagement oder Umgang mit der Sehbehinderung erweisen sich als hilfreich und als nötig, da die psychische Anpassung an die Behinderung häufig nicht von alleine stattfindet. Solche Programme schliessen u. a. Strategien zur Steigerung von positivem Affekt, Aktivierung vorhandener Ressourcen sowie Information und Beratung ein. Gewinnbringend ist die Ergänzung solcher Programme durch behinderungsspezifische Rehabilitationsangebote.

In ihrer 2004 veröffentlichten Studie weisen der Psychologe *Siegfried Lehrl* und der Ophthalmologe *Kristian Gerstmeyer* (Kapitel 5.3) auf mögliche Fehleinschätzungen von Altersdemenz bei Personen mit deutlichen Seheinschränkungen hin. Sie stellen bei Patienten mit Katarakt (Grauem Star) vor der Operation deutliche Intelligenzminderungen fest, die nach der Operation nicht mehr festzustellen waren. Die mangelnde visuelle Wahrnehmung dürfte sich negativ auf die fluide Intelligenz bzw. das geistige Leistungsvermögen auswirken. Die Schlussfolgerung der Autoren lässt aufhorchen: Es ist davon auszugehen, dass kognitive Einbussen und in der Folge Beeinträchtigungen bei den Alltagsaktivitäten und sozialen Kontakten die Diagnose Altersdemenz begünstigen, weil kognitive Leistungsminderungen aufgrund eingeschränkter visueller Wahrnehmung nicht unterscheidbar sind von der geistigen Leistungsminderung als Leitsymptom der Demenz. Die Autoren nehmen an, dass wegen der Häufigkeit von altersbedingen Sehkrafteinbussen sowohl von häufigen Fehldiagnosen wie auch erhöhten Schweregraden von Demenzsymptomen auszugehen ist. Deshalb regen sie Kataraktoperationen und gründliche neuropsychiatrische Diagnosen (insbesondere mit bildgebenden Verfahren) an. Zudem fordern sie demenzdiagnostische Verfahren, deren Ergebnisse nicht von der visuellen Wahrnehmung abhängen.

Judith Adler und *Monika T. Wicki* (Kapitel 5.4) beschreiben die Sehbehinderung mit Bezug auf die Internationale Klassifikation der Funktionsfähigkeit, Behinderung und Gesundheit (ICF). Sie verweisen auf rehabilitative Massnahmen aus heilpädagogischer Sicht. Dazu gehören die Umgebungsgestaltung durch bauliche oder einrichtungsmässige Anpassungen, die Einstellung der Personen des Umfeldes gegenüber der Person mit Behinderung sowie die Art des Kontaktes, die diese pflegen. Damit die Betroffenen möglichst eigenaktiv ihre Möglichkeiten bestimmen und gestalten können, ist von der Behinderung als «Normalität» auszugehen (Normalisierungsprinzip) und sind soziale Situationen spezifisch zu gestalten.

Die Pflegewissenschaflerin *Ursula Wiesli* (Kapitel 5.5) setzt sich mit den Herausforderungen an Betreuung und Pflege von älteren Menschen mit (vorbestehender) psychischer und/oder physischer Behinderung in Pflegeeinrichtungen auseinander. Durch die demografische Entwicklung wird diese Thematik immer aktueller. Dabei verweist Wiesli auf die fehlende Zusammenarbeit von Pflege und Sozialpädagogik, die einander ergänzende Beiträge liefern könnten. Zu den notwendigen Massnahmen gehören nach Wiesli Pflegefortbildung und Praxisentwicklung sowie eine Überprüfung und Anpassung von Assessmentinstrumenten und Massnahmen. Anhand von Verlaufskurven bei chronischen Krankheiten (Trajectories) zeigt sie auf, dass sich frühe und andauernde Anregung der Ressourcen positiv auf den Verlauf der Beeinträchtigung auswirkt.

In Kapitel 5.6 werden die für die Gestaltung eines sehbehindertenfreundlichen Milieus grundlegenden «Goldenen Regeln» des *Kompetenzzentrums für Sehbehinderung im Alter (KSiA)* präsentiert. Sie sind als Arbeitsmittel in der Alterseinrichtung geeignet und auch als separate Broschüre erhältlich.

5.1 Psychisches Befinden und Lebenszufriedenheit im höheren Lebensalter

François Höpflinger

5.1.1 Einleitung

In diesem Beitrag stehen Beschreibung und Analyse der psychischen Lebenssituation älterer und alter Menschen in der Schweiz im Zentrum. Untersucht werden ausgewählte Dimensionen von Lebenszufriedenheit und psychischer Befindlichkeit. Um eine rein defizitorientierte Perspektive zu vermeiden, werden neben negativen Indikatoren (wie Depressivität, Einsamkeit) auch positive Indikatoren (wie Wohlbefinden und Lebenszufriedenheit) einbezogen.

Die Analyse erfolgt in zwei Schritten: In einem ersten beschreibenden Teil werden zentrale Indikatoren zur psychischen Lebenssituation im Alter vorgestellt und diskutiert. Soweit möglich werden auch Zeitvergleiche und Ländervergleiche berücksichtigt. In einem zweiten, analytischen Teil werden bedeutsame Einflussfaktoren auf die psychische Gesundheit im Alter angeführt und diskutiert.

5.1.2 Zur psychischen Befindlichkeit älterer Menschen im Zeitvergleich

Eine 2011 durchgeführte Erhebung – die analoge Frageinstrumente bei einer vergleichbaren Stichprobe älterer Menschen verwendete wie in einer 1979 durchgeführten Altersstudie – erlaubt es, die Entwicklung der psychischen Befindlichkeit

> **Konzepte: Psychische Gesundheit und psychische Störungen**
>
> «Psychische Gesundheit beinhaltet Aspekte wie persönliches Wohlbefinden, Lebenszufriedenheit, Selbstbewusstsein, Beziehungsfähigkeit, die Fähigkeit, den Alltag zu bewältigen und einer Arbeit nachgehen zu können, wie auch die Fähigkeit zu gesellschaftlicher Partizipation. Psychisch gesund sein bedeutet auch, an den eigenen Wert und die eigene Würde zu glauben und den Wert der anderen zu schätzen.» (Schuler und Burla 2012, 7)
>
> «Psychische Störungen sind Beeinträchtigungen der Funktionsfähigkeit des menschlichen Erlebens und Verhaltens. Sie können sich in emotionalen, kognitiven, behavioralen, interpersonalen und/oder körperlichen Einschränkungen äussern. Und sie gehen mit akutem Leiden oder einem deutlich erhöhten Risiko, Schmerz und einen tief greifenden Verlust an Freiheit oder Lebensqualität zu erleiden, einher.» (Schuler und Burla 2012, 7)

bei zu Hause lebenden älteren Personen der Schweiz in den letzten drei Jahrzehnten zu erfassen.

Der Zeitvergleich 1979–2011 führt zu einem klaren Ergebnis (vgl. Tabelle 1): Das psychische Befinden älterer und alter Frauen und Männer hat sich in den letzten Jahrzehnten eher verbessert. So hat sich der Anteil 65- bis 74-jähriger Frauen und Männer verringert, die anführen, häufig oder immer einsam, müde, ängstlich oder traurig zu sein. Analoges zeigt sich auch bei den zu Hause lebenden 80-jährigen und älteren Frauen und Männern. Einsamkeit im Alter ist zwar auch heute

Tabelle 1 Psychische Befindlichkeit zu Hause lebender älterer Männer und Frauen in ausgewählten Regionen der Schweiz 1979 und 2011

A) «Junge Alte»: 65- bis 74-jährige Männer und Frauen

	Männer 65- bis 74-jährig			Frauen 65- bis 74-jährig		
	Region / Jahr			Region / Jahr		
	A	A	B	A	A	B
	1979	2011	2011	1979	2011	2011
N	542	234	365	470	157	343
Psychische Befindlichkeit						
Anteil mit Antworten: oft/immer						
– sich einsam, isoliert fühlen	15%	6%	8%	23%	13%	9%
– sich müde fühlen	32%	24%	23%	51%	37%	32%
– ängstlich, sorgenvoll	12%	11%	10%	26%	18%	16%
– traurig sein	13%	7%	6%	24%	16%	11%

B) «Alte Alte»: zu Hause lebende 80-jährige und ältere Männer und Frauen

	Männer			Frauen		
	Region / Jahr			Region / Jahr		
	A	A	B	A	A	B
	1979	2011	2011	1979	2011	2011
N	98	264	393	133	308	452
Durchschnittliches Alter	83.3	86.3	85.8	83.5	87.8	87.1
Psychische Befindlichkeit						
Anteil mit Antworten: oft/immer						
– sich einsam, isoliert fühlen	28%	10%	8%	20%	12%	13%
– sich müde fühlen	46%	23%	24%	62%	40%	36%
– ängstlich, sorgenvoll	20%	13%	11%	25%	15%	15%
– traurig sein	16%	6%	5%	29%	13%	12%

Region A = Genf und Zentralwallis, Region B = Genf, Zentralwallis, Bern, Basel.
N = Anzahl befragter Personen.
Quelle: Eigene Auswertungen (für Daten 1979 vgl. GUGRISPA 1983, für Daten 2011: NCR Vivre-Leben-Vivere, SNF-Projekt CRSII1_129922 unter der Leitung von Michel Oris, Universität Genf und Pasqualina Perrig-Chiello, Universität Bern, sowie weiteren Gesuchstellenden. Jeweils nach Alter, Geschlecht und Region gewichtete Samples).

nicht selten, aber der Anteil vereinsamter alter Menschen hat sich – allen kulturpessimistischen Szenarien zur Anonymität heutiger Gesellschaft zum Trotz – reduziert. Besonders stark ist der Rückgang im Gefühl von Müdigkeit (sich müde fühlen). Auch der Anteil ängstlicher und sorgenvoller älterer und alter Frauen sank (sicherlich verbunden mit der Tatsache, dass heute vermehrt selbstbewusste Frauengenerationen ins Alter kommen).

Die Verbesserung der psychischen Befindlichkeit bei einer Mehrheit älterer und alter Frauen und Männer ist eng mit drei sozialen Wandlungen verbunden (Höpflinger 2014): Erstens ist – dank Bildungsexpansion – das Bildungsniveau neuer Generationen älterer Menschen angestiegen und Personen mit mehr Bildungsressourcen in jungen Jahren haben auch mehr psychische Ressourcen, spätere Lebensjahre zu bewältigen.

Tabelle 2 Depressive Symptome im Alters- und Zeitvergleich 1979 und 2011. Mittlere Werte auf der Wang-Depressivitätsskala (mit zehn Items) zu Hause lebender Personen*

Region / Jahr	Altersgruppe			
	65–69	70–74	75–79	80+
Genf/Zentralwallis 1979	1.72	1.76	1.72	1.78
Genf/Zentralwallis 2011	1.67	1.70	1.70	1.73
Genf/Zentralwallis/Bern/Basel 2011	1.66	1.68	1.66	1.71

* Selbstbeurteilte negative Gefühle und depressive Symptome: Wang-Skala mit 10 Items (Appetitlosigkeit, Schlafstörungen, Verlust an Selbstvertrauen, Gefühl von Trauer, den Tränen nahe, Gefühl von Müdigkeit, fehlendes Interesse, Gefühl der Irritation, Ängstlichkeit, kein Vertrauen in Zukunft). Antwortkategorien: immer, oft, selten, nie). Minimalwert: 1, Maximalwert: 4 (je höher, desto depressiver).
Konstruktreliabilität der Skala: Cronbachs Alpha 1979: 0.80 (N: 1246), 2011: 0.73: N: 1048 (GE, VS) bzw. N: 1795 (GE, VS, BE, BS). Zur Wang-Skala vgl. Wang et al. 1975. Datenquelle: vgl. Tabelle 1.

Zweitens hat sich die funktionale Gesundheit älterer Menschen verbessert, wodurch mehr ältere und alte Menschen auch im Rentenalter länger gesund und aktiv verbleiben (und Pflegebedürftigkeit – wenn überhaupt – später eintritt).

Drittens hat der Ausbau der Altersvorsorge und -versorgung die wirtschaftliche Lage und Existenzsicherung vieler älterer und alter Menschen verbessert und das Armutsrisiko im Alter reduziert.

Das psychische Befinden älterer und alter Menschen in der Schweiz wurde somit positiv durch bildungsbezogene, sozialpolitische und gesundheitspolitische Verbesserungen gefördert. Dies bedeutet umgekehrt, dass massive Kürzungen bei Bildungs- und Sozialausgaben den Trend zu einem besseren psychischen Befinden im Alter umkehren könnten.

Der Zeitvergleich 1979–2011 depressiver Symptome im Alter verdeutlicht ebenfalls, dass depressive Symptome im Alter eher seltener wurden, auch wenn der Rückgang nicht besonders ausgeprägt erscheint (vgl. Tabelle 2). Die These, dass ältere Menschen heute stärker unter Depressionen leiden als früher, wird damit widerlegt.

Sozialpolitischer Hinweis

Ein relativer Rückgang an einsamen, müden oder depressiven älteren Menschen bedeutet keineswegs, dass der Beratungsbedarf sinkt. Zu berücksichtigen ist, dass die absolute Zahl alter Menschen markant angestiegen ist und ansteigen wird. Auch ein sinkender Prozentanteil kann bei einer rasch wachsenden Gruppe zu mehr Beratungsfällen beitragen. Dies lässt sich am besten anhand eines fiktiven Beispiels illustrieren: Zeitpunkt A: 15 % Einsame bei einer Bevölkerung von 1000 Rentnern = 150 Einsame, Zeitpunkt B: 10 % Einsame bei einer Bevölkerung von 2000 Rentnern = 200 Einsame.

In einer demografisch alternden Gesellschaft können sich relative und absolute Zahlen gegenläufig entwickeln (was politisch den paradoxen Effekt zeigt, dass man trotz allen Fortschritten mehr Problemfälle zu bewältigen hat).

5.1.3 Zum Wohlbefinden älterer Menschen im intereuropäischen Vergleich

Die nachfolgenden Angaben (vgl. Tabelle 3) illustrieren einerseits, dass die über 65-jährigen Personen entweder eine gleich hohe oder höhere Lebenszufriedenheit aufweisen als die 55- bis 64-Jährigen. Es gibt kaum Hinweise darauf, dass Menschen nach ihrer Pensionierung ein geringeres Wohlbefinden aufweisen als erwerbstätige Personen (was den Gedanken eines «Pensionierungsschocks» relativiert). Andererseits zeigen sich deutliche Unterschiede zwischen den angeführten europäischen Ländern. Die Schweiz gehört – zusammen mit Schweden – zu den Ländern mit hoher Lebenszufriedenheit und ausgeprägter «Happiness». Etwas tiefere Werte – namentlich bezüglich allgemeiner Lebenszufriedenheit – ergeben sich in Deutschland, Grossbritannien, Spanien oder Polen. Besonders schlechte Werte zeigen sich in Bulgarien. Die feststellbaren Unterschiede widerspiegeln primär Unterschiede des wirtschaftlichen Wohlstandsniveaus und der sozialpolitischen Absicherung. Während in der Schweiz eine beträchtliche Mehrheit (58 %) der befragten Rentner ihre wirtschaftliche Situation als komfortabel einstuft, sind dies in Bulgarien null Prozent. Zur hohen Lebenszufriedenheit in der Schweiz und Schweden dürfte auch die Tatsache beitragen, dass in diesen Ländern ältere

5 Schlaglichter – Perspektiven aus verschiedenen Disziplinen

Befragte ihre subjektive Gesundheit grossmehrheitlich als gut bis sehr gut einstufen (im Gegensatz zu Spanien, Polen, Bulgarien).

Tabelle 3 Lebenszufriedenheit, Glücksgefühle und subjektive Gesundheit 2012

Land	Lebenszufriedenheit[a]			Glücklich sein[a], [b]			Gesundheit gut/sehr gut[a]		
	Altersgruppe			Altersgruppe			Altersgruppe		
	55–64	65–74	75+	55–64	65–74	75+	55–64	65–74	75+
Schweiz	8.2	8.6	8.3	8.2	8.1	7.9	78%	75%	60%
Deutschland	7.6	7.9	8.0	7.7	7.9	7.8	57%	51%	35%
Grossbritannien	7.3	7.8	7.8	7.4	8.1	8.1	64%	59%	52%
Schweden	7.9	8.3	8.0	7.9	8.1	7.8	76%	70%	55%
Spanien	6.7	7.2	7.4	7.5	7.6	7.7	46%	37%	31%
Polen	6.8	6.8	7.3	7.9	8.1	7.8	40%	24%	25%
Bulgarien	4.1	4.0	3.8	5.0	4.9	4.6	48%	29%	19%

a) Mittelwerte auf einer Skala 0–10.
b) Fragestellung: "How happy are you?"
Quelle: European Social Survey 2012 (gewichtete Stichprobe, eigene Auswertungen).

Im europäischen Ländervergleich ergibt sich eine hohe Korrelation (r = 0.87, N: 29) zwischen dem Anteil an subjektiv gesunden älteren Menschen und dem Anteil an wirtschaftlich abgesicherten älteren Personen. Die gesundheitlichen und wirtschaftlichen Voraussetzungen für ein aktives Altern sind somit nicht in allen europäischen Ländern gleichermassen gegeben. Besonders gute Werte bezüglich subjektiver Gesundheit und selbsteingeschätzter wirtschaftlicher Lage zeigen sich in nordeuropäischen Ländern, den Niederlanden und der Schweiz. Deutlich schlechtere Verhältnisse werden in süd- und osteuropäischen Ländern sichtbar. Eine Mehrheit älterer Menschen lebt in diesen Ländern unter schwierigen bis sehr schwierigen wirtschaftlichen Bedingungen, ein Trend, der durch die Finanz- und Wirtschaftskrise der letzten Jahre verstärkt wurde (Cavasso und Weber 2013).

5.1.4 Psychische Befindlichkeit im Alter – nach sozialen Merkmalen

Im Anschluss an den Zeit- und Ländervergleich soll untersucht werden, welche sozialen Merkmale und Einflussfaktoren der sozialen Lebenslage die psychische Befindlichkeit im Alter beeinflussen.

Wohnort und Wohnform

Befragungsdaten zur psychischen Befindlichkeit zu Hause lebender alter Menschen vermitteln immer ein zu positives Bild. Zum einen sind depressive Personen generell weniger bereit bei Erhebungen und Befragungen teilzunehmen und zum anderen leben alte Menschen mit psychischen Erkrankungen häufiger in einer stationären Alters- und Pflegeeinrichtung. Während von den zu Hause lebenden alten Menschen (75+) um die 3–4% an einer schweren Depression leiden (Baer et al. 2012, 33), sind dies mehr als 22% der alten Heimbewohner. Dies hat weniger damit zu tun, dass ein Heimeintritt zu Depression führt als dass ausgeprägte depressive Symptome zu einer stationären Versorgung beitragen bzw. führen. Neben Depressionen sind bei alten Heimbewohnern auch Angststörungen und Psychosen nicht selten. Dazu kommen auch Abhängigkeits- bzw. Suchterkrankungen, speziell bei Männern in Heimen.

Tabelle 4   Diagnose psychischer Erkrankungen von alten Heimbewohnern 2008/09

Psychische Erkrankung	Männer	Frauen	Total
Depression	21.3%	27.0%	22.6%
Angststörungen	10.5%	13.5%	12.7%
Psychose	7.7%	6.6%	6.8%
Abhängigkeitserkrankungen	9.8%	3.7%	5.2%

Quelle: Schuler und Burla 2012, 30.

Bildungsniveau und relative Haushaltseinkommen

«Der Bildungsstand hat generell einen deutlichen Zusammenhang mit dem Anteil von Personen mit depressiven Symptomen. Es scheint, dass sich ein geringer Bildungsstand mit zunehmendem Alter deutlicher auf die depressive Symptomatik auswirkt. Während sich bei den Jüngeren die Depressivität nach Bildungsstand nur wenig unterscheidet, sind die Unterschiede bei den älteren Personen erheblich» (Baer et al. 2012, 36). Während nach den Daten des Schweizerischen Haushaltspanels von 65-jährigen und älteren Personen mit Tertiärbildung nur 3% häufig negative Gefühle artikulieren, sind dies bei gleichaltrigen Personen mit nur obligatorischer Schule 15% (Baer et al. 2012, Abb. 3.11). Tiefe Bildung ist im Alter – wegen geringerem Berufserfolg und tieferem Erwerbseinkommen – häufig mit geringen Renten verbunden. Die Erhebung 2011 zeigt deshalb signifikante Beziehungen zwischen depressiven Symptomen und einem relativ tiefen Haushaltseinkommen im Alter. Pensionierte mit relativ tiefem Haushaltseinkommen haben ein signifikant geringeres Selbstvertrauen und weniger Vertrauen in die Zukunft, sie leiden häufiger unter Schlaflosigkeit, Einsamkeitsgefühlen, Langeweile und Traurigkeit.

Geschlecht

Depressive Symptome kommen insgesamt bei Frauen häufiger vor als bei Männern: «Frauen zeigen deutlich höhere Werte als Männer, wobei der Unterschied vor allem aufgrund häufigerer leichterer Depressivität zustande kommt» (Baer et al. 2012, 29).

Auch die nachfolgenden Daten (Tabelle 5) illustrieren die geschlechtsbezogenen Unterschiede bezüglich depressiven Symptomen im Alter und es zeigen sich signifikante geschlechtsbezogene Unterschiede sowohl bei den «jungen Alten» als auch bei den «alten Alten».

Tabelle 5 Depressive Symptome nach Geschlecht im Alter 2011 – zu Hause lebende Personen in den Kantonen Genf, Wallis, Bern und Basel

	Frauen				Männer			
	Altersgruppe				Altersgruppe			
	65–69	70–74	75–79	80+	65–69	70–74	75–79	80+
N	178	183	188	446	201	178	189	387
Wang-Depressivitäts-Index (Mittelwert)	1.74*	1.73*	1.75*	1.77*	1.60	1.62	1.58	1.64

* Unterschiede zwischen Frauen und Männern signifikant auf 1% (F-Test)
Datenquelle: vgl. Tabelle 1.

Eine Detailanalyse verdeutlicht dabei, dass ältere und alte Frauen häufiger unter Einschlafproblemen bzw. Schlaflosigkeit, Gefühlen von Traurigkeit und Müdigkeit/Erschöpfung sowie unter Ängstlichkeit leiden als gleichaltrige Männer. Im hohen Lebensalter (80+) sind auch Appetitlosigkeit und wenig Selbstvertrauen bei Frauen signifikant verbreiteter als bei Männern. Männer im Alter sind umgekehrt signifikant häufiger gereizt und irritiert. Andere Indikatoren zur psychischen Befindlichkeit (Freude an den eigenen Aktivitäten, Vertrauen in die Zukunft, Einsamkeit oder Sorgen um Gesundheit) zeigen hingegen keine geschlechtsbezogenen Unterschiede.

Die Ursachen der geschlechtsbezogenen Unterschiede sind «nicht abschliessend geklärt. Sie sind auch nicht durch einen spezifischen Faktor zu erklären, sondern liegen anerkanntermassen im Zusammenspiel verschiedener biologischer, psychologischer und sozialer Faktoren» (Baer et al. 2012, 29). So können Unterschiede im Stressniveau (mehr Doppelbelastung bei Frauen, anderer Umgang mit Konflikten (Frauen reagieren eher depressiv, Männer eher aggressiv), aber auch Unterschiede im Erleben von Lebenskrisen (mehr Frauen erleben eine Verwitwung, Familienprobleme müssen primär von Frauen gelöst werden, Pflege alter Eltern obliegt eher Töchtern als Söhnen usw.) tragen zu geschlechtsbezogenen Unterschieden des psychischen Befindens bei. Zuallerletzt können auch Unterschiede der Suizidalität geschlechtsbezogene Unterschiede in der Häufigkeit depressiver Symptome im Alter erklären. Denn wenn mehr ältere und alte depressive Männer sich selbst töten, bleiben statistisch mehr depressive alte Frauen übrig.

In jedem Fall zeigen sich nicht nur Unterschiede in der psychischen Situation zwischen Frauen und Männern, sondern auch Unterschiede im Umgang mit psychischen Problemen. So sind die Suizidraten von Männern ein Mehrfaches derjenigen von Frauen. Im hohen Alter greifen Männer auch häufiger auf Sterbehilfe zurück als Frauen (vgl. Tabelle 6).

Tabelle 6 Suizid- und Sterbehilferaten nach Geschlecht und Alter 2009

	Frauen			Männer			Total		
	Altersgruppe			Altersgruppe			Altersgruppe		
	50–64	65–79	80+	50–64	65–79	80+	50–64	65–79	80+
Suizidraten*	10.6	11.4	7.5	30.6	33.1	68.2	20.6	21.3	28.4
Sterbehilferaten*	3.5	12.8	27.8	3.4	13.2	34.1	3.5	13.0	30.0

* Pro 100'000 Personen.
Quelle: Schuler und Burla 2012, 69.

Lebensform, Zivilstand und soziale Beziehungen

Im Allgemeinen zeigen alleinlebende Personen häufiger depressive Symptome als Personen in Mehrpersonenhaushalten (Baer et al. 20112, 38). Alleinleben kann dabei Ursache oder Folge depressiver Verstimmungen darstellen: Alleinleben kann depressiv machen, aber umgekehrt kann Depressivität ein Zusammenleben mit anderen Personen erschweren oder verunmöglichen.

Studien zeigen auch immer wieder, dass geschiedene oder verwitwete Personen höhere Depressionswerte aufweisen als Verheiratete (Baer et al. 2012, 37). Eine gute Partnerbeziehung wird generell als bedeutsamer Einflussfaktor für ein hohes Wohlbefinden wahrgenommen. Ob dies im höheren Lebensalter noch der Fall ist, ist nicht immer klar (da beispielsweise verheiratete Frauen ein höheres Risiko aufweisen, Pflegeleistungen gegenüber dem Partner einzunehmen und Partnerpflege als psychischer Stress erlebt werden kann) (Perrig-Chiello und Höpflinger 2012). In unserem Datensatz zeigt ein Vergleich nach aktuellem Zivilstand keinerlei Unterschiede und das psychische Befinden ist 2011 unabhängig davon, ob eine ältere Person ledig, verheiratet, geschieden oder verwitwet ist. Dies kann auch damit zusammenhängen, dass im Alter etwa eine Scheidung schon sehr lange zurückliegt und sich inzwischen ein neues Gleichgewicht des Wohlbefindens ergeben hat. Während in der Erhebung 1979 noch eine klar positive Wirkung des Status «verheiratet» zu beobachten war, ist dies 2011 nicht mehr der Fall. Die

Ehe hat heute möglicherweise – im Gegensatz zu früher – an «protektiver Wirkung» eingebüsst. Auch das psychische Befinden verwitweter alter Menschen ist nicht generell schlechter, selbst wenn der Partnerverlust durchaus als «kritisches Lebensereignis» erfahren wird (Höpflinger et al. 2013). Aber nach einer Phase der Anpassung gelingt es oft – wenn auch nicht immer – ein neues psychisches Gleichgewicht zu finden.

Bedeutsam ist heute weniger die Haushaltsform oder der Zivilstand, sondern das Vorhandensein eines guten sozialen Netzes (zu dem neben Angehörigen auch Freunde, Nachbarn oder professionelle Dienste zu zählen sind). Entsprechend ergeben sich in europäischen Ländern durchgehend positive Assoziationen zwischen selbst eingestufter Gesundheit und wahrgenommener Qualität der sozialen Netzwerke (Deindl et al. 2013). Enge familiale Beziehungen reduzieren in allen europäischen Ländern namentlich depressive Gefühle, und zwar bei Frauen und Männern gleichermassen (Moor und Komter 2012). Allerdings können sich insofern Wechselwirkungen ergeben, als körperlich und psychisch gesunde Personen ihre sozialen Netzwerke eher aktiv gestalten können als kranke oder depressive Menschen, die auf Hilfe angewiesen sind.

Da soziale Netzwerke von Frauen und Männern variieren, können sich dabei auch geschlechtsbezogene Unterschiede ergeben, wie in einer Analyse schweizerischer Daten deutlich wurde: «Männer erhalten unabhängig von Alter, Schulbildung etc. weniger Unterstützung als Frauen. Wer als Mann alleine wohnt, dessen Risiko, wenig Unterstützung zu erhalten, ist besonders hoch, was bei alleine wohnenden Frauen nicht der Fall ist» (Bachmann 2014, 3).

Vorhandensein von Kindern und Enkelkindern

Inwiefern eigene Kinder zur Lebenszufriedenheit und zum Lebensglück beitragen, wird kontrovers beurteilt, da Kinder sowohl Freude als auch Sorgen bereiten können (Perrig-Chiello et al. 2012). Eine Analyse von Befragungsdaten aus 86 Ländern weist darauf hin, dass sich das Verhältnis zwischen dem Vorhandensein von eigenen Kindern und dem Lebensglück mit dem Altern der Kinder verändert: Bei jungen Eltern sinkt die Lebenszufriedenheit mit steigender Kinderzahl, da Kinder in dieser Lebensphase oft eine starke Arbeitsbelastung einschliessen. Mit steigendem Alter der Eltern und Kinder wandelt sich die negative Beziehung allmählich ins Positive und im Alter von 40 und mehr ist Lebenszufriedenheit positiv mit dem Vorhandensein von Kindern verbunden (Margolis und Myrskylä 2011). Auch die nachfolgenden Angaben (Tabelle 7) verdeutlichen, dass das Vorhandensein von Kindern signifikant positiv mit der psychischen Befindlichkeit älterer und alter Menschen verbunden ist. Noch deutlicher ist die Beziehung zwischen psychischer Befindlichkeit und dem Vorhandensein von Enkelkindern: Alte Menschen mit Enkelkindern zeigen weniger depressive Symptome bzw. ein höheres psychisches Wohlbefinden.

Tabelle 7   Psychische Befindlichkeit nach Vorhandensein von Kindern und Enkelkindern 2011, Personen 65+ der Kantone Genf, Wallis, Basel, Bern

	Kinder gehabt		Enkelkinder gehabt	
	Nein	Ja	Nein	Ja
N	232	1553	216	1333
Wang-Depressivitätsskala, Mittelwert	1.74	1.68*	1.80	1.66*

* Gruppenunterschiede signifikant auf 1% (F-Test).
Datenquelle: vgl. Tabelle 1.

Schmerzen, Beschwerden und funktionale Einschränkungen

Psychisches Befinden und körperliches Befinden sind miteinander verhängt und entsprechend hängen depressive Symptome und somatische Erkrankungen wie auch Schmerzen eng zusammen. «Etwa zwei Drittel der Depressiven berichten über körperliche Beschwerden und umgekehrt» (Baer et al. 2012, 14). Eine Komorbidität von Schmerz und Depression führt zu besonders starken Einschränkungen bezüglich funktionaler Alltagsfähigkeiten.

Tabelle 8   Psychische Befindlichkeit nach Grad an Schmerzen, Beschwerden und funktionalen Alltagseinschränkungen 2011, Personen 65+ der Kantone Genf, Wallis, Basel, Bern

	N	Wang-Depressivitätsskala Mittelwert
Schmerzen oder Beschwerden		
Nein	865	1.58
Geringe	798	1.77
Starke	162	1.96*
Mobilitätseinschränkungen zu Fuss		
Nein	1354	1.64
Ja	423	1.84*
Probleme beim sich Waschen, sich Ankleiden		
Nein	1668	1.67
Ja	102	1.95*
Probleme bei Alltagsaktivitäten		
Nein	1542	1.65
Ja	233	1.95*

* Gruppenunterschiede signifikant auf 1% (F-Test).
Datenquelle: vgl. Tabelle 1.

Die Daten in Tabelle 8 verdeutlichen die starken Zusammenhänge zwischen psychischer Befindlichkeit und somatisch-funktionalen Einschränkungen: Befragte mit starken Schmerzen und Beschwerden weisen deutlich höhere Werte auf der Depressivitätsskala auf als Befragte ohne Schmerzen und Beschwerden. Mobilitätseinschränkungen im Alter, aber auch funktionale Einschränkungen von Alltagsaktivitäten sind ebenfalls eng mit der psychischen Befindlichkeit assoziiert. «Die psychische Belastung ist vor allem dann deutlich erhöht, wenn sich die Betroffenen durch ihre Krankheit in Tätigkeiten des Alltags eingeschränkt fühlen» (Schuler et al. 2012, 29).

In jedem Fall treten depressive Symptome oft zusammen mit chronischen körperlichen Erkrankungen auf. Entsprechend zeigt sich, «dass Personen, die wegen Migräne, Diabetes, hohem Blutdruck, Herzinfarkt, Schlaganfall oder einer Krebserkrankung behandelt wurden, deutlich häufiger auch wegen Depression in Behandlung sind als Personen, die nicht wegen einer dieser Erkrankungen behandelt wurden» (Schuler et al. 2012, 29).

Kontrollüberzeugung und erlebte Problembelastung

Das psychische Befinden – auch im Alter – ist eng mit der subjektiven Einschätzung verbunden, das eigene Leben selbst (positiv) beeinflussen bzw. kontrollieren zu können: «Personen mit hoher Kontrollüberzeugung sind überzeugt, dass sie das eigene Leben selbstbestimmt gestalten können (internale Kontrollüberzeu-

Tabelle 9   Psychische Befindlichkeit, Kontrollüberzeugung und erlebte Probleme, Personen 65+ der Kantone Genf, Wallis, Basel, Bern

	N	Wang-Depressivitätsskala Mittelwert
Gefühl, keine Kontrolle über wichtige Aspekte des Lebens zu haben		
Nie	705	1.55
Fast nie	453	1.69
Hie und da	429	1.84
Häufig	142	1.86
Sehr häufig	43	1.83*
Gefühl, dass sich im letzten Monat unüberwindbare Probleme ergaben		
Nie	1002	1.55
Fast nie	481	1.80
Hie und da	211	1.91
Häufig	57	2.00
Sehr häufig	23	2.20*

* Gruppenunterschiede signifikant auf 1% (F-Test)
Datenquelle: vgl. Tabelle 1.

gung). Personen mit tiefer Kontrollüberzeugung nehmen dagegen ihr Leben als von äusseren Faktoren wie Zufall, Schicksal oder anderen Menschen gesteuert wahr und sehen wenig eigenen Einfluss (externale Kontrollüberzeugung). Studien haben gezeigt, dass eine hohe Kontrollüberzeugung mit einer besseren allgemeinen Gesundheit, höherer Lebenszufriedenheit und einer besseren Stressbewältigung zusammenhängt. Indessen geht eine tiefe Kontrollüberzeugung vermehrt mit verminderter Aktivität, erlernter Hilflosigkeit, Depression und Hoffnungslosigkeit einher» (Schuler et al. 2012, 35).

Die Zusammenhänge zwischen Kontrollüberzeugung und psychischer Befindlichkeit werden auch in Tabelle 9 sichtbar: Befragte, die das Gefühl haben, keine Kontrolle über wichtige Aspekte des Lebens zu haben, zeigen signifikant höhere Werte auf der Depressivitätsskala.

Besonders eng verknüpft mit einer negativen psychischen Befindlichkeit ist das Gefühl, mit unüberwindbaren Problemen konfrontiert zu werden (auch ein Aspekt von Kontrollverlust). Positiv zu vermerken ist, dass die Mehrheit der heute älteren Menschen der Ansicht ist, nie oder fast nie keine Lebenskontrolle mehr zu haben.

Abschlussanmerkungen

Das psychische Befinden älterer und alter Menschen in der Schweiz hat sich in den letzten Jahrzehnten insgesamt verbessert, und auch im intereuropäischen Vergleich weisen ältere und alte Menschen in der Schweiz – dank Ausbau der Altersvorsorge – mehrheitlich ein hohes Wohlbefinden auf.

Das psychische Befinden älterer Menschen wird kaum durch das chronologische Alter an sich beeinflusst, sondern zentral sind soziale Lebensumstände und psychische Ressourcen. Besonders bedeutsam für ein gutes Wohlbefinden im Alter sind eine gute wirtschaftliche Absicherung, gute soziale Netzwerke und eine hohe internale Kontrollüberzeugung. Ein geringeres psychisches Befinden im Alter ergibt sich vor allem bei erlebtem Kontrollverlust, fehlender sozialer Unterstützung, bei chronischen Schmerzen und Beschwerden und merkbaren Einschränkungen der Alltagsaktivitäten. Depressive Symptome ihrerseits können mit zu einem frühzeitigen Eintritt in eine stationäre Alters- und Pflegeeinrichtung beitragen, wobei depressive Symptome und somatische Erkrankungen im Alter häufig zusammen auftreten.

5.1.5 Zusatzanalyse: Seh- und Höreinschränkungen im Alter – und Wirkungen auf psychisches Befinden

Die 2011 durchgeführte Erhebung (im Rahmen des NCR Vivre-Leben-Vivere) befragte die in Genf, Wallis, Bern und Basel zu Hause lebenden älteren Personen auch zum wahrgenommenen Seh- und Hörvermögen.

Mehr als achtzig Prozent der älteren Personen verwenden entweder eine Brille oder Kontaktlinsen (wobei offen bleibt, ob tatsächlich immer die jeweils optimalen Sehhilfen verwendet werden). Wahrnehmbare Seheinschränkungen nehmen mit dem Alter zu. Um die neun Prozent der 80-jährigen und älteren Personen sind – auch mit Brille – nicht mehr in der Lage einen Zeitschriftenartikel zu lesen und weitere fünfzehn Prozent erleben dies als schwierig.

Die (erfassten) Seheinschränkungen wirken sich in verschiedener Hinsicht negativ auf die psychische Befindlichkeit aus: Zu Hause lebende alte Menschen mit Seheinschränkungen haben ein signifikant geringeres Selbstvertrauen. Gefühle von Traurigkeit sind bei ihnen verbreiteter und sie zeigen weniger Freude an den eigenen Aktivitäten. Hingegen sind Einsamkeitsgefühle nicht eindeutig stärker verbreitet.

Tabelle 10 Sehvermögen im Alter 2011, zu Hause lebende Personen in den Kantonen Genf, Wallis, Bern und Basel

	Altersgruppe			
	65–69	70–74	75–79	80+
Benutzung von Brille/Kontaktlinsen				
N	380	361	372	832
Ja	83%	85%	87%	83%
Lesen eines Zeitschriftenartikels in normaler Schriftgrösse				
N	372	368	371	837
Nein, nicht möglich	1%	1%	1%	9%
Ja, mit Schwierigkeiten	5%	8%	7%	15%*
Ja, ohne Schwierigkeiten	94%	91%	92%	77%

* Unterschiede nach Alter: signifikant auf 1% (Chi-Quadrat-Test).
Datenquelle: vgl. Tabelle 1.

Höreinschränkungen nehmen ebenfalls mit steigendem Alter zu und im hohen Alter müssen vermehrt Hörgeräte verwendet werden. Fast dreissig Prozent der 80-jährigen und älteren Befragten führen an, ein Hörgerät zu benutzen (wobei offen bleibt, wie hoch der Anteil derjenigen ist, die ein Hörgerät benötigen würden, es aber nicht nutzen).

Im hohen Lebensalter steigt – auch mit Verwendung von Hörgeräten – der Anteil derjenigen an, die Mühe mit Gesprächen erwähnen. Besonders häufig gilt dies bei Gesprächen mit mehreren Personen (ein Grund, weshalb sich Menschen mit Höreinschränkungen oft aus organisierten Senioren- und Altersanlässen bzw. Seniorengruppen zurückziehen).

Höreinschränkungen – namentlich Schwierigkeiten, ein Gespräch mit mehreren Personen zu verfolgen – reduzieren das Vertrauen in die Zukunft, erhöhen

Gefühle der Traurigkeit sowie Gefühle von Irritation bzw. Gereiztheit. Aber auch hier zeigen sich keine signifikanten Beziehungen mit Gefühlen von Einsamkeit. Es ist allerdings darauf zu verweisen, dass detailliertere Angaben über Form und Ausmass sensorischer Einschränkungen und ihre lebensbiografischen Auswirkungen notwendig wären, um differenzierte Aussagen zu erlauben. Die Auswirkungen von Seh- und Höreinschränkungen auf die Lebensqualität im Alter hängt stark von den Lebensbedingungen und der sozialen Unterstützung alter Menschen ab, ebenso aber auch mit Bewältigungsverhalten und Resilienz (Widerstandsfähigkeit).

Tabelle 11 Hörvermögen im Alter 2011, zu Hause lebende Befragte in den Kantonen Genf, Wallis, Bern, Basel

	Altersgruppe			
	65–69	70–74	75–79	80+
Benutzung von Hörgerät				
N	381	369	375	831
Ja	6%	12%	17%	29%*
Können Sie ein Gespräch mit einer Person hören/verstehen				
N	327	329	334	779
Nein, nicht möglich	2%	1%	1%	1%
Ja, mit Schwierigkeiten	2%	5%	8%	16%
Ja, ohne Schwierigkeiten	96%	94%	91%	83%*
Können Sie ein Gespräch mit mehreren Personen hören/verstehen				
N	310	310	317	751
Nein, nicht möglich	1%	2%	4%	7%
Ja, mit Schwierigkeiten	15%	19%	27%	38%
Ja, ohne Schwierigkeiten	84%	79%	69%	55%*

*Unterschiede nach Alter: signifikant auf 1% (Chi-Quadrat-Test).
Datenquelle: vgl. Tabelle 1.

5.1.6 Literatur

Bachmann, Nicole. 2014. *Soziale Ressourcen als Gesundheitsschutz*. Obsan Bulletin 1/2014. Neuchâtel: Schweizerisches Gesundheitsobservatorium.

Baer, Niklas, Daniela Schuler et al. 2012. Depressionen in der Schweizer Bevölkerung. Daten zur Epidemiologie, Behandlung und sozial-beruflichen Integration. *Obsan-Bericht 56*. Neuchâtel: Observatoire suisse de la santé.

Cavasso, Barbara und Guglielmo Weber. 2013. The effect of the great recession on the wealth and financial distress of 65 + Europeans. S. 28–36 in *Active ageing and solidarity between generations in Europe: First results from the*

SHARE after the Economic Crisis, hrsg. von Axel Börsch-Supan, Martina Brandt et al. Berlin, Boston: De Gruyter.

Deindl, Christian, Karsten Hank und Martina Brandt. 2013. Social networks and self-rated health in later life. S. 301–309 in *Active Ageing and Solidarity between Generations in Europe: First Results from SHARE after the Economic Crisis*, hrsg. von Axel Börsch-Supan, Martina Brandt et al. Berlin, Boston: De Gruyter.

GUGRISPA (Groupe Universitaire Genevois). 1983. *Vieillesses: Situations, itinéraires et modes de vie des personnes âgées aujourd'hui*. Saint-Saphorin: Georgi.

Höpflinger, François. 2014. Demografisch-gesellschaftliche Wandlungen und soziale Folgen. S. 161–184 in *Lehrbuch Gerontologie. Gerontologisches Fachwissen für Pflege- und Sozialberufe – eine interdisziplinäre Aufgabe*, hrsg. von Stefanie Becker und Hermann Brandenburg. Bern: Huber.

Höpflinger, François, Stefanie Spahni und Pasqualina Perrig-Chiello. 2013. Persönliche Bilanzierung der Herausforderungen einer Verwitwung im Zeit- und Geschlechtervergleich. *Zeitschrift für Familienforschung* 25(3): 267–285.

Margolis, Rachel, und Mikko Myrskylä. 2011. A Global Perspective on Happiness and Fertility. *Population and Development Review* 37(1): 29–56.

Moor, Nienke und Aafke Komter. 2012. Family ties and depressive mood in Eastern and Western Europe. *Demographic Research* 27: 201–232.

Perrig-Chiello, Pasqualina und François Höpflinger (Hrsg.). 2012. *Pflegende Angehörige älterer Menschen: Probleme, Bedürfnisse, Ressourcen und Zusammenarbeit mit der ambulanten Pflege*. Bern: Huber-Verlag.

Perrig-Chiello, Pasqualina, François Höpflinger, Christof Kübler und Andreas Spillmann. 2012. *Familienglück – was ist das?* Zürich: Verlag Neue Zürcher Zeitung.

Schuler, Daniela und Laila Burla. 2012. Psychische Gesundheit in der Schweiz. *Obsan-Bericht 52*. Neuchâtel: Observatoire suisse de la santé.

Wang, Richard, Sharon Treul und Luca Alverno (1975). A Brief Self-Assessing Depression Scale. *Journal of Clinical Pharmacology* 15(2): 163–167.

5.2 Sehbehinderung im Alter und subjektives Wohlbefinden – eine Herausforderung

Vera Heyl

Der Eintritt einer Sehbehinderung ist sehr eng mit dem chronologischen Alter verknüpft und macht den Betroffenen das eigene Altern oft erst bewusst (Diehl und Wahl 2010). Aktuelle Prävalenzzahlen aus sechs europäischen Ländern zeigen, dass 3% der 65- bis 74-Jährigen, 13% der über 75-Jährigen und 33% der über 85-Jährigen trotz bester Korrektur einen Visus von weniger als 0.5 auf dem besseren Auge aufweisen (Seland et al. 2011). Die mit dem Alter zunehmende Auftretenswahrscheinlichkeit einer Sehbehinderung ist immer auch vor dem Hintergrund einer stetig steigenden Lebenserwartung zu sehen, die zu einer bedeutsamen Zunahme insbesondere hochaltriger Personen führt (Oeppen und Vaupel 2002). Eine signifikante Seheinbusse ist somit am wahrscheinlichsten in einer insgesamt fragilen Lebensphase, wenn Bewältigungsressourcen in vielerlei Hinsicht gefordert sind und für die Bewältigung von mit dem Sehverlust einhergehenden Person-Umwelt-Fehlpassungen möglicherweise nur eingeschränkt zur Verfügung stehen.

Um die Bedeutung eines alterskorrelierten Sehverlusts für die Betroffenen besser zu verstehen und um deren psychosozialen Unterstützungsbedarf besser einschätzen zu können, werden im Folgenden drei Fragen vor dem Hintergrund einschlägiger Forschungsbefunde zu beantworten versucht: (1) Was sind die psychosozialen Konsequenzen von Sehbehinderung im Alter?, (2) Welche psychologischen Ressourcen stehen für eine Anpassung an den Sehverlust zur Verfügung? und (3) Welche psychosozialen Unterstützungsangebote sind wirksam? Im Anschluss werden Implikationen für die Praxis abgeleitet.

5.2.1 Psychosoziale Konsequenzen von Sehbehinderung im Alter

Eine Sehbehinderung im Alter wirkt sich insbesondere in den Bereichen Alltagskompetenz und subjektives Wohlbefinden aus (Wahl 2013). Einschränkungen der Alltagskompetenz finden sich vor allem bei instrumentellen Alltagsaktivitäten, wie dem Einkaufen oder dem Benutzen des öffentlichen Personennahverkehrs (Heyl und Wahl, 2001; Wahl et al. 2004; Wahl et al. 1999).

Zahlreiche Studien belegen ein geringeres subjektives Wohlbefinden älterer Menschen mit Sehbehinderung im Vergleich zu normalsehenden älteren Menschen (z.B. Horowitz und Reinhardt, 2000; Nachtegaal et al. 2009; Wahl et al. 1999), auch wenn die Effektstärken der gefundenen Unterschiede eher gering sind, wie eine Metaanalyse zeigt (Pinquart und Pfeiffer 2011). Sehbehinderung im Alter stellt somit einen Risikofaktor für das Wohlbefinden dar, der die Betroffenen an die Grenzen ihrer psychischen Widerstandsfähigkeit (Resilienz) bringen kann: Heyl und Wahl (2001) konnten zeigen, dass es über einen Zeitraum von sieben Jahren zu einer signifikanten Einbusse der subjektiven Zukunftsperspektive von älteren Menschen mit Sehbehinderung kam, während die Zukunftsperspektive der normalsehenden Seniorinnen und Senioren stabil blieb.

Des Weiteren tendiert die Affektbalance (Verhältnis des Erlebens von positivem Affekt, z. B. Begeisterung oder Interesse, zu negativem Affekt, z. B. Reizbarkeit oder Feindseligkeit) bei älteren Menschen mit Sehbehinderung mehr in die negative Richtung (Wahl et al. 2003) und die Befunde verschiedener Studien belegen übereinstimmend eine signifikant erhöhte Depressivität bei älteren Menschen mit Sehbehinderung (Casten und Rovner 2008; Crews und Campbell 2004; Horowitz et al. 2005). Subklinische Depressivitätsraten variieren je nach Personengruppe (z. B. privat vs. in Einrichtungen wohnend) zwischen 15% und 30%; hinsichtlich des Vorliegens einer Major Depression werden Prävalenzraten von 7% bis hin zu 38% berichtet (Horowitz et al. 2005). Besonders hoch ist die Depressivitätsrate bei Personen mit AMD, also mit altersabhängiger Makuladegeneration (Casten und Rovner 2008). Dies ist auch deshalb von Bedeutung, weil depressive Symptome einen Rückgang sowohl der kognitiven Leistungsfähigkeit als auch der Alltagskompetenz bei AMD-Patienten beschleunigen können (Rovner et al. 2009a).

5.2.2 Psychologische Ressourcen zur Anpassung an eine Sehbehinderung im Alter

Trotz deutlich erhöhter Depressivitätsraten gelingt es vielen sehbehinderten Seniorinnen und Senioren, ihre psychische Gesundheit und ihr Wohlbefinden aufrechtzuerhalten. Somit stellt sich die Frage, welche Faktoren dazu führen, dass einige Betroffene besser mit der Sehbehinderung zurechtkommen als andere. Das sogenannte Wohlbefindensparadox verweist auf eine Reihe adaptiver Ressourcen (Persönlichkeitsmerkmale wie z. B. Extraversion; Selbstregulationsprozesse wie z. B. eine flexible Zielanpassung), die es älteren Menschen ermöglichen, trotz gesundheitlicher Einbussen und anderer widriger Lebensumstände ihr subjektives Wohlbefinden aufrechtzuerhalten (Staudinger 2000). Diese Faktoren wurden auch im Kontext der Bewältigung einer alterskorrelierten Sehbehinderung untersucht.

Der Zusammenhang zwischen Persönlichkeit und Wohlbefinden stellt sich bei Vorliegen einer alterskorrelierten Sinnesbehinderung zum Teil anders dar als bei älteren Menschen ohne Sinnesbehinderung (Wahl et al. 2012). Zum einen fand sich ein signifikant geringerer Zusammenhang zwischen Extraversion und positivem Affekt bei sehbehinderten im Vergleich zu sensorisch nicht eingeschränkten älteren Menschen. Die mit einer Sehbehinderung verbundene Situation (erschwerter Zugang zur Umwelt) scheint den förderlichen Effekt von Extraversion auf positiven Affekt somit einzuschränken. Zum anderen konnte ein signifikanter inverser Zusammenhang zwischen Extraversion und negativem Affekt nur bei älteren Menschen mit Sehbehinderung nachgewiesen werden, nicht aber bei hörgeschädigten oder sensorisch nicht eingeschränkten älteren Menschen. Dass Extraversion nur bei sehbehinderten Älteren einen Schutz vor negativem Affekt darstellt, lässt sich möglicherweise damit erklären, dass eine Sehbehinderung besonders eng mit der Erfahrung von Person-Umwelt-Fehlpassungen verbunden ist, die den Blick immer wieder auf die eigene Person lenken und zu grübelndem Nachdenken verleiten, was zu einer Erhöhung von negativem Affekt führt, und dass eine stark ausgeprägte Extraversion von diesem nach innen gerichteten Fokus abzulenken vermag.

In ihrer Studie zu Selbstregulationsprozessen bei AMD-Patienten konnten Wahl et al. (2004) zeigen, dass kompensatorische primäre Kontrollstrategien (z. B. andere um Hilfe bitten) sowie selektive sekundäre Kontrollstrategien (kognitive Strategien zur Stärkung der Motivation und Bindung an persönlich bedeutsame Ziele) mit höherem positivem Affekt einhergehen, wohingegen die positive Wirkung selektiver primärer Kontrollstrategien (Investment von Anstrengung, Zeit und Fähigkeit zur Zielerreichung) vom Ausmass der Alltagskompetenz vermittelt wird. Den Ergebnissen von Heyl et al. (2007) zufolge erscheinen sowohl eine hartnäckige Zielverfolgung als auch eine flexible Zielanpassung wesentlich, um Affekte angesichts nachlassender Sehfähigkeit im Alter – in Abhängigkeit von der Erreichbarkeit eines Ziels – möglichst optimal zu regulieren, da bei hoher im Vergleich zu geringer flexibler Zielanpassung eine geringere subjektive Sehfähigkeit mit signifikant weniger negativem Affekt einhergeht, ein höherer positiver Affekt aber nur zu erreichen ist, wenn auch Strategien der hartnäckigen Zielverfolgung stark ausgeprägt sind.

Ein besonderes Augenmerk verdient schliesslich noch die Ressource der kognitiven (geistigen) Leistungsfähigkeit. Heyl et al. (2005) konnten zeigen, dass der Zusammenhang zwischen alterskorrelierter Sehfähigkeit und ausserhäuslichen Freizeitaktivitäten von der kognitiven Leistungsfähigkeit vermittelt wird, dass also das Ausmass, in dem ein eingeschränktes Sehvermögen zu einer Einschränkung in Aktivitäten führt, auch mit der Ausprägung kognitiver Ressourcen zusammenhängt. Darüber hinaus zeigen die Ergebnisse einer aktuellen Studie, dass der Zusammenhang zwischen kognitiver Leistungsfähigkeit und Alltagskompetenz bei älteren Menschen mit Sehbehinderung signifikant enger ist als bei sensorisch nicht eingeschränkten Seniorinnen und Senioren (Heyl und Wahl 2010; Heyl und Wahl 2012). Dies lässt sich als Hinweis darauf deuten, dass ältere Menschen mit Sehbehinderung in verstärktem Masse auf ihre kognitive Leistungsfähigkeit angewiesen sind, um ihre Alltagskompetenz aufrechtzuerhalten. Aber auch die umgekehrte Wirkrichtung ist möglich: In einer Gruppe über 65-jähriger

AMD-Patienten fanden Rovner und Mitarbeiter (Rovner et al. 2009a; Rovner et al. 2009b) empirische Belege dafür, dass sehbedingte Einschränkungen von Alltagsaktivitäten über einen Zeitraum von drei Jahren zu Einschränkungen der kognitiven Leistungsfähigkeit führen.

5.2.3 Psychosoziale Unterstützungsangebote bei Sehbehinderung im Alter

Wahl et al. (2008) haben 15 Studien zur Evaluation psychosozialer Interventionsprogramme bei Sehbehinderung im Alter analysiert, wobei es sich überwiegend um randomisierte Studien mit Kontrollgruppendesign handelte. Die meisten der evaluierten Interventionen lassen sich als Selbstmanagement- oder Disease-Management-Programme beschreiben, deren Wirksamkeit für ältere Menschen mit Sehbehinderung durch fast alle einbezogenen Untersuchungen empirisch belegt werden konnte. Stressreduzierende Strategien (z. B. progressive Muskelentspannung), zielgerichtetes Problemlösen, Strategien zur Steigerung von positivem Affekt, Aktivierung vorhandener Ressourcen sowie Information und Beratung stellen wesentliche Elemente dieser Programme dar. Die Programme wurden überwiegend an Augenkliniken als Gruppeninterventionen mit sechs bis acht Personen in zwei- bis dreistündigen wöchentlichen Sitzungen über sechs bis acht Wochen hinweg durchgeführt. Die Sitzungen wurden von klinischen Psychologinnen oder Psychologen, die über viel Erfahrung mit älteren Menschen verfügten, moderiert. Es fanden sich positive Effekte hinsichtlich einer Reduktion von depressiven Symptomen und Stresssymptomen sowie einer Zunahme des subjektiven Wohlbefindens und der Selbstwirksamkeit. Ein wesentlicher Faktor dabei ist die Zeitdauer der Intervention, da sich gezeigt hat, dass zu kurz angelegte Programme (mit beispielsweise nur drei Sitzungen) auch zu negativen Effekten führen können (Kämmerer et al. 2006).

Neuere Studien bestätigen ebenfalls die Wirksamkeit von Selbstmanagement-Programmen für ältere Menschen mit Sehbehinderung (Rees et al. 2010; Casten und Rovner 2008). Psychosoziale Interventionsprogramme ergänzen bestehende Rehabilitationsangebote, beispielsweise zur Orientierung und Mobilität oder Lesetrainings, in gewinnbringender Weise (Pijnacker et al. 2011). Überdies sind sie dringend geboten, da die psychische Anpassung an eine Behinderung – im Sinne einer Wiederherstellung des gewohnten Ausmasses an Lebenszufriedenheit – häufig nicht von alleine stattfindet (Lucas 2007).

5.2.4 Implikationen für die Praxis

Eine Sehbehinderung im Alter ist in der Regel chronischer Natur, da die medizinischen Therapiemöglichkeiten z. B. bei der vorherrschenden AMD derzeit noch sehr begrenzt sind. Damit stellt die Sehbehinderung im Alter weitreichende psychosoziale Anpassungsanforderungen an die Betroffenen und ihre Angehörigen, denen – das haben Untersuchungen zu psychosozialen Konsequenzen von alterskorreliertem Sehverlust wiederholt gezeigt – nicht immer erfolgreich entsprochen werden kann. Ein professionelles psychosoziales Unterstützungsangebot kann hier effektiv Abhilfe leisten; auch das ist, wie weiter oben dargestellt, durch Studien vielfach belegt. Es stellt sich also primär nicht die Frage, ob und welche Interventionen notwendig und wirksam sind, sondern wie und wo diese implementiert werden können (Wahl et al. 2008).

Eine psychosoziale Regelversorgung bei Sehbehinderung im Alter existiert in Deutschland derzeit nicht. Vielversprechend erscheint die Anbindung einer solchen Versorgung an Augenkliniken, da hier von einer grossen Akzeptanz seitens der älteren Menschen ausgegangen werden kann. Auch wurden die meisten der evaluierten Interventionsprogramme an Augenkliniken durchgeführt. Initiativen wie beispielsweise das LOTSE-Projekt der Frankfurter Stiftung für Blinde und Sehbehinderte, das von der Goethe-Universität wissenschaftlich begleitet wird, suchen aktuell nach Möglichkeiten, psychosoziale Beratungsangebote zu verstetigen, um der Herausforderung, subjektives Wohlbefinden bei Sehbehinderung im Alter aufrechtzuerhalten, wirksam zu begegnen.

5.2.5 Literatur

Casten, R. und B. Rovner. 2008. Depression in age-related macular degeneration. *Journal of Visual Impairment and Blindness* 102(10): 591–599.

Crews, J. E. und V. A. Campbell. 2004. Vision impairment and hearing loss among community-dwelling older Americans: implications for health and functioning. *American Journal of Public Health* 94(5): 823–829.

Diehl, M. K. und H.-W. Wahl. 2010. Awareness of age-related change: examination of a (mostly) unexplored concept. *Journals of Gerontology, Series B: Psychological Sciences and Social Sciences* 65(3): 340–350.

Heyl, V. und H.-W. Wahl. 2012. Managing daily life with age-related sensory loss: Cognitive resources gain in importance. *Psychology and Aging*, 27(2), 510–521.

Heyl, V. und H.-W. Wahl. 2010. Cognitive ability as a resource for everyday functioning among older adults who are visually impaired. *Journal of Visual Impairment and Blindness* 104(7): 391–403.

Heyl, V. und H.-W. Wahl. 2001. On the long-term psychosocial adaptation to vision loss in the later years. S. 77–83 in *On the special needs of blind and low vision seniors: Research and practice concepts*, hrsg. von H.-W. Wahl und H.-E. Schulze. Amsterdam: IOS-Press.

Heyl, V., H.-W. Wahl und H. Mollenkopf. 2007. Affective well-being in old age: The role of tenacious goal pursuit and flexible goal adjustment. *European Psychologist* 12(2): 119–129.

Heyl, V., H.-W. Wahl und H.Mollenkopf. 2005. Visual capacity, out-of-home activities and emotional well-being in old age: Basic relations and contextual variation. *Social Indicators Research* 74: 159–189.

Horowitz, A. und J. P. Reinhardt. 2000. Depression among low vision elders. S. 655–658 in *Vision rehabilitation: Assessment, intervention and outcomes*, hrsg. von C. Stuen, A. Arditi, A. Horowitz, M. A. Lang, B. Rosenthal und K. Seidman. Lisse: Swets & Zeitlinger Publishers.

Horowitz, A., J. P. Reinhardt und K. Boerner. 2005. The effect of rehabilitation on depression among visually disabled older adults. *Aging and Mental Health* 9(6): 563–570.

Horowitz, A., J. P. Reinhardt und G. J. Kennedy. 2005. Major and subthreshold depression among older adults seeking vision rehabilitation services. *American Journal of Geriatric Psychiatry* 13(3): 180–187.

Kämmerer, A., H.-W. Wahl, S. Becker, R. Kaspar, I. Himmelsbach, F. Holz und D.Miller. 2006. Psychosoziale Unterstützung von älteren Menschen mit einer chronischen Sehbeeinträchtigung. *Zeitschrift für Gesundheitspsychologie* 14(3): 95–105.

Lucas, R. E. 2007. Long-term disability is associated with lasting changes in subjective well-being: Evidence from two nationally representative longitudinal studies. *Journal of Personality and Social Psychology* 92(4): 717–730.

Nachtegaal, J., J. H. Smit, C. Smits, P. D. Bezemer, J. H. M. van Beek, J. M. Festen et al. 2009. The association between hearing status and psychosocial health before the age of 70 years: Results from an internet-based national survey on hearing. *Ear and Hearing* 30(3): 302–312.

Oeppen, J. und J. W. Vaupel. 2002. Broken limits to life expectancy. *Science* 296 (10 may): 1029–1031.

Pijnacker, J., P. Verstraten, W. van Damme, J. Vandermeulen und B. Steenbergen. 2011. Rehabilitation of reading in older individuals with macular degeneration: A review of effective training programs. *Aging, Neuropsychology, and Cognition* 18(6): 708–732.

Pinquart, M. und J. P. Pfeiffer. 2011. Psychological well-being in visually impaired and unimpaired individuals: A meta-analysis. *British Journal of Visual Impairment* 29(1): 27–45.

Rees, G., J. E. Keeffe, J. Hassell, M. Larizza und E. Lamoureux. 2010. A self-management program for low vision: Program overview and pilot evaluation. *Disability and Rehabilitation* 32(10): 808–815.

Rovner, B. W., R. J. Casten und B. E. Leiby. 2009a. Variability in depressive symptoms predicts cognitive decline in age-related macular degeneration. *American Journal of Geriatric Psychiatry* 17(7): 574–581.

Rovner, B. W., R. J. Casten, B. E. Leiby und W. S. Tasman. 2009b. *Activity loss is associated with cognitive decline in age-related macular degeneration.* Thomas Jefferson University, Department of Psychiatry and Human Behavior, Faculty Papers. Paper 5.

Seland, J. H., J. R. Vingerling, C. A. Augood, G. Bentham, U. Chakravarthy, P. T. V. M. deJong, M. Rahu, G. Soubrane, L. Tomazzoli, F. Topouzis und A. E. Fletcher. 2011. Visual impairment and quality of life in the older European population, the EUREYE study. *Acta Ophthalmologica* 89: 608–613.

Staudinger, U. M. 2000. Viele Gründe sprechen dagegen, und trotzdem geht es vielen Menschen gut: Das Paradox des subjektiven Wohlbefindens. *Psychologische Rundschau* 51(4): 185–197.

Wahl, H.-W. 2013. The psychological challenge of late-life vision impairment: Concepts, findings, and practical implications. *Journal of Ophthalmology*, vol. 2013, Article ID 278135, 11 pages. doi:10.1155/2013/278135.

Wahl, H.-W., S. Becker, D. Burmedi und O. Schilling. 2004. The role of primary and secondary control in adaptation to age-related vision loss: A study of older adults with macular degeneration *Psychology and Aging* 19(1): 235–239.

Wahl, H.-W., V. Heyl und N. Langer. 2008. Lebensqualität bei Seheinschränkung im Alter: Das Beispiel altersabhängige Makuladegeneration. *Der Ophthalmologe* 105(8): 735–743.

Wahl, H.-W., V. Heyl und O. Schilling. 2012. Robustness of personality and affect relations under chronic conditions: the case of age-related vision and hearing impairment. *The Journals of Gerontology, Series B: Psychological Sciences and Social Sciences* 67B(6): 687–696.

Wahl, H.-W., O. Schilling, S. Becker und D. Burmedi. 2003.. A German research program on the psychosocial adaptation to age-related vision impairment: Recent findings based on a control theory approach. *European Psychologist* 8(3): 168–177.

Wahl, H.-W., O. Schilling, F. Oswald und V. Heyl. 1999. Psychosocial consequences of age-related visual impairment: Comparison with mobility-impaired older adults and long-term outcome. *The Journals of Gerontology: Psychological Sciences and Social Sciences* 54B(5): 304–316.

5.3 Systematische Fehleinschätzung von Altersdemenz durch kataraktbedingte Minderung der Informationsverarbeitung[1]

Siegfried Lehrl und Kristian Gerstmeyer

5.3.1 Hintergrund

Dutzende an klinischen Studien, die zusammen an vielen tausend Personen durchgeführt worden waren, stützen die Annahme, dass altersbedingte Sehminderungen ohne diagnostische Spezifizierung im Grossen und Ganzen zu erheblichen Intelligenzminderungen führen (Gerstmeyer und Lehrl 2001).

Besonders betroffen ist die flüssige Intelligenz (Cattell 1963), die das aktuelle geistige Leistungsvermögen widerspiegelt. Demgegenüber sind die gespeicherte Erfahrung, das erworbene Wissen (kristallisierte Intelligenz) nicht so stark beeinträchtigt (Cattell 1963; Lehrl et al. 1992).

Die fluide Intelligenz gilt als biologische Ausstattung, die in der Auseinandersetzung mit der natürlichen und soziokulturellen Umwelt wesentlich dazu beiträgt, effizient Kompetenzen darüber zu erwerben (Eysenck 1986) und diese wiederum als Basis neuer Erfahrungen einzusetzen. Der Erfolg in der menschlichen Gesellschaft, insbesondere einer Informations- und Wissensgesellschaft hängt erheblich von beiden Intelligenzen ab, wobei die fluide Intelligenz die Wichtigere ist, weil sie die kristallisierte, die Software, mitbestimmt (Weiss 2000).

Beide geistigen Leistungsgrössen haben erhebliche Bedeutung für den Alltag, weil sie entscheidend zur Bewältigbarkeit komplexer und lang anhaltender Aufgaben beitragen. Dabei entspricht die kristallisierte Intelligenz der sachlichen Kompetenz und die flüssige Intelligenz der Fähigkeit, sich mit neuen Aspekten erfolgreich auseinanderzusetzen. Sie werden oft in unterschiedlicher Mischung gleichzeitig gefordert, beispielsweise in Gesprächen, bei Autofahrten in unvertrauten Regionen, der Organisation des Tagesablaufes oder einer privaten Unternehmung wie einer Geburtstagsfeier.

Minderungen der Intelligenz zeigen an, dass das Individuum seine Alltagsaufgaben nicht mehr so wie früher bewältigen kann, dass dadurch die Lebensqualität reduziert und die Aufrechterhaltung des sozialen Status gefährdet ist (Wahl et al. 1999; Weiss 2000).

Zusätzlich belegen umfangreiche Studien, dass Intelligenzverluste unter den psychologischen Variablen den höchsten Vorhersagewert für die Lebensdauer haben (Maier und Smith 1999).

---

[1] Wiederabdruck eines Artikels aus «Der Ophthalmologe», Feb. 2004, Vol. 101, Issue 2, 164–169, mit freundlicher Genehmigung von Springer Science + Business Media.

Über die im Alter häufig vorkommende Katarakt hatten wir klinische Studien durchgeführt. Darin wurde die geistige Leistungsfähigkeit der Patienten getestet. Zur Ersttestung, die wenige Tage vor der IOL-Implantation durchgeführt wurde, lagen die Intelligenzleistungen grossteils erheblich unter denen der Wiederholungsmessung, die einige Wochen nach der Operation stattfand (Gerstmeyer und Lehrl 2004). Es wurde angenommen, dass präoperativ kataraktbezogene Intelligenzminderungen vorlagen. Die kataraktbezogenen Intelligenzänderungen waren so erheblich, dass der Verdacht aufkeimte, bei nicht wenigen Senioren würden kataraktbedingte Intelligenzverluste mit dem Leitsymptom der Altersdemenz (DIMDI 1999; Sass et al. 1998) (Multiinfarktdemenz, Alzheimer-Demenz und Mischtyp) verwechselt, das in der kognitiven Minderung besteht. Entsprechend müsste mancher Patient neuropsychiatrisch in Schweregrad und Syndrom fehlingeschätzt werden.

5.3.2 Fragestellungen

Zuerst interessiert, ob die bei Katarakt gemessenen Intelligenzverluste das Ausmass geistiger Leistungsbussen bei Altersdemenzen erreichen. Gegebenenfalls ist zu untersuchen, ob die kognitive Symptomatik bei spät erworbener Katarakt die internationalen diagnostischen Kriterien (ICD-10, DSM-IV) für Altersdemenzen erfüllt und ob in der Literatur bereits über diagnostische Probleme bei Katarakt und Altersdemenz berichtet wird.

5.3.3 Ziele

Es ist zu prüfen, ob die kognitive Symptomatik von spät erworbener Katarakt jene von Altersdemenzen überlagert. Praktisch interessiert die Katarakt nicht nur wegen der Häufigkeit des Vorkommens, sondern auch weil sie augenchirurgisch oft rasch beseitigt werden kann. Den Altersdemenzen kommt dabei eine besondere Bedeutung zu, weil sie die Betroffenen, deren Angehörige, aber auch die Kranken- und Pflegeversicherungen stark belasten.

5.3.4 Methoden

Die geistigen Leistungsergebnisse aus fünf eigenen Verlaufsstudien an Personen, bei denen keine Demenz diagnostiziert war, sind in Bezug auf Altersdemenzen nachzuinterpretieren (Gerstmeyer und Lehrl 2004). Vier wurden an je einer Stichprobe mit im Median 73- bis 81-jährigen, überwiegend weiblichen Kataraktpatienten durchgeführt (Näheres s. ebd.). Dabei wurde vor einer IOL-Implantation und einige Wochen danach jeweils u. a. ein Test für die geistige Leistungsfähigkeit abgenommen. Eine fünfte Studie an im Median 76-jährigen Kontrollpersonen (76% weiblich) sollte prüfen, ob bei der Messwiederholung systematische Wiederholungseffekte beispielsweise durch Lernen auftreten (ebd.).

Als Test diente der Kurztest für allgemeine Basisgrössen der Informationsverarbeitung KAI (Lehrl 1999; Lehrl et al. 1992). Er misst die Kurzspeicherkapazität (Arbeitsspeicherkapazität), die als informationspsychologisch-biologische Grundlage der fluiden Intelligenz gilt (Eysenck 1986; Jensen 1992; Lehrl et al. 1992; Weiss 2000). Deshalb war er als Intelligenztest an 672 Personen geeicht worden (Lehrl et al. 1992). Dadurch sind die Messwerte IQ-Punkten zuordenbar, wobei die Leistung des Durchschnitts der Bevölkerung definitionsgemäss dem IQ 100 und die Standardabweichung SD = 15 IQ-Punkten entspricht (ebd.). Somit ist der KAI als Intelligenzkurztest für fluide Intelligenz anwendbar.

In Bezug auf die naturwissenschaftliche Einstellung, möglichst in den Einheiten des Zentimeter-Gramm-Sekunden-Systems zu messen, bietet der KAI gegenüber herkömmlichen Intelligenztests den grossen Vorzug, Messungen auf einem gleich hohen Skalenniveau zu ermöglichen. Seine Grössen lassen sich im Bit-Sekunden-System abbilden, was für Präzisierungen in der Messung von Demenzausprägungen genutzt werden kann. Dies wird kurz erörtert.

Der KAI und seine Untertests erfüllen die skalentechnischen Voraussetzungen, Veränderungen in Prozentangaben auszudrücken, was z. B. für den IQ nicht gilt: IQ 140 zeigt nicht die doppelte Fähigkeit wie der IQ 70 an, sondern genau genommen nur die Seltenheit der Leistungen in der Bevölkerung. Eine Leistung bis zum IQ 70 wird von 2,3 % (Prozentrang 2,3) der Bevölkerung nicht überschritten und die des IQ 140 von 99,6 % (Prozentrang 99,6) nicht. Hingegen steht die Kurzspeicherkapazität 140 bit, die übrigens dem IQ 130 entspricht, für das doppelte Fassungsvermögen des Arbeitsspeichers 70 bit (IQ 94) (Lehrl et al. 1992; Weiss 2000). Auf dieser Grundlage lassen sich die prozentualen Minderungen des Arbeitsspeichers als zentraler, exakter und operationalisierbarer Grundlage von fluider Intelligenz Demenzausprägungen zuordnen. Dies ist nicht nur messtechnisch, sondern auch hinsichtlich der traditionellen Intelligenzkonzepte ein Fortschritt, weil diese wissenschaftlich letztlich unbefriedigend definiert sind (Eysenck 1986; Jensen 1992; Lehrl et al. 1992; Weiss 2000).

Der KAI setzt sich aus zwei Subtests zusammen, die folgende Basisgrössen der (fluiden) Intelligenz messen: Informationsverarbeitungsgeschwindigkeit (bit/s) und Gegenwartsdauer (s) (Merkspanne). Bei ersterem Subtest werden Zeilen mit stochastisch unabhängigen Buchstaben optisch dargeboten. Sie sind so rasch wie möglich zu lesen. Beispiel: U N R Z M I ... Zur Erfassung der Gegenwartsdauer spricht der Testleiter dem Probanden im Ein-Sekunden-Abstand eine Buchstaben- oder Ziffernreihe vor, beispielsweise: P L D O. Kann sie der Proband unmittelbar anschliessend nachsagen, folgt eine um einen Buchstaben längere Reihe. Auf diese Weise wird die Grenze der Gegenwartsdauer ausgetestet.

Die Abnahme des KAI dauert 2–5 min. Für die Wiederholung wurde eine Parallelform verwendet.

Die bei der Katarakt gemessenen Intelligenzänderungen sollen mit Normen für Demenzausprägungen daraufhin verglichen werden, ob sie das Ausmass erreichen, das Altersdemenzen kennzeichnet. In diesem Fall ist zu untersuchen, inwieweit sie die Kriterien der international üblichen Diagnostikleitlinien ICD-10 und DSM-IV für Altersdemenz erfüllen. Sollten sie sich insoweit decken, dass man von Überschneidungen oder gar Verwechslungen ausgehen kann, ist anhand der Literaturdatenbanken Medline und Science Citation Index (SCI) zu recherchieren, ob in Publikationen bereits über diagnostische Probleme bei spät erworbener Katarakt und Altersdemenz berichtet wird.

5.3.5 Ergebnisse

Nachauswertung zur Demenzausprägung bei Katarakt

Beschreibende Daten über die hier nachausgewerteten Stichproben, bei denen keine Altersdemenzen diagnostiziert waren, sind andernorts dargestellt (Gerstmeyer und Lehrl 2004). Tabelle 1 zeigt, dass sich die Arbeitsspeicherkapazität der Kontrollpersonen von der Ersttestung zur mehrere Wochen später stattfindenden Zweittestung praktisch nicht ändert. Bei den Kataraktpatienten treten jedoch von vor der IOL-Implantation zur Zweitmessung, die 3–14 Wochen nach der Operation stattfand, erhebliche Steigerungen auf.

Tabelle 1 Prozentuale Zunahme des Arbeitsspeichers (bit) durch eine Kataraktoperation

Personengruppe	Art der IOL	Spezifische Stichprobe	Anzahl[a]	Mittelwert	Standard-abweichung	Minimum[b]	Maximum
Kontrollpersonen			21 (20)	1,8	14,3	−21,2	24,3
Patienten mit Katarakt-Operation	Monofokal- und Multifokallinsen	Pilotstudie	7	33,6	16,9	10,8	54,3
		Replikationsstudie	15 (14)	71,1	44,2	5,4	136,0
	Monofokallinsen	Pilotstudie	10	26,5	35,8	−11,4	97,2
		Replikationsstudie	10	34,3	27,5	−8,9b	83,8

a) In Klammern die Anzahl der Probanden, von denen KAI-Ergebnisse von beiden Zeitpunkten vorlagen.
b) Negative Werte bei Verschlechterung.

Die IQ zur Zweittestung betrugen bei den Kataraktpatienten in der Reihenfolge der Tabelle 1 (von oben) im Mittel: 92,4, 105,5, 101,6 und 103,3 (Näheres s. ebd.). Diese Werte haben in etwa das Niveau wie bei der Normalbevölkerung (IQ 100). Geht man näherungsweise davon aus, dass sie das ursprüngliche geistige Leistungsniveau wiedergeben, dann entspricht die Differenz zum präoperativen Wert einem kognitiven Leistungsverlust.

Die zur Zweittestung erreichten Werte lassen sich für die Kapazität des Arbeitsspeichers, nicht für den IQ (s. «Methoden»), gleich 100% der Leistungsfähigkeit setzen. Bezieht man die Differenz zur präoperativen Arbeitsspeicherkapazität darauf, dann erhält man einen Anhaltspunkt für das prozentuale Ausmass der kognitiven Leistungseinbusse. Im Einzelnen errechnet sich für die Kontrollpersonen 2% und für die Kataraktstichproben in der Reihenfolge der Tabelle 1 (von oben): 25%, 42%, 21% und 26% (s. Abbildung 1).

Abbildung 1 Durchschnittliche prozentuale Minderung der geistigen Leistungsfähigkeit (Arbeitsspeicherkapazität/bit) bei spät erworbener Katarakt (Mittelwerte)

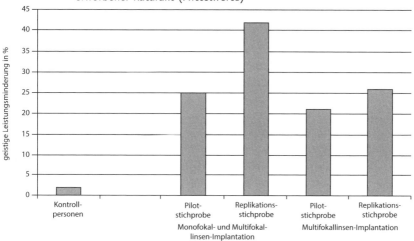

Zur Interpretation vgl. Tabelle 2.

Tabelle 2 enthält für den Vergleich die prozentualen Minderungen der mit dem KAI bestimmten Kurzspeicherkapazität bei unterschiedlichen Demenzausprägungen (Lehrl 1999). Anhand dieser Pathonormen wären die Kataraktpatienten im Mittel als leicht und als mittelschwer dement einzustufen. Nur bei 37,5% wäre nach den Testergebnissen kein Verdacht auf eine Demenz gegeben. Die restlichen 62,5% verteilen sich über alle Schweregrade (s. Tabelle 2). Die geistigen Leistungseinbussen entsprechen bei einigen Kataraktpatienten sogar schweren und sehr schweren Demenzen.

Die Bestimmung der Demenzausprägung mit dem KAI würde mit anderen Tests, die Aspekte der aktuellen geistigen Leistungsfähigkeit erfassen, kaum erheblich anders ausfallen. So hat Grässel (1993) bei Altersdemenzen erhebliche Zusammenhänge zwischen Minderungen im KAI und dem Mini-Mental-Status

Examination (MMSE) nach Folstein et al. (1975) nachgewiesen. Dies ist der international verbreitetste Test zum Screening von Altersdemenzen.

Tabelle 2 Minderung der Kurzspeicherkapazität (Arbeitsspeicherkapazität) und Demenzausprägung (aus Lehrl 1999)

Leistungsminderung	Demenzausprägung	Anzahl der Patienten mit IOL-Implantation Gesamt n = 40
Bis 5%	Keine bemerkbare Demenz	15
6–18%	Sehr leichte Demenz	10
19–37%	Leichte Demenz	7
38–62%	Mittelschwere Demenz	2
63–87%	Schwere Demenz	3
Über 87%	Sehr schwere Demenz	5

Orientierung an internationalen Kriterien für Altersdemenz

Inwieweit erfüllt die psychometrisch objektivierte kognitive Symptomatik der Katarakt die über Testergebnisse hinausgehenden Kriterien der internationalen Diagnostikleitlinien für Altersdemenz? Nach ICD-10 (DIMDI 1999), das hinsichtlich Altersdemenzen dem DSM-IV (Sass et al. 1998) weitgehend gleicht, treffen für die spät erworbene Katarakt die Kriterien G1, G2 und G4 (s. Tabelle 3) direkt zu. Die zusätzlichen Erhebungen über die Alltagsaktivitäten bei den Patienten unserer Studien (Lehrl und Gerstmeyer 2001) sowie viele wissenschaftliche Erhebungen anderer Autoren (vgl. Gerstmeyer und Lehrl 2001) belegen, dass bei Katarakt das alltägliche Leben erheblich beeinträchtigt ist. Wie schon andernorts ausgeführt (ebd.), stehen diese Beeinträchtigungen mit der geistigen Leistungseinbusse im direkten und indirekten Zusammenhang. Damit ist nicht nur die Forderung in G1, sondern auch in G3 erfüllt, weil Letztere zur kataraktbedingten sozialen Isolierung gehört.

Der Verlauf der kognitiven Symptomatik gleicht dem einer Demenz vom Alzheimer-Typ: schleichend und durch – meist über 10 Jahre bis zum Tod anhaltenden – fortgesetzten kognitiven Abbau gekennzeichnet (s. Tabelle 3). Allerdings ist anzunehmen, dass bei Katarakt im Gegensatz zur Altersdemenz ein geistiges Minimalniveau erhalten bleibt, das für die Aufrechterhaltung alltäglicher Funktionen – wie sich waschen, sich anziehen, essen, mit anderen kommunizieren – notwendig ist. Da die Kataraktpatienten Symptome wie Altersdemenzen haben, ist fraglich, ob sie nicht gar dem Typ «Andere Demenzformen» (s. Tabelle 3) zuzuordnen sind. Denn die Patienten scheinen nicht nur «wie dement» zu sein, sondern «sie sind dement», wenn man Demenz als Syndrom der langfristigen geistigen Leistungseinbusse mit Auswirkungen auf das Alltagsleben versteht.

Tabelle 3   Diagnostikleitlinie für Demenzsyndrome nach ICD-10 (F00–F03) (DIMDI 1999)

Kriterium G1:	Beeinträchtigung höherer kortikaler Funktionen, einschliesslich Gedächtnis, Denken, Orientierung, Auffassung, Rechnen, Lernfähigkeit, Sprache und Urteilsvermögen, die zur Beeinträchtigung des alltäglichen Lebens führen
Kriterium G2:	Bewusstsein nicht getrübt
Kriterium G3:	Verminderung der Affektkontrolle sowie Störung von Antriebs- sowie Sozialverhalten
Kriterium G4:	Dauer von mehr als 6 Monaten

Zusätzliche Unterscheidung von Demenztypen nach DSM-IV (Michel und Niemann 2002)
Alzheimer Typ zusätzlich: Verlauf schleichend und durch fortgesetzten kognitiven Abbau gekennzeichnet. Andere substanzinduzierte, systemische oder ZNS-Erkrankungen ausgeschlossen.
Vaskuläre Demenz zusätzlich: Neurologische Fokalsymptome oder Laborbefunde weisen auf zerebrovaskuläre Erkrankung hin.
Andere Demenzformen zusätzlich: Hinweise aus Anamnese, Untersuchung und Labor und andere Ursachen: HIV, Schädel-Hirn-Trauma, Parkinson, Chorea Huntington, Creutzfeld-Jakob-Erkrankung, andere.

Literaturrecherche

Weist die Literatur bereits auf entsprechende diagnostische Probleme hin? Wir haben dies zur Orientierung mit der Suchwortkombination DEMENTIA AND CATARACT in Medline (1968–August 2002) und Science Citation Index (1995–August 2002) geprüft und dabei keine expliziten Auseinandersetzungen über Zusammenhänge zwischen spät erworbener Katarakt und demenzieller Symptomatik gefunden. Allerdings wurden statistische Assoziationen zwischen Katarakt und Demenz in drei Prävalenzstudien mitgeteilt (Kishi et al. 1996; Koopmans et al. 1994; Zhang et al. 1998), die jedoch nicht weiter analysiert wurden. Eine Bestätigung unserer Befunde lässt sich auch aus dem Studienergebnis ableiten, wonach Alzheimer-Patienten mit Katarakt eine geringere Lebenserwartung als ohne haben (Chandra et al. 1986): Da, wie schon erwähnt, die fluide Intelligenzminderung der stärkste psychologische Prädiktor für eine reduzierte Lebenserwartung ist (Maier und Smith 1999), kann nicht ausgeschlossen werden, dass auch eine durch Katarakt bedingte zusätzliche Intelligenzeinbusse die Lebenserwartung entsprechend verkürzen kann.

Über die Abnahme oder gar das Verschwinden von Demenzen nach Kataraktoperationen wurde in der gefundenen Literatur nicht berichtet. Dies ist vielleicht schwer zu untersuchen, weil sich nach einer Studie von Marx et al. (1995) kognitiv erheblich Geminderte stärker als weniger Beeinträchtigte gegen Kataraktoperationen wehren.

Nach dem Einreichen dieses Manuskripts zur Publikation wurden uns bereits von vor zehn Jahren erhobene Daten über 37 Demenzpatienten in einer Tagespflegestätte zur Verfügung gestellt, bei denen sowohl der KAI als auch das MMSE sowie Seheinbussen ohne nähere Spezifizierung erfasst worden waren. Deren Analyse zeigte, dass die 27% der Patienten mit erheblichen Seheinbussen signifikant höhere Ausfälle im MMSE als die ohne derartig starke Sinneseinbussen hatten, wobei dies nicht allein durch Ausfälle in sehabhängigen Items des Tests erklärt werden konnte (Lehrl et al. 2003). Ein mindestens ebenso grosser Anteil schien tatsächlich auf kognitiven Minderungen zu beruhen, die einem Demenzsyndrom bzw. einer ausgeprägteren Demenz entsprachen.

5.3.6 Schlussfolgerungen

Es ist anzunehmen, dass die kognitiven Minderungen und davon abhängigen Einbussen an Alltagsaktivitäten und sozialen Kontakten bei spät erworbener Katarakt die Diagnose «Altersdemenz» begünstigen. Wenn man akzeptiert, dass bei Kataraktpatienten häufiger Altersdemenzen bzw. schwerere Demenzausprägungen als bei der Mehrheit der altersdementen Personen ermittelt werden, dann ergeben sich zwei weitere Fragen:

1) Sind die (Schweregrad-)Diagnosen falsch (liegt «tatsächlich» keine bzw. eine leichtere Altersdemenz vor)?
2) Bildet sich unter Katarakt tatsächlich eine (schwerere) Demenz?

Da sich offenbar ein Teil der psychometrischen Testergebnisse und Verhaltensbeobachtungen auf Merkmale stützt, die von der visuellen Wahrnehmung des Patienten abhängen, müsste ein Teil der Demenzdiagnosen ein diagnosemethodisches Artefakt sein. Dies erklärt aber nicht den Gesamtbetrag an kognitiven Leistungsminderungen (Gerstmeyer und Lehrl 2004; Lehrl et al. 2003). Diese sind nicht von dem Leitsyndrom der Demenz, der geistigen Leistungsminderung, unterscheidbar. Der ähnliche Verlauf kann nach den diagnostischen Leitlinien sogar die Spezifizierung «Demenz vom Alzheimertyp» nahelegen.

Wegen der grossen Häufigkeit von Alterskatarakt ist sowohl mit häufigen Fehldiagnosen als auch Bildungen und Erhöhungen der Schweregrade von Demenzsyndromen zu rechnen. Die Fehldiagnosen sind durch gründliche neuropsychiatrische Diagnostizierungen (insbesondere bildgebende Verfahren), die sich überlagernden kognitiven Syndrome hingegen durch Kataraktoperationen reduzierbar.

Die humane Verantwortung gebietet es, einen Patienten und seine Angehörigen vom Stigma einer «Altersdemenz» zu befreien, wo immer man die Mittel dazu hat.

Altersdemenzen sind häufig. Sie machen z.B. bei 80-Jährigen zwischen 20 und 30% der Jahrgänge aus (Michel und Niemann 2002). Bei den vielen davon, die behandlungsbedürftige Katarakt haben, ist daran zu denken, demenzdiagnostische Verfahren auszuschliessen, deren Ergebnisse von der visuellen Wahrnehmung abhängen, und ausserdem eine erfolgreiche Kataraktbehandlung durchzuführen. Die Interpretation der vorliegenden Ergebnisse, die allerdings noch nicht auf einer breiten empirischen Basis beruhen, gibt die Hoffnung, durch beide angeführten Verfahren die Altersdemenzen in der Häufigkeit und im Ausmass so zu reduzieren, dass dies zu erheblichen Erleichterungen in der Pflege und zu spürbaren Entlastungen der Kranken- und Pflegekassen führt.

5.3.7 Literatur

Cattell, R. B. 1963. Theory of fluid and crystallized intelligence: a critical experiment. *Educat Psychol* 54: 1–22.

Chandra, V., N. E. Bharucha und B. S. Schoenberg. 1986. Conditions associated with Alzheimer's disease at death: case control study. *Neurology* 36: 209–211.

DIMDI (Deutsches Institut für medizinische Dokumentation und Information). 1999. *ICD-10, Internationale statistische Klassifikation der Krankheiten und verwandter Gesundheitsprobleme.* Band 1, 10. Revision. Genf: World Health Organization.

Eysenck, H. J. 1986. Toward a new model of intelligence. *Person Indiv Diff* 7: 731–736.

Folstein, M. F., S. E. Folstein und P. R. McHugh. 1975. «Minimental state»: a practical method of grading the cognitive state of patients for the clinician. *J Psychiatr Res* 12: 189–198.

Gerstmeyer, K. und S. Lehrl. 2004. Kataraktbedingte Änderungen der Informationsverarbeitung. Ein innovativer Aspekt. *Ophtalmologe 2004*(101): 158–163.

Gerstmeyer, K. und S. Lehrl. 2001. Sehbedingte Verdummung Erwachsener. *Augenspiegel* 46: 20–36.

Grässel, E. 1993. Zur Anwendung psychopathometrischer Verfahren in der Demenzdiagnostik am Beispiel des Vergleichs zwischen dem Mini-Mental State und dem Testsystem MWT/KAI. *Z Gerontol* 26: 268–274.

Jensen, A.R. 1992. Understanding g in terms of information processing. *Educational Psychol Rev* 3: 271–308.

Kishi, R., T. Eguchi, N. Maeda et al. 1996. Health status, social networks and support systems of the so called old old in a population-based comparative study of residents aged 69–74 and 75–80. *Nippon Koshu Eisei Zassi* (Abstract) 43: 1009–1023.

Koopmans, R.T., H. J. van den Hoogen und C. van Weel. 1994. Incidence and prevalence of health problems in a group of nursing home patients with dementia. A comparison with family practice. *Tijdschr Gerontol Geriatr* 25: 231–236.

Lehrl, S. 1999. *Basis-System für Demenzmessung BSfD*. Ebersberg: Vless.

Lehrl, S., A. Gallwitz, L. Blaha und B. Fischer. 1992. *Geistige Leistungsfähigkeit. Theorie und Messung der Biologischen Intelligenz mit dem Kurztest KAI*. 3. überarb. Aufl. Ebersberg: Vless.

Lehrl, S. und K. Gerstmeyer. 2001. Untersuchungen von Kurzskalen für kataraktabhängige Aktivitäten im Alltag und für allgemeine Lebensqualität. S. 519–524 in *Kongressband zum 15. Kongress der Deutschsprachigen Gesellschaft für Intraokularlinsen-Implantation und Refraktive Chirurgie*, hrsg. von U. Demeler, H. E. Völcker und G. U. Auffarth. Köln: Biermann, .

Lehrl, S., E. Grässel und K. Gerstmeyer. 2003. Minderung pflegebedürftiger Altersdemenzen durch IOL-Implantationen? In *Kongressband zum 17. Kongress der Deutschsprachigen Gesellschaft für Intraokularlinsen-Implantation und Refraktive Chirurgie*, hrsg. von G. U. Auffahrt, R. Welt und U. Demeler. Köln: Biermann.

Maier, H. und J. Smith. 1999. Psychological predictors of mortality in old age. *J Gerontol Psychol Sci* 54B: 44–54.

Marx, M. S., P. Werner, N. Billig et al. 1995. Outcomes of cataract-surgery in nurse-home residents. *Psychosomatics* 36: 254–261.

Michel, E. und A. Niemann. 2002. Sozioökonomische Bedeutung der Demenz und leichter kognitiver Störungen. *Versicherungsmedizin* 54: 26–31.

Sass, H., H. U. Wittchen und M. Zaudig. 1998. *DSM-IV – Diagnostisches und statistisches Manual psychischer Störungen*. 2. verbesserte Auflage. Göttingen: Hogrefe.

Wahl, H.W., O. Schilling, F. Oswald und V. Heyl. 1999. Psychosocial consequences of age-relates visual impairment: comparison with mobility-impaired older adults and long-term outcome. *J Gerontol B Psychol Sci Soc Sci* 54: 304–316.

Weiss, V. 2000. *Die IQ-Falle: Intelligenz, Sozialstruktur und Politik*. Graz, Stuttgart: Leopold Stocker.

Zhang, M., Z. Zhu und P. Chen. 1998. Community investigation of the Activities of Daily Living (ADL) and medical conditions of the elderly in Shanghai. *Zhonghua Yi Xue Za Zhi* (Abstract) 78: 124–127.

5.4 Sehbehinderung und Blindheit im Alter: Heilpädagogische Unterstützung und Rehabilitation

Judith Adler und Monika T. Wicki

5.4.1 Heilpädagogik im Alter

Die Menschen in der Schweiz werden immer älter. Damit steigt die Bedeutung des Alters und die Lebensphase Alter nach dem Ruhestand wird länger. Die subjektiven Erwartungen an den Lebensabend wandeln sich (vom Sichern des Überlebens zu Jahren mit guter Lebensqualität). Es wird wichtiger, die subjektiven Wünsche und die eigene Rolle neu zu definieren, die eigenen Fähigkeiten zu erkennen und Chancen zu ergreifen.

Mit dem Alter nimmt aber auch die Wahrscheinlichkeit zu, krank oder behindert zu werden. Zum Alterungsprozess gehört, dass jemand immer schlechter sieht, hört, geht und eventuell sogar sich Dinge schlechter merken kann. Die Heilpädagogik befasst sich mit all diesen Behinderungen. Im Kontext von erschwerten Bedingungen

› legt die Heilpädagogik den Fokus u. a. auf Ziele, Diagnostik, Mittel und Methoden zur Aufrechterhaltung von Autonomie und Lebensqualität und
› thematisiert Biografie, Kontinuität, Lebensbedeutsamkeit, Sinn, Aktivität und Handlungsoptionen mit Behinderung.

Heilpädagogik macht Angebote für Menschen, die dies nicht mehr oder nur bedingt selbst einfordern können. Ältere Menschen mit Behinderung zu unterstützen, wie sie in ihrem Wohnalltag besser zurechtkommen können, sie zu begleiten wenn sie ihre Wohnformen ändern müssen, ihre Lernfähigkeit und -fertigkeit aufrechtzuerhalten, ihnen beispielsweise trotz abnehmendem Sehvermögen die Mobilität aufrechtzuerhalten helfen – dies und mehr sind Aufgaben, die Heilpädagogen und Heilpädagoginnen wahrnehmen (Adler et al. 2011). Die Heilpädagogik legt zudem grossen Wert auf die Erarbeitung von Wertorientierungen und die Aneignung von Haltungen.

Ziel ist auch im Alter mit einer Behinderung das Aufrechterhalten oder das Wiedererlangen eines selbstständigen, aufgabenbezogenen und sinnerfüllten Lebens durch die Nutzung der eigenen Kompetenzen in einer Umwelt, die unterstützt, anregt und die selbstverantwortliche Auseinandersetzung mit Belastungen fördert (Wacker 2003). Die Heilpädagogik bezieht sich auf das Behinderungsverständnis der WHO (2005), das sich u. a. an Integration, Selbstbestimmung und Mitspracherecht orientiert. Das heisst für die Heilpädagogik auch, die Einzigartigkeit des jeweiligen Betroffenseins zu erfassen.

5.4.2 Was ist eine Sehbehinderung?

Im vorliegenden Text wird von einem Verständnis von Behinderung ausgegangen, das auf dem Konzept der Internationalen Klassifikation der Funktionsfähigkeit, Behinderung und Gesundheit (ICF) basiert. Die von der WHO (2005) entwickelte Klassifikation verfolgt ein bio-psycho-soziales Verständnis von Behinderung. Dieses trägt dem Umstand Rechnung, dass sich Funktionsfähigkeit und Behinderung, menschliches Wohlbefinden oder Krankheit in verschiedenen Lebensbereichen zeigen, und ermöglicht eine Beschreibung aus der Perspektive des Körpers, des Individuums und seiner Tätigkeiten und des sozialen Eingebundenseins. Dabei liegt der Fokus nicht auf dem Gesundheitsproblem an und für sich, sondern auf den Folgen, die für die betroffene Person in dem jeweiligen Kontext entstehen. Eine Einschränkung der Funktionsfähigkeit (in den Aktivitäten und der Teilhabe) ist also immer auch kontextabhängig (Hollenweger 2003). Das heisst auch, dass aus der Ausprägung der Sehschädigung an sich keine direkten Rückschlüsse auf die Situation der Betroffenen gezogen werden können, und dass jeder Fall ein Einzelfall ist (Adler und Wohlgensinger 2011).

Der Schweizerische Zentralverein für das Blindenwesen (SZB) schätzt, dass in der Schweiz ca. 325'000 Personen mit einer Sehschädigung leben (SZB 2012, 5). Die grösste Gruppe sind Personen, die von einer Sehschädigung im Alter betroffen sind. Mehr als zwei Drittel aller sehbehinderten und blinden Menschen sind über 50 Jahre alt. Aufgrund des demografischen Wandels kann davon ausgegangen werden, dass sich die Zahl der Personen, die alterstypische Augenerkrankungen aufweisen, vervielfachen wird. Mit dem Alter nehmen Sehschädigungen stark zu, beispielsweise durch die altersbedingte Makuladegeneration (AMD), die Presbyopie infolge Elastizitätsverlusts der Linse mit folgenden Akkomodationseinschränkungen sowie durch Katarakt, Glaukom und Diabetes-Retinopathie. Aber auch Sehschädigungen aufgrund von neurologischen Problemen (CVI Cerebral Visual Impariment) beispielsweise als Folge eines Hirnschlags sind im Alter häufiger. Die drei wichtigsten Augenerkrankungen im Alter (Altersbedingte Makuladegeneration, Diabetes-Retinopathie und Glaukom) zeigen meist einen progressiven Verlauf, das heisst, dass bei solchen altersbedingten Augenerkrankungen keine Möglichkeit besteht, eine anhaltende Verbesserung zu erzielen. Die altersbedingte Makuladegeneration ist die führende Ursache für permanente Sehschädigung bei den älteren Personen (Walter et al. 1999, 245; Deittert et al. 2000, 161).

Die Begriffe Sehbehinderung, hochgradige Sehbehinderung und Blindheit werden im deutschsprachigen Raum unter den Oberbegriff Sehschädigung subsumiert. Um den Grad der Behinderung zu bestimmen, werden Sehschärfe (Visus) und Gesichtsfeldeinschränkungen berücksichtigt (Walthes 2003). Der Grad der Behinderung wird bei der Invalidenversicherung in Abhängigkeit von der bestkorrigierten Fern-Sehschärfe jedes Einzelauges bestimmt (Diepes et al. 2007, 7). Die

Schweizerische Invalidenversicherung (IV) bezeichnet, ausgehend von der Norm eines Visus (Sehschärfe) von 1 eine Verminderung bis 0.3 als Fehlsichtigkeit. Sehbehinderung wird attestiert, wenn der gemessene Visus kleiner als 0.3 ist. Ein Visus von 0.02 bis 0.05 gilt als hochgradige Sehschwäche, ein Visus, der darunter liegt, wird mit Blindheit gleichgesetzt (Hofer 2005, 284).

Diese eher medizinisch-sozialrechtlich orientierte Klassifikation ist für rehabilitative und heilpädagogische Zusammenhänge ungenügend, da sie neben Sehschärfe und Gesichtsfeld alle anderen Funktionen der visuellen Wahrnehmung ausser Acht lässt (Walthes 2003). In der Heilpädagogik wird von hochgradiger Sehbehinderung gesprochen, wenn visuelle Informationen nur noch zum Teil und in sehr begrenztem Mass für Wahrnehmungs- und Lernprozesse genutzt werden können. Beeinträchtigtes Sehen erschwert die Aufnahme und Verarbeitung von Umweltinformationen allgemein sowie von geschriebener Sprache und Bilddarstellungen. Die Kommunikation wird schwierig durch den fehlenden Überblick über die soziale Situation. Die Orientierung und Mobilität sind erschwert durch einen eingeschränkten Überblick über die räumliche Situation. Von Blindheit wird gesprochen, wenn die Lichtwahrnehmung gänzlich wegfällt oder sehr begrenzt ist und wenn die Möglichkeiten der räumlichen Orientierung und Mobilität ohne blindentechnische Hilfsmittel fehlen. Ein blinder Mensch ist im Sinne der funktionalen Einstufung ohne angepasste Techniken und Strategien ebenfalls stark eingeschränkt in der Kommunikation, in den Aktivitäten des Alltags und in allen Aktivitäten im Nahbereich, insbesondere beim Lesen und Schreiben (Hofer 2011).

5.4.3 Funktionale Diagnose als Grundlage heilpädagogischer Massnahmen
Für die Diagnose müssen in einem ersten Schritt die Ursachen einer Sehschädigung, deren Verlauf und Auswirkungen bekannt sein. Denn blinde, sehbehinderte, mehrfachbehinderte, blindgeborene oder im Laufe des Lebens erblindete Menschen haben je unterschiedliche Bedürfnisse und stellen unterschiedliche Anforderungen an ihre Umwelt, auch im Hinblick auf die benötigte Unterstützung (Walthes 2003, 15). Zu berücksichtigen sind auch zusätzliche Hörschädigungen oder Hörverlust bei Personen mit langjähriger Sehbehinderung oder Blindheit. Ebenso sollte der unterschiedliche Unterstützungsbedarf von alten und hochaltrigen Menschen berücksichtigt werden. Im sogenannten dritten Alter ist die Unterstützung zur selbstständigen Gestaltung des Alltags in der gewohnten Umgebung das Ziel. Bei hochaltrigen und teilweise pflegebedürftigen Menschen steht der Erhalt der Lebensqualität im Vordergrund.

Die Wechselwirkung zwischen Demenzerkrankung und Sehbehinderung oder Blindheit muss besonders genau beachtet werden. Eine neue Studie im Auftrag des Schweizerischen Zentralvereins für das Blindenwesen (SZB) zeigt, dass die Folgen einer im Alter entstehenden Sehbehinderung fälschlicherweise als beginnende Demenzerkrankung gedeutet werden können. Ein eingeschränktes Sehvermögen oder eine Schwerhörigkeit können aber auch zu Fehlern bei einer Demenzabklärung führen, da sich die Diagnostik auf Fähigkeiten stützt, die u. a. visuell gestützt werden (Blaser et al. 2013).

Seit 2002 wird mit der Internationalen Klassifikation der Funktionsfähigkeit, Behinderung und Gesundheit (ICF) der Weltgesundheitsorganisation WHO eine differenzierte Überprüfung der verschiedenen Dimensionen vorgeschlagen. Zur Bestimmung der Sehbehinderung werden von den Körperfunktionen die Sehfunktionen (Sehschärfe, Gesichtsfeld, Qualität des Sehens, Licht- und Blendungsempfindlichkeit, Farbsehen, Kontrastsensitivität, Bildqualität, andere spezifische visuelle Qualität wie z. B. zentrale oder periphere Gesichtsfeldausfälle, Tunnelsehen) einbezogen. Aber auch mentale Funktionen wie z. B. Orientierungsfähigkeit, Aufmerksamkeit, Gedächtnis, visuelle Wahrnehmung, Form, Farbe, Bewegung sind zu berücksichtigen (DIMDI 2005; Walthes 2003).

Zur Ermittlung der notwendigen und angepassten Unterstützung bei Einschränkungen in Aktivitäten (Durchführungen von Aufgaben oder Handlungen) und Teilhabe (Einbezogensein in eine Lebenssituation) kann mithilfe der in der ICF dargestellten Bereiche systematisch vorgegangen werden. Die Beeinträchtigungen in Aktivitäten und Teilhabe werden entlang den in der ICF aufgeführten Bereichen überprüft: Lernen und Wissensanwendung, Kommunikation, Mobilität, Selbstversorgung, häusliches Leben, interpersonelle Interaktion und Beziehung. Analysiert werden auch die Teilhabe in der Gemeinschaft und am staatsbürgerlichen Leben sowie weitere bedeutende Lebensbereiche wie Bildung, Arbeit und Freizeit.

Als weitere Dimension sind die Umweltfaktoren gemäss ICF zu berücksichtigen. Die Umweltfaktoren können sich sowohl als Ressource als auch als Barriere erweisen und müssen in die Abklärung sorgfältig miteinbezogen werden, um eine angepasste Unterstützung zu ermöglichen. Dazu gehören beispielsweise Hilfsmittel und Technologien für das tägliche Leben, für die Mobilität, die Kommunikation, für Freizeitaktivitäten, aber natürlich auch Mitmenschen zur Unterstützung und für Beziehungen wie Angehörige, Freunde, Bekannte, Pflegepersonen usw. Unterstützungs- und Beratungsdienste werden ebenfalls der Dimension der Umweltfaktoren zugeordnet und haben eine wichtige Aufgabe in der Begleitung.

Verschiedene Fachpersonen (Augenärzte, Optikerinnen, Low Vision Spezialisten) analysieren die Techniken, welche die Person unter Berücksichtigung der jeweiligen Kontextbedingungen (Beleuchtung, Kontrast usw.) in diesen Bereichen verwenden können. Fachpersonen müssen Fachkompetenz, soziale Kompetenz und Hilfsmittelkompetenz aufweisen, um die Personen in ihrer Situation zu unterstützen. Da eine Sehbehinderung den ganzen Menschen beeinflusst, auch seine sozialen Bezüge und alle Handlungsbereiche, ist die Zusammenarbeit der verschiedenen heilpädagogischen, therapeutischen und psychologischen Fachpersonen wichtig (Diepes 2007, 315).

5.4.4 Heilpädagogische Massnahmen und Rehabilitation

In einer Beratung müssen viele Dinge geklärt und Kontakte zu weiteren Anlaufstellen geknüpft werden. Augenärzte und Optiker haben in dieser Koordination eine wichtige Rolle, da sie ihr Wissen über die verschiedenen Beratungsangebote und Hilfsmittel für sehbehinderte Menschen weitergeben können, beispielsweise über Rehabilitations- und Trainingsangebote in Orientierung und Mobilität (O + M) und in Lebenspraktischen Fähigkeiten (LPF), über technologische Hilfsmittel, finanzielle Hilfen und Selbsthilfegruppen (Diepes et al. 2007, 159).

Sehbehinderung und Blindheit als Grundlage des alltäglichen Umgangs miteinander

Im Alter sind Sehbehinderungen zwar sehr verbreitet, dennoch verstehen die Betroffenen die Folgen der Sehschädigung oft nicht als Behinderung. Die Einschränkung wird dem Altwerden zugeschrieben und so kann es vorkommen, dass die rehabilitativen und integrativen Möglichkeiten und Aspekte einer unangepassten Umwelt nicht in Betracht gezogen werden (Wahl 2004, 89). Besonders bei Personen, die im Alter behindert werden, steht oft nicht mehr die Integration der Behinderung in ihre Identität im Vordergrund. Die Personen versuchen viel eher, eine positive Gesamtbilanz des eigenen Lebens zu ziehen, um den Verlust (des Sehens) zu verarbeiten (Adler und Wohlgensinger 2013). Bei der Planung der heilpädagogischen Massnahmen ist es deshalb bei dieser Personengruppe sinnvoll, lösungsorientiert auf die Person zuzugehen und nicht die Behinderung in den Vordergrund zu stellen. Unterschiedliche Angebote (z. B. Beleuchtung) sollen offeriert und zusammen mit der betroffenen Person soll das Passende zur Unterstützung ausgewählt werden. Dabei sind auch fördernde oder hemmende Kontextfaktoren und ihr Einfluss auf die Möglichkeiten der Aktivitäten und Teilhabe zu berücksichtigen. So können beispielsweise nahe Bezugspersonen Unterstützung bieten, bestimmte Aktivitäten und Lernmöglichkeiten ausgewählt und geplant werden, der Alltag anders gestaltet und Hilfsmittel und Räume angepasst werden (Hofer 2011).

Beeinträchtigtes oder fehlendes Sehen beeinflusst die Aktivität und Teilhabe der Menschen in verschiedenen Lebensbereichen, so auch beim Lernen und der Wissensanwendung. Auch im Alter können Menschen lernen (Herschkowitz 2006, 59), doch im Alter fällt es ihnen schwerer, den Umgang mit Hilfsmitteln zu erlernen oder sich im Lesen der Punktschrift zu befähigen. Gleichzeitig nehmen die taktilen Wahrnehmungsfähigkeiten oder auch die Hörfähigkeit im Alter ab. Dies erschwert die Unterstützung und Rehabilitation der Personen, deren Sehfähigkeit aufgrund progredienter Sehbehinderung zunehmend abnimmt. Darum ist es wichtig festzustellen, auf welcher Ebene die Einschränkungen sind und welche Hilfsmittel und Trainingsmöglichkeiten genutzt werden können.

Personen mit einer hochgradigen Sehbehinderung sind im Bereich des Lernens auf das Behalten des Gelernten im Gedächtnis angewiesen. Dies erfordert mehr Zeit zum Lernen und häufigere Repetition des Gelernten und ist im Alter besonders zu berücksichtigen (Hofer 2011).

Die Gestaltung der Umgebung

Die Aufgabe besteht darin, Umwelten bereitzustellen, in denen die Personen mit einer Sehschädigung ihre Lern-, Handlungs- und Erlebensmöglichkeiten möglichst eigenaktiv gestalten und erweitern können (Walthes 2003, 140). Wer solche Umwelten bereitstellen will, braucht einerseits einen umfassenden Blick auf die Umgebung der betroffenen Person, andererseits ein umfassendes Verständnis davon, wie die Sehschädigung die Aktivitäten und Teilhabe des Einzelnen beeinflussen und beeinträchtigen kann.

Beratungsstellen im Bereich der Sehbehinderung haben viel Erfahrung in der Abklärung des individuellen Unterstützungsbedarfs, bieten Rehabilitationsmassnahmen an und verfügen über ein grosses Angebot an Hilfsmitteln. Auch im Alter helfen Rehabilitationsmassnahmen in Orientierung und Mobilität (O + M) sowie in den Lebenspraktischen Fähigkeiten (LPF), länger selbstständig zu sein. Vor allem bei progredienten Krankheitsverläufen, komplexen Schädigungen oder erst im Erwachsenenalter erworbenen Schädigungen ist diese Unterstützung erforderlich.

Das Orientierungs- und Mobilitätstraining (O + M) hat zum Ziel, Menschen mit hochgradiger Sehbehinderung oder Blindheit zu befähigen, sich in bekannter und unbekannter Umgebung sicher fortzubewegen. Geschult werden Wahrnehmungsförderung und Sensibilisierung alternativer Sinne, Fortbewegung mit einem sehenden Begleiter, Suchtechniken, Schutz des eigenen Körpers (z. B. durch einen Signalstock), Verbesserung grundlegender Orientierungsstrategien, optimale Ausnutzung des vorhandenen Sehvermögens (Low Vision) sowie der Einsatz optischer und ergänzender Hilfsmittel (Beck 2004).

Beratung und Training im Bereich Lebenspraktischer Fähigkeiten (LPF) spielen für den Erhalt der eigenständigen und unabhängigen Lebensführung eine wichtige Rolle. Neben dem gezielten Einsatz des Sehvermögens werden soweit möglich weitere Sinne wie Tast-, Gehör-, Geruchs- und Geschmackssinn geschult, um Aufgaben des eingeschränkten Sehvermögens zu übernehmen. Zudem werden spezielle Techniken und Handlungsstrategien vermittelt, um u. a. Bewegungsabläufe durch strukturiertes und geplantes, korrekt ausgeführtes Vorgehen zu ersetzen. Zusätzlich werden im Alltag nützliche Hilfen vermittelt, Gegenstände des täglichen Lebens erkundet, Hilfsmittel vorgestellt und deren Gebrauch geübt (Matrizen und Kamps 2013, 102 f.).

Die Gestaltung der räumlichen Umgebung spielt für die Betroffenen insbesondere bei der Orientierung und Mobilität eine zentrale Rolle. Oft können einige Dinge in der häuslichen Umgebung oder in Alterseinrichtungen angepasst werden, damit die Selbstständigkeit der Personen weiterhin gewährleistet ist. Dazu ist die Gestaltung der verschiedenen Wohn- und Lebensbereiche wichtig, d. h. verstärkte Kontraste und Farbgestaltung sowie geeignete Beleuchtung (auch Vermeidung von Blendung) beispielsweise bei Treppen, Lift, Korridoren, in Gemeinschaftsräumen, im Aussenbereich, aber auch beim Essen. Auch der Zugang zu Informationen muss durch einen geeigneten Standort und eine angepasste Darstellung erleichtert werden. Markierungen (Punkte und Reflexstreifen) helfen, wichtige Dinge wie Treppenstufen oder Lichtschalter besser zu erkennen. Einheitliche Leitsysteme wie Bodenmarkierungen, Beschriftung und Handläufe unterstützen die Orientierung. Ebenso muss die Beleuchtung im Nahbereich den individuellen Bedürfnissen der Person angepasst werden (Matrizen und Kamps 2013, 80 ff.; Christiaen 2005).

Die neuen Kommunikations- und Informationstechnologien (ICT) bieten zahlreiche Möglichkeiten, damit auch Personen mit einer Sehschädigung teilhaben und sich besser orientieren können. Neben Computern, die über eine Blindenschriftzeile verfügen, gibt es Softwareprogramme, welche Texte in eine Sprachausgabe überführen oder sogenannte Screen Reader, welche die Oberfläche des Bildschirms sprachlich formulieren. Easy Reader für E-Books ermöglicht eine einfache Anpassung der Kontraste und des Schriftgrades beim Lesen. Auf E-Pub-Formate basierende E-Books erlauben eine dynamische Vergrösserung des Textes. Hilfreich sind auch Grossbildlupen und die Audiodeskription beim Fernsehen. In der Anwendung dieser Techniken zeigen sich jedoch noch zahlreiche Probleme. Viele Internetseiten sind nicht barrierefrei aufgebaut, oft haben Bilder oder Grafiken keine Texte im Hintergrund, die durch die Screen Reader erkannt werden können, bei E-Books sind PDF-Formate weniger anpassungsfähig als E-Pub-Formate.

Es gibt zahlreiche weitere Hilfsmittel, die den Personen mit einer Sehschädigung helfen, ihre Selbstständigkeit zu wahren. Neben vergrössernden Sehhilfen gibt es Uhren, Küchen- und Personenwaagen, Telefonbücher, Notiz- und Adressbücher mit Sprachausgaben und auch entsprechende Farberkennungsgeräte, Blutzucker- und Blutdruckmessgeräte oder Fieberthermometer. Im Haushalt und im Alltag helfen Tischsets bei der Erzeugung von Kontrasten mit dem Untergrund, eine Münzbox oder Geldscheinschablone beim Erkennen von Zahlungsmitteln. Es gibt Hörbücher, Hörzeitungen und auch spezielle Brett-, Würfel- und Kartenspiele sowie medizinische Tablettenboxen oder akustische Tropfenzähler für den Umgang mit Medikamenten (Diepes et al. 2007).

Integration und Gemeinschaft

Im Anschluss an die Bürgerrechtsbewegung in den USA und das von Nirje in den 50er-Jahren in Skandinavien entwickelte Normalisierungsprinzip (Nirje 1994) wird die Schaffung normaler, gewöhnlicher, typischer allgemeiner Lebensverhältnisse zur Gleichstellung von Menschen mit Behinderungen mit anderen Bürgerinnen und Bürgern eines Landes gefordert und gefördert (Bank-Mikkelsen 1975, 678). Als Konzept betrifft das Normalisierungsprinzip die umfassende Integration von Menschen mit Behinderungen (Fassmann 2002, 3), eine Vorstellung, die mit der UN-Konvention über die Rechte von Menschen mit Behinderungen (CRPD), die im Jahr 2006 in Kraft trat, eine rechtliche Basis erhielt. Menschen mit Behinderungen sollen selbstbestimmt alle Menschenrechte barrierefrei und, wo notwendig, mit Unterstützung, verwirklichen können (Hollenweger, 2006, 47 f.).

Eine Einschränkung des Sehens führt aber oft zu geringeren Möglichkeiten befriedigender Freizeitgestaltung, dies erleben besonders ältere Menschen als gravierenden Einschnitt in ihrem Leben. Wichtig ist es daher, Kompetenzen im Umgang mit technologischen Mitteln, der Nutzung des öffentlichen Verkehres und von Einkaufsmöglichkeiten zu entwickeln (Irimia 2008, 126).

Fehlendes Sehen erschwert auch die Einschätzung sozialer Situationen und kann aufgrund des fehlenden Überblicks zu Unsicherheiten führen (Hofer 2011). Um mit anderen Menschen kommunizieren zu können, ist es wichtig, diese zu erkennen. Das Erkennen von Gesichtern ist jedoch erschwert (Röder und Rösler 2006, 289). Mit einer hochgradigen Sehbehinderung ist es schwierig, in der Mimik der Personen zu lesen oder ihre Bewegungen zu deuten. Daher ist es sinnvoll, dass die Personen im Umfeld einer Person mit hochgradiger Sehbehinderung sich bei Begegnungen mit Namen vorstellen und informieren, wenn sie im Gespräch durch Dinge, die rundherum geschehen, abgelenkt sind. Wichtig ist zudem die Unterstützung bei der Pflege der Kontakte mit Bekannten, Freunden und Angehörigen (Diepes et al. 2007, 148). Dabei kann es hilfreich sein, im Alltag gemeindenahe Strukturen zu nutzen, informelle Austauschmöglichkeiten zu eröffnen, Nachbarn, Freunde und Bekannte einzuladen, die Welt der Person mit einer Sehschädigung zu teilen, von ihr zu lernen und mit ihr die Welt zu erkunden.

Wird von der Normalität der Sehbehinderung ausgegangen, ist es möglich von den Betroffenen zu lernen, sie als Experten ihrer selbst und die Strategien, die sie selber entwickeln zur Orientierung und Mobilität, zu entdecken, diese auch zu nutzen und weiterzuentwickeln (Hofer 2005, 305). Die diesbezügliche Sensibilisierung der nächsten Personen wie Angehörige, Freunde, Bekannte, Mitbewohnerinnen, Fachpersonen in der Pflege und auch der breiteren Bevölkerung ist sehr wichtig.

5.4.5 Literatur

Adler, J., K. Bernath, J. Steiner und M. Wicki. 2011. Heilpädagogik im Einflussbereich des demographischen Wandels. *Schweizerische Zeitschrift für Heilpädagogik* 17(2): 11–18.

Adler, J. und C. Wohlgensinger. 2013. Marsmännchen sind auf der Erde einsam. Strategien von Menschen mit einer Hörsehbehinderung in der Alltagsbewältigung. *Vierteljahresschrift für Heilpädagogik und ihre Nachbargebiete*, Preprint online http://www.reinhardt-journals.de/index.php/vhn/article/view/1767.

Adler J., C. Wohlgensinger und S. Spring. 2011. *Taubblindheit: Den Tatsachen ins Auge gesehen: Eine Publikation zur Studie «Zur Lebenslage hörsehbehinderter und taubblinder Menschen in unterschiedlichen Lebenssituationen in der Schweiz»*. St. Gallen: Schweizerischer Zentralverein für das Blindenwesen.

Bank Mikkelsen, N.E. 1975. Die Fürsorge für geistig Behinderte in Dänemark. S. 676–695 in *Anhang zum Bericht über die Lage der Psychiatrie in der Bundesrepublik Deutschland – Zur psychiatrischen und psychotherapeutisch/psychosomatischen Versorgung der Bevölkerung*, hrsg. vom Deutschen Bundestag, Unterrichtung durch die Bundesregierung. Bonn: BT-Drucksache 7/4201.

Beck, M. 2004. Schulung in Orientierung und Mobilität. S. 184–199 in *2. Internationaler LowVision Kongress. Diagnostik, Therapie, Rehabilitation, 1. und 2. Oktober 2004*, hrsg. von LowVision Stiftung Würzburg. Baunach: Spurbuchverlag.

Blaser, R., D. Wittwer, J. Berset, und S. Becker. 2013. *Demenzerkrankungen und Hör-/Sehbeeinträchtigungen. Eine Untersuchung zur wechselseitigen Beeinflussung von Demenzerkrankungen und Sehbeeinträchtigungen in der Diagnostik bei älteren Menschen*. Synthesebericht zuhanden des Schweizerischen Zentralvereins für das Blindenwesen. http://www.szb.ch/fileadmin/images/de/presse/Sehbehinderung_im_Alter/Demenzerkrankungen_und_Sehbeeintr%C3%A4chtigung_-_SZB-BFH_2013.pdf (3.12.13).

Christiaen, M. P. 2005. *Sehbehinderte Menschen in Alterseinrichtungen. Vorschläge für eine sehbehindertenfreundliche Gestaltung des Wohn- und Lebensbereiches*. St. Gallen: SZB.

Diepes, H., K. Krause und K. Rohrschneider. 2007. Sehbehinderung. *Ursachen – Auswirkung – Versorgung*. Heidelberg: DOZ Verlag.

DIMDI (Deutsches Institut für medizinische Dokumentation und Information). 2005. *ICF Internationale Klassifikation der Funktionsfähigkeit, Behinderung und Gesundheit*. http://www.dimdi.de/static/de/klassi/icf/ (20.10.2013).

Herschkowitz, Norbert. 2006. *Das vernetzte Gehirn – seine lebenslange Entwicklung*. 3. Auflage. Bern: Verlag Hans Huber.

Hollenweger, J. 2003. Behindert, arm und ausgeschlossen. Bilder und Denkfiguren im internationalen Diskurs zur Lage behinderter Menschen. S. 141–164 in *Wie man behindert wird: Texte zur Konstruktion einer sozialen Rolle und zur Lebenssituation betroffener Menschen*, hrsg. von G. Cloerkes. Heidelberg: Winter.

Hofer, U. 2011. *Sehbehinderung. Eine Kurzeinführung. Besondere Seh- und Wahrnehmungsfunktionen. Handout 1x1 der Heilpädagogik*. Unveröffentlichte Polykopie. Zürich: Interkantonale Hochschule für Heilpädagogik.

Hofer, U. 2005. Sehen – Nichtsehen. Traditionen und Perspektiven der Pädagogik für Menschen mit Sehbehinderung oder Blindheit. S. 281–318 in *Differentielle Heilpädagogik*, hrsg. von H. Dohrenbusch, L. Godenzi und Brigitta Boveland. Luzern: Edition SZH.

Irimia, E. 2008. *Probleme und Perspektiven der beruflichen Integration Blinder und hochgradig sehbehinderter Menschen*. München: Herbert Utz Verlag.

Laemers, F. und K. Wahren-Krüger. 2004. Low Vision in der Pädagogik. *blind sehbehindert* 1/2004: 34–39.

Matritzen, A. und N. Kamps. 2013. *Rehabilitation bei Sehbehinderung und Blindheit*. Berlin, Heidelberg: Springer-Verlag.

Röder, B. und F. Rösler. 2006. Kompensatorische Plastizität bei blinden Menschen. Was Blinde über die Adaptivität des Gehirns verraten. *blind-sehbehindert* 4/2006: 277–298.

SZB (Schweizerischer Zentralverein für das Blindenwesen) (Hrsg.). 2012. *Sehbehinderung und Blindheit: Entwicklung in der Schweiz*. St. Gallen: SZB.

Wahl, H. W. 2004. Sehverlust im höheren Lebensalter aus Person-Umwelt-Perspektive: Befunde und Anwendungsimplikationen. S. 88–111 in *«Qualitäten» Rehabilitation und Pädagogik bei Blindheit und Sehbehinderung*. Kongressbericht, 4.–8. August 2003 Dortmund, hrsg. vom Verband der Blinden- und Sehbehindertenpädagogen und -pädagoginnen e.V. Würzburg: Edition Bentheim.

Wahl, H. W. und C. Tesch-Römer (Hrsg.). 1997. *Angewandte Gerontologie in Schlüsselbegriffen*. Stuttgart: Kohlhammer.

Wacker, E. 2003. Behinderungen und fortgeschrittenes Alter als geragogische Herausforderung. S. 875–888 in *Grundfragen der Sonderpädagogik: Bildung – Erziehung – Behinderung. Ein Handbuch*, hrsg. von Annette Leonhardt und Franz B. Wember. Weinheim: Beltz.

Walter, U., F. W. Schwartz und A. Seidler. 1999. Sozialmedizin. S. 230–255 in *Soziale Gerontologie*, hrsg. von Birgit Jansen, Fred Karl, Hartmut Radebold, Reinhard Schmitz-Scherzer. Weinheim: Beltz Verlag.

Walthes, R. 2004. Differente Sehweisen. S. 14–22 in «Qualitäten» *Rehabilitation und Pädagogik bei Blindheit und Sehbehinderung.* Kongressbericht, 4.–8. August 2003 Dortmund, hrsg. vom Verband der Blinden- und Sehbehindertenpädagogen und -pädagoginnen e.V. Würzburg: Edition Bentheim.

Walthes, R. 2003. *Einführung in die Blinden- und Sehbehindertenpädagogik.* München: Reinhardt Verlag.

5.5 Ältere Menschen mit Behinderung in Pflegeinstitutionen – neue Herausforderungen für die Pflege

Ursula Wiesli

5.5.1 Einleitung

Pflege und Sozialpädagogik sind zwei Berufszweige, die bei der Begleitung, Betreuung und Pflege von Menschen mit Behinderung zusammenarbeiten müssten. Trotz der sich überschneidenden Aufgaben beim Thema Älter- und Pflegebedürftig-Werden mit Behinderung gibt es ein Nichtverhältnis der beiden Professionen, denn jede Berufsgruppe ist so mit der eigenen Fragestellung beschäftigt, dass sie die «gegebenen Gemeinsamkeiten nur punktuell aufgreifen» (Schaeffer et al. 1994, 18, nach Brieskorn-Zinke 2003).

In der Schweiz wird das Thema in nationalen Stellungnahmen nicht aufgenommen (BFS 2012; Schuler und Burla 2012; BAG und GDK 2009, 2012). Thematisiert wird es in auf Behinderung spezialisierten Institutionen oder Organisationen sowie in einem Papier der Schweizerischen Akademie der Medizinischen Wissenschaften (SAMW 2013). Die steigende Anzahl älterer Menschen in der Schweiz und deren erhöhter Bedarf an pflegerischer und medizinischer Betreuung aufgrund ihrer Multimorbidität wurden in die Nationale Strategie Palliative Care aufgenommen (BAG und GDK 2009, 2012).

Im vorliegenden Beitrag werden verschiedene Aspekte der Pflege älterer Menschen mit Behinderung angesprochen. Anhand von drei Beispielen wird illustriert, was die Herausforderungen und Barrieren für die Pflege von Menschen mit einer Behinderung im Alter sein könnten. Es wird der Frage nachgegangen: Welche Pflege wäre nötig, damit ältere pflegebedürftige, chronisch kranke und behinderte Menschen die Behandlung und Betreuung erhalten, die sie benötigen?

5.5.2 Relevanz des Themas

Menschen mit lebenslanger Behinderung werden älter. Treten bei ihnen typische altersbedingte chronische Krankheiten auf, so sind die Auswirkungen grösser und sie finden zeitlich früher statt. Dies betrifft auch den Bedarf an Unterstützung und Pflege. Diese Menschen haben gelernt, mit ihrer Behinderung zu leben, sie kennen die Einschränkungen oder wiederkehrenden Probleme schon sehr lange. Sie sind selbst die besten Expertinnen für die Behandlung und Organisation der Auswirkungen und Symptome, die durch ihre Behinderung entstehen können. Gesellschaftlich gesehen, werden sie aber oft noch mehr behindert, indem so gehandelt wird, als ob mit einer körperlichen Behinderung auch eine geistige Einschränkung einherginge. Bei Bedarf an umfassender und zunehmender Pflege müssen die Betroffenen oft sehr früh in ein Pflegezentrum eintreten. Das bedeutet, dass die anderen Bewohner 20–40 Jahre älter sind als sie. Oft kann auf ihre speziellen Bedürfnisse nicht eingegangen werden, da die Pflegenden keine entsprechende Ausbildung besitzen. Die Kosten für ihre Pflege können zudem bedeutend höher sein und die Betroffenen müssen eine Institution suchen, die sie überhaupt aufnimmt.

Von den Erfahrungen der Menschen mit lebenslanger Behinderung könnten sowohl die Menschen profitieren, die im hohen Alter durch chronische Krankheiten Behinderungen erleben, als auch die Pflegenden, die von den Erfahrungen und Kenntnissen dieser Menschen lernen könnten.

5.5.3 Theoretischer Hintergrund und Beispiele

Im Folgenden werden die Resultate einer Literatur- und Internetrecherche zum Thema Alter, Behinderung und Pflege beschrieben. Dann wird anhand von drei anonymisierten Fallbeispielen aufgezeigt, welche Themen sich den Pflegenden in einer Alters- und Pflegeinstitution beim Eintritt eines Menschen mit Behinderung stellen können.

Literaturrecherche: Pflege und Behinderung im Alter

Eine Literaturrecherche in «Medline» mit den Begriffen «older person, disability, nurse, care etc» in unterschiedlicher Kombination ergab keine geeigneten Treffer. Vielmehr wurde der Suchbegriff «Behinderung im Alter» immer mit chronischen Krankheiten des Alters verbunden, beim Weglassen des Suchbegriffs «Alter» wurden Studien zu Kindern mit Behinderungen und Pflegebedarf gefunden. Eine nicht weiter verfolgte Variante wäre die Suche nach spezifischen Krankheitsbildern und den Auswirkungen dieser Krankheiten im Zusammenhang mit dem Älterwerden gewesen.

In einer Internetrecherche wurden einige konkretere Artikel in Zeitschriften oder Kapitel in Büchern gefunden, wobei hier der Fokus eindeutig auf der psychischen Behinderung lag.

Auf Bundesebene finden sich Publikationen vor allem zum Thema Gleichstellung sowie statistische Daten zu speziellen Einrichtungen. In einem Bericht des Bundesrates zur Strategie für eine zukünftige schweizerische Alterspolitik (2007) werden Menschen mit Behinderungen und ihre Hauptprobleme speziell erwähnt (ebd., 4). In nationalen Papieren wird meist nicht auf die speziellen Bedürfnisse von Menschen mit Behinderung im Alter eingegangen (z.B. in der Publikation des Schweizerischen Gesundheitsobservatoriums (OBSAN) zum Thema «Psychische Gesundheit in der Schweiz» oder derjenigen des Bundesamtes für Statistik zum Thema «Gesundheit von Betagten in Alters- und Pflegeheimen», vgl. Schuler und

Burla 2012; Kaeser 2012). Auch diese Untersuchungen wurden nicht abschliessend behandelt.

Es stellt sich die Frage, ob dieses Wenige an Literatur positiv oder negativ zu bewerten ist. Positiv ist, dass in allen Papieren zum Alter die Individualität des Menschen im Alter betont und darauf hingewiesen wird, dass Pflege, Betreuung oder Behandlung dieser Tatsache gerecht werden müssen. Diese individuelle Fürsorge steht auch Menschen mit einer Behinderung zu. Negativ ist, dass erstens unberücksichtigt bleibt, dass das Erscheinungsbild von Krankheiten bei Menschen mit einer Behinderung anders ist. Zweitens wird kaum thematisiert, dass diese Gruppe bedeutend jünger ist, wenn sie mehr Pflege benötigt. Darauf sind die meisten Langzeitinstitutionen nicht genügend vorbereitet.

Um spezifische Stellungnahmen oder Massnahmen zu finden, muss man auf Internetseiten von Behindertenorganisationen recherchieren, beispielsweise dem Nationalen Branchenverband der Institutionen für Menschen mit Behinderung INSOS oder dem Fachbereich Erwachsene Menschen mit Behinderung von Curaviva Schweiz. Hier wird zum Thema Menschen mit Behinderung regelmässig publiziert, z.B. in der Fachzeitschrift Curaviva, im Magazin INFOSinsos oder in speziellen Publikationen auf der jeweiligen Website.

Behinderung physisch und psychisch – Definition

Berücksichtigt wird das Thema Behinderung von der SAMW, die in ihrer Reihe «Richtlinien und Empfehlungen» eine für die medizinische Behandlung und Betreuung von Menschen mit Behinderung publiziert (2012). Die Definition darin enthält die relevanten Punkte: Betroffen von Behinderung sind Menschen aller Lebensalter. Ihre Situation wird heute im Kontext der Menschenrechte betrachtet. Durch «bevormundende Einschränkung der selbstbestimmten Lebensführung oder durch Vernachlässigung, durch gesellschaftliche Barrieren oder durch aktive Ausgrenzung» können sie bedroht sein. Dagegen müssen ihr Recht auf Selbstbestimmung und Eigenverantwortung anerkannt und unterstützt sowie die Hindernisse für eine freie Teilhabe am gesellschaftlichen Leben beseitigt und der Einbezug von Menschen mit Behinderung in allen Gesellschaftsbereichen aktiv gefördert werden. Da Art der Behinderung, Schweregrad, Dauer und sozialer Kontext extrem unterschiedlich sein können, ist auch die Bedeutung für die medizinische Behandlung und Betreuung sehr unterschiedlich.

> «Eine Behinderung kann in direktem Zusammenhang mit der Behandlung stehen: präventive, kurative, rehabilitative und palliative Massnahmen sollen die Auswirkungen der angeborenen oder erworbenen Beeinträchtigung beseitigen oder vermindern.
>
> Sie kann die Behandlung und Betreuung aber auch nur indirekt beeinflussen: Auch wenn Gesundheitsstörungen in keinem direkten

Zusammenhang mit einer Behinderung stehen, kann diese für den Verlauf der Krankheit oder die diagnostischen und therapeutischen Möglichkeiten wichtig sein. Es muss deshalb eine der besonderen Situation angepasste Vorgehensweise gewählt werden.

In vielen Fällen steht die Behinderung aber in keinem relevanten Zusammenhang zur Gesundheitsstörung, die behandelt werden muss. In diesen Situationen ist eine von der üblichen Therapie abweichende Behandlung ebenso wenig gerechtfertigt, wie es eine Diskriminierung nach Geschlecht oder Nationalität wäre.» (SAMW 2012, 5)

Drei Beispiele

Im Folgenden wird anhand von drei Beispielen aufgezeigt, welche Probleme sich für Menschen mit einer Behinderung im Alter bei einem Eintritt in eine Pflegeinstitution ergeben können und welche Auswirkungen dies für die Pflegenden in den betreffenden Einrichtungen haben kann.

1) Frau Gabathuler – physische Krankheit

Frau Gabathuler ist mit achtzehn Jahren an Kinderlähmung erkrankt, das führte zu Einschränkungen in der Beweglichkeit der Extremitäten. Besonders betroffen waren die Beine, sodass sie anfangs mit Stöcken gehen musste. Ihre Gehfähigkeit verbesserte sich später wieder und sie konnte einem geregelten Berufsleben nachgehen. Sie wurde Sekretärin und arbeitete in Teilzeit. Sie benötigte ein reduziertes Arbeitspensum, da der Aufwand für die Aktivitäten des täglichen Lebens, wie Haushaltführung, Körperpflege oder auch Physiotherapie und Turnen, durch die Einschränkungen viel Energie beanspruchten. Wer sie nicht näher kannte, bemerkte die Behinderung jedoch nicht. Die Teilzeittätigkeit führte allerdings dazu, dass sie im Alter nur eine kleine Rente erhielt und mit zunehmendem Hilfebedarf schnell auf finanzielle Unterstützung angewiesen war. Ab dem sechzigsten Lebensjahr wurden die Beschwerden in den Beinen erneut stärker. Zunächst benötigte sie wieder Gehstöcke, später einen Rollstuhl. Obwohl auch die Beweglichkeit ihrer Oberarme stark beeinträchtigt war, konnte sie die Muskeln der Arme dank intensivem Training gut stärken, sodass sie den Transfer in den Rollstuhl selber bewältigen konnte. Eine Handfraktur verunmöglichte dies jedoch später und so war sie nun vollkommen auf externe Hilfe angewiesen und trat in ein Pflegeheim ein. Mit eisernem Willen trainierte sie weiter und konnte nach drei Jahren beim Transfer wieder tatkräftig mithelfen. Das gab ihr ein wesentliches Stück Autonomie zurück.

Welche Konsequenzen ergeben sich für die Pflege? Frau Gabathuler benötigt eine gute und konsequente Strukturierung sowohl des Pflegeablaufs als auch des gesamten Tages. Sie weiss genau, was sie benötigt, denn sie kennt ihre eigenen

Problembereiche durch die lange Zeit ihrer Behinderung sehr gut. Für Pflegende ist das oft schwierig zu erkennen, auch wenn die ressourcenorientierte Pflege in Pflegeheimen gut verankert ist. Ressourcenorientierung bedeutet zumeist, dass mit den Heimbewohnerinnen gemeinsam vereinbart wird, wie die Pflege und Betreuung gestaltet werden soll. Menschen mit einer lebenslangen Behinderung können jedoch konkret sagen, was sie benötigen. Bei Frau Gabathuler waren das die beschriebenen Abläufe beim Transfer vom Bett in den Rollstuhl oder wie die Utensilien für die Körperpflege bereitgestellt werden mussten, damit sie am Morgen am Waschbecken die Körperpflege selbst vornehmen konnte.

Diese Forderungen müssen von den Pflegenden als Notwendigkeit gesehen werden können, damit Frau Gabathuler trotz ihrer Behinderung so selbstständig wie möglich bleiben kann. Deshalb – und nicht als Schikane gegenüber den Pflegenden – benötigen diese ein vertieftes Wissen der einzelnen Krankheitsverläufe und des Krankheiterlebens von Menschen mit Behinderung.

2) Frau Kobel – psychische Krankheit

Auch Menschen mit langjährigen psychischen Problemen sind im Alter stärker von zusätzlichen Einschränkungen betroffen. Oft ist nicht ganz klar, was zuerst war: die psychische oder die physische Krankheit. Das nachfolgende Beispiel verdeutlicht dies.

> Frau Kobel hatte eine schwierige Kindheit, sie wurde vernachlässigt und geschlagen. In der Pubertät erkrankte sie an einer Depression und flüchtete früh in eine Ehe, die ebenfalls sehr problematisch war. Auch von ihrem Mann wurde sie geschlagen und nach vielen Jahren wurde die Ehe geschieden. Während dieser Zeit durchlebte Frau Kobel mehrere schwere Depressionsschübe. Ab dem dreissigsten Lebensjahr begann sie zusätzlich unter Rückenbeschwerden zu leiden und diese weiteten sich schnell zu schweren Schmerzzuständen aus. Die Situation verschlimmerte sich einschneidend, da sie zusätzlich zu den Antidepressiva Schmerz- und Schlafmittel einnahm und auch Alkohol in grossen Mengen konsumierte. Sie wurde medikamenten- und alkoholabhängig. Mit Unterstützung ihrer Kinder und ihres sozialen Umfeldes konnte sie sich aus dieser Abwärtsspirale wieder befreien. Da ihre Rückenprobleme aber zu einer Deformation der Wirbelsäule geführt hatten und die Schmerzen immer mehr oder weniger vorhanden waren, sie den Alltag nicht mehr alleine bewältigen konnte, trat sie mit 60 Jahren in ein Pflegeheim ein. Sie ist viel jünger als die anderen Bewohner und hat wenig Gesprächspartner. Mit dem Tagesrhythmus der Institution stellten sich Probleme ein, da sie jahrelang einen ganz anderen Rhythmus gehabt hatte. Für den Eintritt in die Institution hatte sie keine Wahl, denn meist gibt es eine Altersbegrenzung bei 65 Jahren, und da sie durch ihre lange Krankheitsgeschichte Sozialhilfeempfängerin ist, müssen die Zusatzkosten von der Gemeinde bewilligt werden.

In Alters- und Pflegeinstitutionen arbeiten nur wenige Pflegefachpersonen mit einem Schwerpunkt in psychiatrischer Pflege. Für das Verständnis und die Betreuung von Frau Kobel wäre dies aber sehr wichtig, denn ihre Themen sind die Depression und vor allem ihre Vorgeschichte der Abhängigkeit von Alkohol und Medikamenten. Beides hatte sie bei Eintritt unter Kontrolle und wurde durch ihren Hausarzt gut betreut. Einige Pflegenden hatten jedoch Angst, dass die Medikamentenabhängigkeit wieder auftreten könnte, wenn sie die Schmerzmittelreserve voll ausnützte. Das führte zu einem Kräftemessen zwischen der Bewohnerin und diesen Pflegenden über die Verabreichung der Medikamente. Der Tag-/Nachtrhythmus von Frau Kobel war ganz anders als im Haus üblich, am Morgen schlief sie länger und war abends sowie teilweise nachts länger wach. Sie benötigte eine individuell angepasste Tagesstruktur, damit sie nicht in eine komplette Tag-Nacht-Umkehr hineinglitt und so nicht mehr am sozialen Leben hätte teilnehmen können. Neben psychiatrischem Fachwissen wären hier Kenntnisse zum Verlauf und zur Begleitung von langjährigen psychischen Erkrankungen nötig, um den Pflegefachpersonen Sicherheit für die adäquate Betreuung von Frau Kobel geben zu können.

3) Frau Graf – körperliche und geistige Behinderung
Menschen mit körperlicher und geistiger Behinderung werden heute älter und da die sozialpädagogischen Institutionen keinen Pflegeauftrag haben, müssen deren Bewohner bei stärkerem Pflegebedarf in ein Pflegeheim umziehen.

> So erging es Frau Graf. Sie lebte bis zu ihrem 72. Lebensjahr in einer Wohngruppe für behinderte Menschen, in der sie auch gearbeitet hatte. Seit Geburt hatte sie eine körperliche und geistige Behinderung unbekannter Ursache. Sie wurde von ihrer Familie gut umsorgt und gefördert. Eine selbstständige Lebensführung war jedoch aufgrund ihrer geistigen Beeinträchtigung nicht möglich. Körperlich war sie eher klein, hatte verkürzte Extremitäten und eine mehrfach gekrümmte Wirbelsäule. Das Gehen oder der Transfer ins Bett oder umgekehrt war schon immer etwas speziell gewesen. Als sie ins Pflegeheim eintrat, war sie vollumfassend auf Pflege angewiesen, nur essen konnte sie noch selbstständig. Der Transfer musste ihren Bedürfnissen entsprechen, sie musste über den Bauch ins Bett gerollt werden. Ihre Art war «anders», sie sagte häufig «jöh», wenn ihr etwas gefiel, oder «so lieb», wenn ihr jemand half, und das mit sehr hoher Stimme. Aufgrund ihrer geistigen Behinderung konnte sie sich schlecht ausdrücken, die Kommunikation mit ihr war dadurch stark eingeschränkt. Sie war an eine intensivere Beziehung zum betreuenden Personal gewohnt, mit viel Nähe und Umarmungen, denn ihre vorherigen Betreuer kannte sie viele Jahre lang. Für die Pflegenden war diese Nähe, aber auch ihre kindliche Art sehr ungewohnt.

Eine Vertiefung zum Thema geistige und körperliche Behinderung wäre in diesem Fall sowohl nötig als auch sehr hilfreich gewesen. Die Sozialpädagogen der

Institution, in der Frau Graf vorher gewohnt hatte, waren der Ansicht, sie könne durchaus sagen, was sie benötige. Dabei unterschätzten sie die Schwierigkeiten in der Kommunikation und die Tatsache, dass sie Frau Graf schon lange sehr gut kannten. Ein Austausch mit ihnen hätte zur Klärung beitragen können.

Professionelle Pflege und Sozialpädagogik

Vor allem das letzte Beispiel zeigt auf, dass es für die Pflege von Menschen mit Behinderung wichtig wäre, wenn Pflege und Sozialpädagogik gut und vermehrt zusammenarbeiten würden. Viele Themen sind gemeinsam oder ähnlich, unterschiedlich ist insbesondere der jeweilige Kontext. Im Folgenden werden die Professionen kurz beschrieben. Dabei sollen die gemeinsamen Aspekte herausgefiltert werden.

1) Sozialpädagogik
Das Aufgabengebiet der Sozialpädagogik wird anhand einer professionsinternen Beschreibung des Aufgabenfeldes einer diplomierten Sozialpädagogin im Rahmenlehrplan für Bildungsgänge der Höheren Fachschule für Sozialpädagogik umrissen (SAVOIRSOCIAL und SPAS 2011). Als Kernaufgabe wird die professionelle Begleitung, Aktivierung und Förderung von Einzelnen jeden Lebensalters oder Gruppen beschrieben, «deren selbstständige Lebensgestaltung und soziale Integration erschwert, gefährdet oder verunmöglicht ist (...), die in den Bereichen Lernen, Sozialverhalten, Alltagsbewältigung, Teilnahme und Teilhabe an der Gesellschaft infolge sozialer, geistiger, psychischer oder körperlicher Umstände, Benachteiligung oder Behinderung einer Betreuung, Begleitung, Förderung und/oder Erziehung bedürfen.» Mit stützenden, ergänzenden oder kompensierenden Massnahmen und Strukturen sollen die Betroffenen ihren Ressourcen entsprechend so gefördert werden, dass sie ihren Alltag weitestgehend selbstständig bewältigen und ein Optimum an Lebensqualität erreichen können. Dabei sind gesellschaftliche, kulturelle und wirtschaftliche Gegebenheiten zu berücksichtigen, die oft widersprüchliche Rahmenbedingungen schaffen. Der betroffene Mensch und sein soziales Umfeld stehen im Zentrum der Arbeit, die Sozialpädagogik nimmt zudem mit der anerkannten Aufgabe, «Menschen zu (re-)integrieren oder vor gesellschaftlichem Ausschluss zu bewahren» auch ein gesellschaftliches Mandat wahr. Die sozialpädagogische Arbeit wird immer als Teil eines Versorgungsnetzes verstanden, in dem die «interdisziplinäre Zusammenarbeit mit benachbarten Fachgebieten, wie z. B. Heilpädagogik, Psychologie usw., und Arbeitsfeldern, wie z. B. Schule, Beratung und Therapie, Psychiatrie, Pflege und Rehabilitation usw., (...) von grosser Bedeutung [ist]» (ebd., 5).

2) Professionelle Pflege
Die professionelle Pflege richtet sich an alle Menschen in jedem Altersbereich, kümmert sich um den einzelnen Menschen als Individuum, sieht ihn aber auch eingebunden in seine Familie oder in seine grösseren sozialen Strukturen. «Professionelle Pflege fördert und erhält Gesundheit, beugt gesundheitlichen Schäden vor und unterstützt Menschen in der Behandlung und im Umgang mit Auswirkungen von Krankheit und deren Therapien. Dies mit dem Ziel, für betreute Menschen die bestmöglichen Behandlungs- und Betreuungsergebnisse sowie die bestmögliche Lebensqualität in allen Phasen des Lebens bis zum Tod zu erreichen» (Spichiger et al. 2006, 51).

Der Auftrag der Pflegenden ist es, Menschen in ihren Krankheitsverläufen zu begleiten, indem sie die Ressourcen, Erfahrungen und Wünsche der Patientinnen und Patienten berücksichtigen. Jede Berufsausrichtung der Pflege hat ihre speziellen Anforderungen – auf diese wird im Folgenden insbesondere für den Bereich der Pflege älterer Menschen etwas vertiefter eingegangen.

Das Erkennen von Veränderungen im Krankheitsverlauf älterer Menschen ist eine anspruchsvolle Aufgabe und benötigt Fachpersonen mit vertieftem Wissen in gerontologischer Pflege. Pflegende müssen die Probleme älterer Menschen erkennen, einschätzen und die entsprechenden und gewünschten Massnahmen in die Wege leiten können. Mit den Betroffenen und ihren Angehörigen sind die Wünsche oder Ziele zu klären, um darauf ausgerichtet ein Ziel zu definieren und geeignete Interventionen planen zu können. Eine Grundbedingung in der Pflege älterer Menschen ist die multiprofessionelle Zusammenarbeit mit Physiotherapeuten, Ernährungsberaterinnen, Fachpersonen der Sozialen Arbeit, Medizinern, Seelsorgern und freiwilligen Mitarbeitenden. Spezialisiertes pflegerisches Fachwissen wie Palliative Care, rehabilitative und psychiatrische Pflege oder Wundmanagement sind einzubeziehen. Eine Kooperation mit Institutionen und Organisationen, wie der ambulanten Pflege, Pflegeheimen, Spitälern und weiteren Fach- und Dienstleistungsstellen, muss ebenfalls geleistet werden. Gams-Homolovà schrieb bereits im Jahr 2000, dass die Vielfalt an Berufen und Dienstleistungen in der Pflege, Betreuung und Begleitung älterer Menschen fachlich versierte Personen benötigt, die alle Möglichkeiten kennen, diese koordinieren und verlaufsorientiert auf die Bedürfnisse ihrer Klienten abstimmen können. Der Mensch muss als Ganzes betreut werden, damit sein Leben zusammen mit ihm in der jeweiligen Umgebung mit der für ihn nötigen Unterstützung in Pflege und Betreuung gestaltet werden kann.

3) Konsequenzen
Die Aufgaben der Sozialpädagogik und der professionellen Pflege weisen viele Gemeinsamkeiten auf. Beide kümmern sich um Menschen in jedem Lebensalter, wichtig sind u. a. die Lebensqualität und die Partizipation der einzelnen Person.

Bei der Sozialpädagogik wird die Pflege im Zusammenhang mit der Multiprofessionalität erwähnt. Diese Zusammenarbeit wäre spätestens beim Umzug eines Menschen aus einer sozialpädagogischen Institution in ein Pflegeheim dringend notwendig.

Die Pflege in den Heimen hat in der Betreuung von Menschen mit physischer und psychischer Behinderung weder Ausbildung noch Erfahrung, das führt zu Überforderung. Es gibt jedoch Pflegeheime und sozialpädagogische Einrichtungen, die sich auf die Bedürfnisse von Menschen mit einer geistigen Behinderung spezialisiert haben (Huber und Paltzer 2010; Fachzeitschrift Curaviva 2009). Die positiven Erfahrungen dieser Einrichtungen sollten die beiden Professionen ermutigen, häufiger und intensiver zusammenzuarbeiten.

Die Bevölkerung wird immer älter

Ein langes Leben und somit das Älterwerden der Bevölkerung ist laut Weltgesundheitsorganisation (WHO) ein Zeichen guter Gesundheit (WHO 2007, in Wiesli 2011). Es wirft neue Herausforderungen für das 21. Jahrhundert auf. Die WHO weist darauf hin, dass sich Gesundheitsanbieter und Gesellschaft auf die Bedürfnisse dieser älteren Menschen vorbereiten müssen. «Ageism», also Altersdiskriminination, kann zu einer Trennung der Generationen führen und die Partizipation der älteren Menschen verhindern oder erschweren. Kommt eine Behinderung dazu, ist die Teilhabe zusätzlich erschwert, denn die notwendige Energie ist oft nicht mehr vorhanden, wenn die physische und psychische Aufrechterhaltung des Lebens mit einer Behinderung einen grossen Teil der Energie absorbiert.

Mit höherem Alter leiden immer mehr Menschen unter mehreren chronischen Krankheiten unterschiedlicher Ursache. Mehrere Diagnosen gleichzeitig zu haben, heisst Multimorbidität, und «die Zahl der Menschen, die an vier und mehr chronischen Krankheiten leiden, hat in der Schweiz zwischen 1985 und 2005 um 300% zugenommen» (BAG und GDK 2009). Das Bundesamt für Statistik (BFS) stellt fest, dass in der Altersgruppe der 65–74-Jährigen bereits 26% an einer Behinderung leiden, 7.6% davon an starker Beeinträchtigung (BFS, 2013). «Die meisten Behinderungen von Betagten hängen mit dem Alterungsprozess zusammen. Es kommt häufiger vor, dass bei Menschen im Alter Behinderungen auftreten als dass Menschen mit Behinderungen alt werden» (BFS, 2013, 1). Diese Zahlen des BFS sind Schätzungen.

5.5.4 Notwendige Massnahmen

Zu den notwendigen Massnahmen können hier nur einzelne Aspekte aufgegriffen werden. Mit einem Modell wird abschliessend ein Gesichtspunkt für spezifische Interventionen bei älteren Menschen mit Behinderung dargestellt.

Pflegefortbildung und Praxisentwicklung

Multimorbidität im Alter erfordert eine kompetente und kontinuierliche Begleitung zur Vermeidung oder Minimierung von Folgeerkrankungen und somit von weiteren Einschränkungen und negativen Effekten auf die Lebensqualität. Dies gilt sowohl für Menschen mit Behinderung im hohen Alter als auch für solche mit lebenslanger Behinderung. Bei Letzteren ist es wichtig, den gesamten Verlauf der Krankheit zu kennen und mit den Betroffenen gemeinsam Strategien zu entwickeln oder mit den Angehörigen und sozialpädagogischen Betreuungspersonen zusammenzuarbeiten. Dafür wird gut ausgebildetes Pflegepersonal benötigt.

Derzeit können immer mehr Pflegestellen nicht besetzt werden, da diplomiertes Pflegepersonal fehlt. Zugleich gibt es eine Überalterung bei den Pflegenden, sodass der Mangel an diplomiertem Personal sich in 10–20 Jahren noch weiter verschärfen könnte. Als Antwort darauf wurde die Ausbildung der Pflege verändert. Seit zehn Jahren werden auf der Sekundärstufe die Fachfrau und der Fachmann Pflege ausgebildet, eine eidgenössisch zertifizierte Ausbildung mit Fokus Administration, Betreuung und Pflege. Zusätzlich werden Pflegefachpersonen an Höheren Fachschulen und Fachhochschulen ausgebildet, die mit einem HF-Diplom oder einem Bachelor FH abschliessen. Diese Fachleute sind dringend nötig, um die anspruchsvolle tägliche Pflege zu organisieren und in komplexen Situationen durchzuführen. Sie tragen die Hauptverantwortung für den gesamten Pflegeprozess eines Patienten. Zudem leiten sie die Fachpersonen Gesundheit und allenfalls andere Pflegehilfspersonen an. Die Pflegenden können sich in diversen Fachrichtungen vertiefen und weiterbilden und es wäre zu wünschen, dass Interventionen für Menschen mit einer Behinderung vermehrt in die diversen Aus- und Weiterbildungslehrgänge aufgenommen werden.

Zu einer vertieften Pflegepraxis gehört auch der Einbezug von Forschungsergebnissen. Dies kann teilweise durch Bachelorabsolventinnen gewährleistet werden. Für die Betreuung und Pflege komplexer chronischer Krankheitsverläufe benötigt es aber oft das vertiefte Wissen einer Masterabsolventin, die als Pflegeexpertin mit den Betroffenen und den Pflegenden neue Wege gestaltet.

Forschung

Pflegefachpersonen mit einer Masterausbildung sind auch notwendig, um die Schweizer Forschung in der Pflege weiterzuentwickeln. Es braucht eine Überprüfung und Anpassung von Assessmentinstrumenten und Massnahmen, um eine adäquate und professionelle Pflege der Bevölkerung zu garantieren. Und es braucht Forschungsprojekte, die überprüfen, wie es um die Pflege in der Schweiz steht und welche Interventionen notwendig oder nützlich sein könnten. Beispiele dafür sind die SHURP-Studie (Zúñiga et al. 2013), die Studie Spitex Plus (Imhof et

Abbildung 1   Verlauf einer Behinderung in Bezug auf Beginn und Dauer der
Mobilisierung von Ressourcen (nach Ferraro et al. 2009, 425)

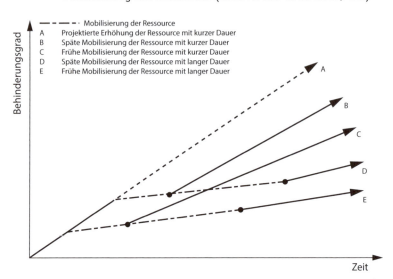

al. 2011) oder die Untersuchung der Konsequenzen finanzieller Vorgaben für die Pflege (Madörin 2014).

Modelle zu Krankheitsverläufen (Trajectories), helfen zu überlegen oder zu belegen, wie die Ressourcen und die Selbstkompetenz der Betroffenen gefördert werden können. Ein Beispiel wird im Folgenden dargestellt.

Ein Modell

Bei Verlaufskurven oder Trajectories von chronischen Krankheiten geht es um den zeitlich unbegrenzten Verlauf mit Phasen von Krisen, Veränderungen oder Stabilisierung. Diese stehen in einem permanenten, unvorhersehbaren Wechsel (Schaeffer und Moers 2008). Lebensverläufe werden in der Altersforschung schon länger untersucht und beschrieben, dabei wird auf Einflussfaktoren wie Finanzen, Funktionalität, Spiritualität oder Kognition hingewiesen. Diese Faktoren können positive oder negative Auswirkungen haben, sind somit im positiven Fall Ressourcen, die unterstützt werden können, im Negativen stellen sie Probleme dar, für die Lösungen gesucht werden müssen.

In Abbildung 1 wird anhand von fünf Verläufen gezeigt, wie sich die Anregung der Ressourcen auf die Behinderung auswirken kann, da bei gleicher Ausgangslage, aber unterschiedlichem Beginn und ungleicher Dauer der Ressourcenmobilisation die Schlusssituation deutlich auseinanderklaffen kann (Ferraro et al. 2009).

Die Gerade A zeigt den projizierten Verlauf ohne Mobilisierung der Ressourcen, B die späte und kurze Mobilisierung der Ressourcen, C die frühe und kurze Ressourcenmobilisation, D eine relativ späte, aber lang anhaltende Ressourcenmobilisierung und E die frühe und lang dauernde Mobilisation der Ressourcen. Die Verläufe gehen von der gleichen Beeinträchtigung aus, aber die Entwicklung der Behinderung ist beeinflusst vom Beginn und der Dauer der durchgeführten Massnahmen. Die Auswirkungen auf die Behinderung sind beträchtlich und könnten über einen grösseren Zeitraum noch mehr auseinanderdriften.

Allgemein kann geschlossen werden, dass soziale, ökonomische oder psychologische Ressourcen Krankheitsverläufe verlangsamen oder beschleunigen können.

Konkrete Forschung zu Lebens- und Krankheitsverläufen können somit helfen zu verstehen, wann Ressourcen eingesetzt und unterstützt werden sollten, um Krankheitsverläufe zu verlangsamen. Für die Pflege bedeutet dies, dass es ganz wichtig ist, mit der betroffenen Person, ihrem Umfeld und allen beteiligten Berufsgruppen herauszufinden, welche Ressourcen aktiviert werden sollen, um die Auswirkung der Behinderung zu minimieren oder zu kompensieren. Dies erfordert Pflegende mit einem erweiterten und vertieften Wissen zu Behinderung und dem möglichen Verlauf, sodass sie zum richtigen Zeitpunkt die vorhandenen Ressourcen mit der richtigen Massnahme unterstützen können.

5.5.5 Schlussbemerkung

Im vorliegenden Beitrag wurden einige Aspekte von Behinderungen, die schon lange bestehen oder erst im Alter auftreten, und die möglichen Aufgaben der Pflege beschrieben. Das Thema ist sehr viel breiter, hier konnten nur einige Punkte angesprochen werden. Es ist offensichtlich, dass noch einiges an Forschung notwendig ist, um die Ressourcen von Menschen mit Behinderung adäquat zu fördern und zu aktivieren. Dass solche Erkenntnisse sowohl in die Praxis als auch in Aus- und Weiterbildungen einfliessen müssen, wurde erwähnt und an den Fallbeispielen verdeutlicht.

5.5.6 Literatur

BAG und GDK (Bundesamt für Gesundheit und Schweizerische Konferenz der kantonalen Gesundheitsdirektorinnen und -direktoren. 2012. *Nationale Strategie Palliative Care 2013–2015: Bilanz «Nationale Strategie Palliative Care 2010–2012» und Handlungsbedarf 2013–2015.* http://www.bag.admin.ch/themen/gesundheitspolitik/13764/13769/index.html?lang=de (04.08.2014).

BAG und GDK (Bundesamt für Gesundheit und Schweizerische Konferenz der kantonalen Gesundheitsdirektorinnen und -direktoren. 2009. *Nationale*

Strategie Palliative Care 2010–2012. http://www.bag.admin.ch/themen/gesundheitspolitik/13764/13776/index.html?lang=de (04.08.2014).

Bericht Bundesrat. 2007. *Strategie für eine schweizerische Alterspolitik.* http://www.news-service.admin.ch/NSBSubscriber/message/attachments/9382.pdf (18.07.2014).

BFS (Bundesamt für Statistik). 2013. *Gleichstellung von Menschen mit Behinderungen – Daten, Indikatoren.* www.bfs.admin.ch/bfs/portal/de/index/themen/20/06/blank/key/01.print.html (14.07.2014).

Brieskorn-Zinke, Marianne. 2003. Die Rolle der Public Health/Gesundheitsförderung – Versuch einer Systematisierung. *Pflege* 16: 66–74.

Ferraro, Kenneth F., Tetyana Pylypiv Shipee und Markus H. Schafer. 2009. Cumulative Inequality Theory for Research on Aging and the Life Course. S. 413–434 in *Handbook of Theories of Aging* (2nd), hrsg. von Vern L. Bengtson, Merril Silverstein, Norella M. Putney und Daphna Gans. New York: Springer.

Gams-Homolovà, Vjenka. 2000. Pflege im Alter. S. 405–428 in *Handbuch Pflegewissenschaft,* hrsg. von B. Rennen-Allhoff und D. Schaeffer. Weinheim: Juventa.

Huber, Evelyn und Annette Paltzer. 2010. Lebenslange Behinderung: Partizipation im Alter – trotz Einschränkungen. *Krankenpflege* 5: 18–21.

Imhof, L., R. Naef, R. Mahrer-Imhof und H. Petry. 2011. SpitexPlus: Assessment und fortgeschrittene Pflegeinterventionen für zuhause lebende alte Menschen und ihre Familien. *Pflege* 24(1): 43–56.

Kaeser, Martin. 2012. *Gesundheit von Betagten in Alters- und Pflegeheimen: Erhebung zum Gesundheitszustand von betagten Personen in Institutionen (2008/09).* Neuchâtel: BFS.

Madörin, Mascha. 2014. Ökonomisierung des Gesundheitswesens – Erkundungen aus Sicht der Pflege. http://www.project.zhaw.ch/de/gesundheit/pf-zur-sache.html (13.05.2014).

SAMW (Schweizerische Akademie der medizinischen Wissenschaften). 2012. Medizinische Behandlung und Betreuung von Menschen mit Behinderung. http://www.samw.ch/de/Ethik/Richtlinien/Aktuell-gueltige-Richtlinien.html (17.07.2014).

Savoirsocial und SPAS. 2011. *Rahmenlehrplan für Bildungsgänge der höhere Fachschule Sozialpädagogik.* http://www.sbfi.admin.ch/php/modules/bvz/file.php?file=RLPT018d (18.07.2014).

Schaeffer, Doris und Martin Moers. 2008. Überlebensstrategien – ein Phasenmodell zum Charakter des Bewältigungshandelns chronisch Erkrankter. *Pflege & Gesellschaft* 13: 6–31.

Schuler, Daniela und Leila Burla. 2012. *OBSAN: Psychische Gesundheit in der Schweiz.* http://www.obsan.admin.ch/bfs/obsan/de/index/05/04.html?publicationID = 4724 (12.01.2013).

Spichiger, Elisabeth, Annemarie Kesselring, Rebecca Spirig, Sabina De Geest und Gruppe «Zukunft Medizin Schweiz» der SAMW. 2006. Professionelle Pflege – Entwicklung und Inhalte einer Definition. *Pflege* 19: 45–51.

WHO (World Health Organization). 2007. *10 facts on ageing and the life course.* http://www.who.int/features/factfiles/ageing/en/index.html (21.08.2009).

Wiesli, Ursula. 2011. Hochbetagte Menschen zuhause – pflegen, begleiten und betreuen. S. 187–209 in *Hochaltrigkeit – Herausforderung für persönliche Lebensführung und biopsychosozialer Arbeit,* hrsg. von Hilarion Petzold, Lotti Müller und Erika Horn. Wiesbaden: VS Verlag für Sozialwissenschaften.

Zúñiga, Franziska, Dietmar Ausserhofer, Christine Serdaly, Catherine Bassal, Sabina De Geest und René Schwendimann. 2013. *SHURP: Swiss Nursing Homes Human Resources Project: Schlussbericht zur Befragung des Pflege- und Betreuungspersonals in Alters- und Pflegeinstitutionen der Schweiz,* hrsg. vom Institut für Pflegewissenschaft, Universität Basel. https://nursing.unibas.ch/forschung/projekte/infos/?tx_x4euniprojectsgeneral_pi1 % 5BshowUid % 5D = 188 (13.04.2014).

5.6 Goldene Regeln: Sehbehinderung im Alter angemessen begegnen – 33 Regeln mit Kommentaren[1]

Fatima Heussler, Magdalena Seibl und Judith Wildi

5.6.1 Vorbemerkungen

Das Lebensumfeld (daheim oder in einer Einrichtung) kann so gestaltet werden, dass sich Menschen mit einer Sehbehinderung im Alter als wertvollen und ernst genommenen Teil unserer Gesellschaft erleben. Sie brauchen weder Mitleid noch Fürsorge, weder Bevormundung noch Verwaltetwerden. Sie müssen einfach in ihrer ganzen Person wertgeschätzt sein, mit ihrer Geschichte und ihren Lebenserfahrungen, mit ihren Eigenheiten und Besonderheiten. Und sie müssen Bedingungen vorfinden, welche die Sehbehinderung berücksichtigen.

Die «Goldenen Regeln» richten sich an alle, die mit Menschen mit einer Sehbehinderung im Alter arbeiten. Sie sind aus der Praxis in der spezialisierten Alters- und Sehbehinderteneinrichtung Mühlehalde Zürich herausgewachsen und spiegeln in vielem die Situation im stationären Kontext, sind aber genauso im ambulanten Umfeld und daheim anwendbar. Die Regeln helfen, ein sehbehindertenfreundliches Milieu zu schaffen, in dem die behindernden Umweltfaktoren reduziert werden und die Sehbeeinträchtigung mit ihren Folgen normal ist. Sie allein machen aber noch keine sehbehinderungsspezifische oder rehabilitative Pflege aus.

Viele Menschen werden im Alter von einer Sehschädigung getroffen, die eine Behinderung zur Folge haben kann. Von Behinderung wird dann gesprochen, wenn die Beeinträchtigung schwerwiegend und dauerhaft ist, trotz Korrektur durch geeignete Hilfsmittel (Seh- bzw. Hörhilfen) weiter besteht und Aktivitäten sowie Anteil am gesellschaftlichen Leben erschwert oder verunmöglicht. Die Regeln sind ausgerichtet auf Menschen mit einer starken Sehbehinderung oder Blindheit. Für die Betroffenen ist der Grad der Beeinträchtigung ausschlaggebend und nicht das effektive Sehvermögen. In den Regeln wird deshalb vorwiegend der Begriff «Sehbehinderung» verwendet, sie gelten gleichermassen für vollständige Blindheit.

Menschen, die erst im Alter eine Sinnesbehinderung erfahren, sind noch in der schwierigen, krisenhaften Situation, diese Tatsache akzeptieren zu lernen. In einem sehbehindertenfreundlichen Umfeld und mit den geeigneten Rehabilitationsmöglichkeiten können sie eine neue Identität als alter Mensch mit einer

---

[1] Im November 2013 als separate Broschüre vom Kompetenzzentrum für Sehbehinderung im Alter (KSiA) herausgegeben (vgl. www.ksia.ch).

Behinderung aufbauen. Ein sehbehindertenfreundliches Milieu ist ein wichtiger Beitrag dazu.

Die Regeln sind getragen von der Haltung, dass eine Sehbehinderung – auch im Alter – nicht das Ende bedeutet, dass Menschen in jedem Alter lernen können und dass alte Menschen mit einer neuen Sehbehinderung wie alle Menschen eine Gegenwart und Zukunft haben, die sie möglichst selbst gestalten können sollen.

5.6.2 Goldene Regeln mit Kommentaren

A) Sprachliche Kommunikation

Es ist an uns Sehenden, Menschen mit einer Sehbehinderung entgegenzugehen, den Kontakt zu schaffen und die Kommunikation zu erleichtern. Wir leiten die Informationen weiter, die sich aus dem Sehen ergeben. Das gilt ganz besonders im Umgang mit Menschen, die erst seit Kurzem sehbehindert oder blind sind. Dabei berücksichtigen wir, dass Menschen, welche noch mit der Tatsache der Sehbehinderung zu ringen haben, in einer kritischen Lebenssituation sind.

1. Person möglichst mit Namen ansprechen. Beim Eintreten in ein Zimmer, im Vorübergehen und im Lift den eigenen Namen nennen. Keine «Wer bin ich?»-Spielchen.

Den eigenen Namen an den Gruss anzuhängen und die Person möglichst beim Namen zu nennen, schafft Sicherheit und Klarheit. Auch wenn uns jemand verlässlich an der Stimme oder am Schritt erkennt, auch wenn wir mehrmals am Tag an jemandem vorbeigehen, der sehbehinderten Person gibt der Gruss mit Namensnennung die Möglichkeit, sich in einer Situation zu orientieren, zu reagieren und Kontakt aufzunehmen. Wenn ich sie mit ihrem Namen grüsse, weiss sie, dass sie gemeint ist und nicht eine andere Person.

> *Beim Grüssen sehbehinderter Personen sage ich meinen Namen, auch wenn ich mehrmals am Tag an ihnen vorbeigehe. Beispielsweise: «Guten Morgen, Herr Meierhans, da ist Frau Wildi.»*

Der Gruss ermöglicht es der sehbehinderten Person, uns anzusprechen, den Kontakt aufzunehmen oder uns mit dem Gegengruss einfach vorbeigehen zu lassen. Wenn wir es ganz eilig haben, können wir auch darüber informieren: «Guten Morgen Herr Meierhans, das ist Frau Wildi, die an Ihnen vorbeihastet.» Herr Meierhans weiss dann, dass ich ihn wahrgenommen habe, und fühlt sich nicht an einem anonymen Ort.

Der Gruss ersetzt das, was wir im Vorübergehen sehenden Mitmenschen zukommen lassen würden: ein Lächeln, Winken oder Kopfnicken, sogar ein demonstratives Wegsehen.

Ratespiele wie «Wer bin ich, Herr Meierhans, Sie kennen mich doch?» sind nicht angemessen. Für Menschen, die Mühe haben, sich mit ihrer neuen Sehbehinderung abzufinden, können solche Spiele schmerzlich sein. Sehbehindert- oder Blindsein ist kein Spiel.

2. **Beim Dazukommen oder Weggehen mitteilen, dass ich jetzt da bin bzw. weggehe.**

Menschen mit Sehbehinderung machen sich eine Vorstellung von der Situation aufgrund dessen, was sie hören und was sie ertasten. Komme ich leise dazu und mache mich nicht bemerkbar, so haben sie nur wenig Chancen, mich wahrzunehmen. Selten ist böse Absicht dahinter, wenn ich mich nähere und ruhig warte, bis der Kollege sein Gespräch mit Frau Wiesentaler beendet hat. Der Anstand fordert aber, dass ich entweder ausser Hörweite bleibe oder auf mich aufmerksam mache, wenn ich dazutrete.

Ich warte entweder ausser Hörweite oder sage beim Näherkommen kurz und deutlich: «Frau Seibl ist auch da.»

Das gibt der sehbehinderten Person die Möglichkeit, das, was sie sagen will, der neuen Situation anzupassen. Auch in einer Gruppe sage ich immer, dass ich dazugekommen bin, denn vielleicht würde jemand etwas nicht oder nicht so sagen, wenn er oder sie wüsste, dass ich es höre.

Zu wissen, wer mithört, ist wichtig dafür, dass Menschen mit einer Sehbehinderung ihr Gefühl für Intimität, Privatheit und Öffentlichkeit wieder neu entwickeln können. Wenn ich nicht zuverlässig weiss, wer mithört, werde ich mich viel zurückhaltender ausdrücken, als wenn ich sicher bin, dass das, was ich sage, nur die Ohren erreicht, die ich auch meine.

Selbstverständlich sage ich auch, wenn ich mich aus einem Gespräch oder einer Runde entferne. Stellen Sie sich vor, Sie würden weitersprechen und weitersprechen, aber es ist kein Gegenüber mehr da ...

3. **Sich im Gespräch nicht von fehlender Mimik irritieren lassen, sondern nachfragen.**

Was meine sehbehinderte Gesprächspartnerin sagt, ist wichtiger als mein Eindruck ihrer Mimik. Gesten und Mimik können spärlicher werden, je länger eine Sehbehinderung andauert. Wenn das Gesicht ablehnend wirkt, kann es auch einfach entspannt sein. Darum ist es wichtig nachzufragen, wie mein Gegenüber sich fühlt.

«Frau Sandrini, ärgert Sie dieser Gedanke / dieses Erlebnis / unser Gespräch? Ich habe diesen Eindruck.»

4. **Während eines Gesprächs nicht mit einer sehenden Person nonverbal kommunizieren. Ablenkungen mitteilen.**

Wenn ich in Gegenwart eines sehbehinderten Menschen mit anderen nonverbal kommuniziere, schliesse ich diese Person aus. Ich handle sozusagen «hinter ihrem Rücken». Im Gespräch mit einem sehbehinderten oder blinden Menschen ist besonders viel Klarheit verlangt. Nur so kann Vertrauen in das Gegenüber und in die Welt wachsen. Wenn ich mich ablenken lasse, spürt dies meine Gesprächspartnerin meist, ohne dass sie die Möglichkeit hat wahrzunehmen, weshalb ich mich ihr nicht mehr voll widme. Das kann als Ablehnung empfunden werden oder Misstrauen hervorrufen.

Wenn mir jemand Zeichen macht, während ich mit Frau Feldbach spaziere, möchte uns diese Person möglicherweise nicht stören, mir aber schnell etwas mitteilen. Es braucht nicht viel, dass nonverbales Zeichengeben kein Problem darstellt: Frau Feldbach muss es nur wissen und sie muss sicher sein, dass nicht etwas hinter ihrem Rücken geschieht. Wenn ich Frau Feldbach darüber informiere, dass ich abgelenkt bin und wann ich mit der Aufmerksamkeit wieder bei ihr bin, reicht das aus.

«Moment schnell, Frau Feldbach, ich bin abgelenkt.» Und dann: «So, jetzt bin ich wieder ganz da.»

Gerade die kleinen Schritte sind wichtig, damit die Betroffenen wieder Sicherheit in Bezug auf die Umwelt (Menschen wie Dinge) gewinnen können.

5. **Mit der sehbehinderten Person selbst sprechen, nicht via Begleitpersonen.**

Wenn ich mit der sehbehinderten Person selbst spreche und nicht die Begleitpersonen als Stellvertreter/in behandle, mache ich klar, dass ich der sehbehinderten Person das Urteil über das Gesprächsthema zutraue. Sonst entmündige ich sie.

6. **An vertrauten Orten sagen, wer sich nebenan, vis-à-vis oder überhaupt im Raum befindet.**

Damit Menschen mit einer Sehbehinderung selbstständig Kontakt aufnehmen können, sind sie darauf angewiesen zu erfahren, wer sich wo in dem Raum befindet, in den sie hineinkommen. So haben sie die Möglichkeit, jemanden anzusprechen oder auch jemandem auszuweichen.

Wenn ich eine sehbehinderte Person in einen Raum begleite, informiere ich sie darüber, wer da ist, und informiere je nach Situation die Anwesenden darüber, wer gerade hereinkommt.

(An alle): «Grüezi mitenand, hier kommen Herr Bäumler und Frau Heussler.» (Zu Hrn. B.): «Herr Bäumler, vor uns am Tisch neben dem

> Eingang sitzen Herr Da Silva und Frau Gisler beim Kaffee, und beim
> Klavier hinten ist Frau Baggenstos beim Bier. Die anderen Plätze sind
> alle frei. Wo möchten Sie sich hinsetzen?»

Herr Bäumler kann nun selbst entscheiden, wen er ansprechen oder mit wem er Kontakt suchen möchte. Und auch sehbehinderte Anwesende können Herrn Bäumler grüssen und ihrerseits den Kontakt mit ihm aufnehmen, wenn sie das wollen. Damit ist mehr Selbstbestimmung für Menschen mit Sehbehinderung möglich.

7. **Sorgfältig mit der Sprache umgehen. Das Wort «sehen» darf benutzt werden.**

Es ist nicht nötig, sehbehinderten Menschen gegenüber eine ganz andere Sprache zu benutzen als Sehenden gegenüber. Das schafft nur zusätzliche Barrieren. Auch einem Menschen mit Sehbehinderung kann ich sagen: «Uf Widerluege, es hat mich gefreut, Sie zu sehen.»

Ist der Sehverlust erst seit wenigen Jahren stark fortgeschritten, ist oft der Schmerz darüber noch sehr gross. Deshalb sollte älteren Menschen mit Sehbehinderung gegenüber sorgfältig auf den Sprachgebrauch im Zusammenhang mit dem Sehen geachtet werden. Spüren, hören, riechen, merken: Die zutreffenden Wörter zu suchen, kann auch lustvoll sein.

> «Ich stelle das Glas vor Ihrer rechten Hand auf den Tisch, Frau Taler.
> Hier spüren Sie es.» Während ich das tue, berühre ich mit dem Glas
> leicht die Fingerspitzen der rechten Hand von Frau Taler.

8. **Im Gespräch beschreiben, was geschieht und was man tut.**

Ein sehbehinderter Mensch hat wichtige visuelle Informationen nicht zur Verfügung, wenn er sich ein Bild davon macht, was gerade vor sich geht. Es ist kaum möglich, alles zu beschreiben, was in der Nähe dieser Person geschieht. Aber es hilft, das zu beschreiben, was für die Person wichtig sein könnte, um die aktuelle Situation zu verstehen.

> «Herr Weidmann, ich räume das Geschirr ab und stelle Ihnen eine
> neue Flasche Wasser neben Ihr Glas.»

Wenn die sehbehinderte Person direkt betroffen ist, sind solche Informationen eher geläufig. Es muss dagegen geübt werden, vorbereitende Handlungen zu kommentieren oder ungewohnte Geräusche zu erläutern.

> «Herr Weidmann, der Wind hat das Fenster zugeschlagen.»

B) Bewegen

9. Langsamkeit: Nicht rennen, Türen immer sorgfältig und langsam öffnen.

Das Lebens- und Arbeitstempo ist für sehende und sehbehinderte Menschen verschieden. Eine Annäherung an das Tempo von sehbehinderten alten Menschen trägt zu einem ihnen besser angepassten Rhythmus bei und fördert die innere Bereitschaft, sich für Begegnungen Zeit zu nehmen.

Wenn alle Personen in gemässigtem Tempo um die Ecke biegen und Türen langsam öffnen, können Erschrecken und Stürze vermieden werden. Das gibt Personen mit Sehbehinderung Zeit, die aktuelle Situation wahrzunehmen und zu reagieren.

10. Beim Führen den Ellenbogen anbieten oder sich einhängen lassen.

Bei der sogenannten «sehenden Begleitung», wie sie in der Sehbehinderten-Rehabilitation üblich ist, hält die sehbehinderte Person meinen Ellenbogen, geht etwas versetzt hinter mir und lässt sich so führen.

> *«Frau Mürer, wenn Sie mich so am Ellenbogen fassen», (Frau Seibl macht es selber an Frau Mürers Arm vor), «kann ich meinen Arm besser bewegen und Ihnen deutlichere Zeichen geben.»*

Manche – besonders ältere – sehbehinderte Menschen fühlen sich jedoch sicherer, wenn sie sich einhängen können. Die sehbehinderte Person entscheidet, welche Art der Führung sie bevorzugt.

11. Die sehbehinderte Person nie im Raum stehen lassen, sondern bis zu einer Stelle führen, wo sie die Hand an den Handlauf, die Wand, einen Stuhl etc. legen kann.

Eine taktile Verbindung zur Mauer, einem Möbelstück oder einem anderen Menschen vermittelt eine wichtige Information für das Gleichgewicht, die bei sehenden Menschen optisch gegeben ist. Dafür reicht eine minimale Berührung. Ein Gehstock kann die gleiche Funktion erfüllen. Fehlt dieser Kontakt, kann das für blinde oder stark sehbehinderte Personen grosse Unsicherheit bedeuten.

> *«Herr Brun, wenn Sie sich hier am Handlauf kurz halten mögen, dann hole ich noch die Zeitung.»*

Auch wenn ich es sehr eilig habe, muss immer die Zeit vorhanden sein, einen sehbehinderten Menschen, der orientierungslos im freien Raum steht, zum nächsten Ort zu führen, der ihm diese Zusatzinformation bietet.

12. Beim Spazierengehen Wege beschreiben.

Den Wegverlauf, Richtungsänderungen, auffällige Wegmarken und Stolperfallen wie Schwellen, Randsteine, unebenes Gelände kann ich als Begleiterin beim Spazierengehen beiläufig ankündigen. Damit ist unser Gespräch nicht unterbrochen und die Person mit Sehbehinderung kann sich auf das, was kommt, einstellen.

13. Vor Treppen und Stufen kurz anhalten und sagen, ob es hinauf oder hinunter geht.

Unmittelbar vor einer Stufe oder Treppe halte ich als führende Person kurz an, erkläre, was vor uns ist, ob es hinauf oder hinunter geht, vielleicht auch, wie viele Stufen die Treppe hat und ob die Stufen besonders hoch oder ungewöhnlich flach sind. Und ich biete der sehbehinderten Person das Treppengeländer an. Dieser kurze Halt ermöglicht ihr eine eindeutigere Orientierung und die Entscheidung, ob sie die Treppe lieber allein bewältigen oder ob sie geführt werden möchte.

«Frau Simmler, wir stehen jetzt vor der Treppe. Es geht fünf Stufen hinauf. Mit der linken Hand können Sie das Geländer fassen.» Dabei führe ich ihre Hand ans Treppengeländer. «Wollen Sie allein hinaufsteigen?»

Auf der letzten Stufe informiere ich darüber, dass sie mit dem nächsten Schritt oben bzw. unten angelangt ist. So vermeidet sie den Schritt ins Leere. Wenn diese Erklärungen immer erfolgen, schafft das Sicherheit.

Will die sehbehinderte Person allein Treppen steigen, kann ich als Begleitung die Sicherheit erhöhen, wenn ich beim Hinuntersteigen voraus- und beim Hinaufsteigen hinterhergehe.

14. Zum Absitzen die Hand an die Stuhllehne oder die Sitzfläche führen.

Um mich sicher setzen zu können, brauche ich verschiedene Informationen, die ich mir als sehende Person über das Schauen beschaffe: Wie ist der Stuhl ausgerichtet, von mir weg, zu mir hin, nach links oder nach rechts? Steht er parallel zum Tisch, neben einem anderen Stuhl oder an einer Wand? Hat er Armlehnen? Liegt etwas auf der Sitzfläche, z. B. ein Kissen, oder hängt etwas über der Lehne? Eine stark sehbehinderte oder blinde Person muss diese Informationen mündlich erhalten oder ertasten. Dann kann sie sich selbst setzen und sich sicher fühlen dabei.

Als Begleitung informiere ich darüber, leite die sehbehinderte Person so vor den Stuhl, dass sie mit den Beinen die Sitzfläche spürt, und führe ihre Hand an die Stuhllehne.

«Herr Grüninger, wir sind jetzt im Saal. Vor uns stehen die Stühle im Halbkreis. In der Mitte sind zwei Stühle frei, einer neben Herrn Müller

und einer neben Frau Ganter. Und ganz rechts aussen ist neben Frau Calvi auch noch ein Stuhl frei. Wo möchten Sie sitzen?» Ich führe ihn zum von ihm gewählten Stuhl, führe seine Hand an die Stuhllehne (und von dort zur Armlehne). «Jetzt können Sie sich umdrehen und sich setzen.»

Wenn sich Herr Grüninger trotzdem unsicher fühlt oder wenn der Stuhl eine ungewöhnliche Höhe oder Form hat, kann ich seine Hand auch auf die Sitzfläche führen oder mit ihm zusammen Rückenlehne, Armlehnen und Sitz kurz ertasten.

Eine sehbehinderte oder blinde Person kann zumeist selbst einen Stuhl vom Tisch wegziehen und sie kann sich mit den oben genannten Information selbst setzen. Ob sie dafür eine Hilfestellung wünscht, soll sie selbst entscheiden. Ein sehbehinderter Mensch soll nicht «auf den Stuhl gedrückt» werden.

15. **Zusammenstösse vermeiden. Besondere Vorsicht auch mit Rollstühlen und Geräten.**

Zusammenstösse unter sehbehinderten Menschen sind nicht selten. Auch Rollstühle (und Rollatoren) sind kaum zu hören und damit für Menschen mit einer Sehbehinderung schwierige «Verkehrsteilnehmende», die Sturzgefahr bedeuten können. Wo sich das als Problem erweist, braucht es kreative Lösungen, z.B. akustische Signale. Zu beachten ist, dass für Personen mit einer zusätzlichen Schwerhörigkeit solche Massnahmen nicht ausreichen.

Auch unkonventionelle Arten, sich akustisch bemerkbar zu machen, können nützlich sein. Dafür muss bei den anderen Beteiligten Verständnis geschaffen werden.

Frau Markovic singt auf ihrem Spaziergang leise vor sich hin. Herr Meier schnalzt mit der Zunge. So teilen sie anderen Personen mit, dass sie da sind.

Bewegliche Gegenstände wie Wäschewagen, Reinigungsmaschinen usw. möglichst nicht in den Gängen stehen lassen.

16. **Räume so verlassen, wie sie angetroffen wurden. Möblierungsänderungen mitteilen. Darauf achten, dass wichtige Orientierungspunkte frei zugänglich bleiben.**

Sehende verschaffen sich beim Eintreten in einen Raum visuell eine Übersicht. Für Menschen mit einer Sehbehinderung sind verschobene Tische oder Stühle, neue Möbelstücke oder herumstehende Servierwagen und Rollatoren eine Schwierigkeit. Sie erschweren ihnen eine selbstständige Orientierung und das Gefühl von Vertrautheit und Sicherheit. Damit wird ihre Bewegungsfreiheit eingeschränkt und die Gefahr von Stürzen und Verletzungen erhöht.

In Privaträumen werden Änderungen an der Einrichtung gemeinsam mit der sehbehinderten Person vorgenommen. In der Alterseinrichtung werden Bewohnerinnen und Bewohner über Veränderungen in der Möblierung von Gemeinschaftsräumen informiert, am besten durch gemeinsame Begehung.

> «Frau Marty, hier ist Frau Wildi. Wir haben abgemacht, dass ich Ihnen unsere neue Anordnung der Tische im Speisesaal zeige.»

Gemeinschaftsräume werden grundsätzlich so verlassen, wie sie angetroffen wurden, und verschobene Möbelstücke wieder an ihren Platz zurückgestellt.

C) Funktionale Unterstützung und Hilfe

Ein lernfreudiges Milieu, Zutrauen, Ermutigung, nur schon Ansprache, Kenntnisnahme, Interesse und eine positive Erwartungshaltung wirken unterstützend. Das ist grundlegender als jede Form von Sachunterstützung.

17. **Handreichungen nach Anordnung der sehbehinderten Person ausführen.**

Handlungen, die das Zimmer oder die Wohnung einer sehbehinderten Person betreffen, werden nach deren Wunsch und Anordnung ausgeführt. Ist dies nicht möglich, werden solche Verrichtungen sorgfältig kommentiert, damit der sehbehinderte Mensch die Orientierung und die Kontrolle darüber behält.

> «Herr Weidmann, wo möchten Sie dieses Reserve-Paket Vogelfutter versorgen?»

18. **Hilfe anbieten (fragen, nicht aufdrängen).**

Es gibt viele Geschichten, wie ein eifriger sehender Mitmensch eine sehbehinderte Person über die Strasse retten will, ins Tram rein- oder rauszerrt. Die Vorstellung der Sehenden über das, was blinde Menschen können und wollen, weicht oft sehr von der Realität ab. In solchem Verhalten kommt ein fragwürdiges Verständnis von Autonomie zum Ausdruck: Ich weiss, was du brauchst, du kannst es nicht allein.

Menschen mit einer Sehbehinderung sind nicht «blind und blöd». Es reicht, sie zu fragen, ob oder wie man ihnen helfen kann, und erst dann aktiv zu werden, wenn sie darum bitten.

> «Frau Maurer, ich bringe Ihnen das Paket, das heute für Sie per Post kam. Möchten Sie meine Hilfe?»

Wir müssen nicht die Probleme von sehbehinderten Menschen lösen, sondern können uns ihnen zur Verfügung stellen, damit sie selbst – auf Wunsch mit unserer Hilfe – ihre Probleme lösen.

19. **Türen, auch von Schränken und Balkonen, sowie Fenster ganz schliessen oder ganz offen halten. Schubladen immer ganz schliessen.**
Bei blinden oder sehbehinderten Menschen gibt es oft Schrammen auf Stirnen und Nasen. Eine leicht zu vermeidende Gefahr liegt in halboffenen Türen oder Fenstern. Machen wir es uns zur Gewohnheit, immer und überall Türen und Fenster entweder ganz zu schliessen oder ganz, also bis zum Anschlag an die Wand, zu öffnen sowie Schubladen und Schranktüren sofort wieder ganz zu schliessen. Wenn in den Privatzimmern Türen oder Fenster halb offen stehen, machen wir darauf aufmerksam und fragen, ob sie geschlossen oder geöffnet werden sollen.

«Herr Keiser, die Schubladen Ihres Schranks sind offen. Soll das so sein oder soll ich sie schliessen?»

Wo auch ganz geöffnete Türen oder Fenster in den freien Raum ragen, sollen sie nur kurz geöffnet bleiben und sehbehinderte Personen darauf aufmerksam gemacht werden.

20. **Eine neue oder nicht mehr vertraute Umgebung erklären und gemeinsam erkunden. Nachfragen, ob und wie das gewünscht wird.**
So viele Menschen mit einer Sehbehinderung es gibt, so viele Möglichkeiten gibt es, mit der Einschränkung umzugehen. Manche Menschen wollen sich das nicht mehr Sichtbare möglichst visuell vorstellen oder es erinnern. Andere befreunden sich mit nichtvisueller Vorstellung (mit Klangräumen oder Materialbeschaffenheiten). Wieder andere wollen ihre Eindrücke aus dem Ertasten mit einer Beschreibung koordinieren. Je nachdem, was gewünscht wird, können wir dabei sehende Hilfe leisten. Genaue Beschreibungen von Farben, Formen, Materialien, Dimensionen und Lage, das Ertasten von Oberflächen und das Begehen von neu gestalteten Räumen können eine Umgebung lebendig werden lassen.

In der Arbeit mit alten Menschen mit einer Sehbehinderung ist es oft nicht leicht, Müdigkeit von Mutlosigkeit zu unterscheiden. Interessiert sich Frau Moradini für die neue Umgebung nicht, weil sie müde ist und Ruhe wünscht, so ist Zurückhaltung angezeigt. Es muss nichts gelernt werden. Ist ihr Desinteresse aber ein Ausdruck von Mutlosigkeit, von Sich-Aufgeben, dann ist Information und Unterstützung angezeigt. Es kann auch im höchsten Alter noch viel gelernt werden.

Weil mit Nachfragen allein Mutlosigkeit noch nicht von Müdigkeit unterschieden werden kann, empfiehlt sich zusätzlich ein tastendes Ausprobieren. Interesse und Anteilnahme an der Umwelt sollen nicht aufgedrängt werden, aber man kann sie wecken.

> «Frau Moradini, setzen Sie sich einmal auf das neue Sofa und streichen Sie über den Stoff. Können Sie mit den Händen das Muster der samtigen Erhebungen erkennen?»

21. **Dinge nur verschieben, wegnehmen oder dazustellen, wenn die sehbehinderte Person es wünscht oder wenn es unbedingt nötig ist. Jedenfalls darüber informieren.**

So selbstverständlich diese Regel ist, so schwierig ist sie einzuhalten. Es hilft, sie immer wieder zu benennen. Sie ist für alle Tätigkeiten im Umfeld von sehbehinderten Menschen grundlegend und betrifft grosse wie kleine Dinge, z. B. im Zimmer, im Bad, auf dem Nachttisch oder dem Esstisch. Dabei ist zu beachten, dass die Ordnung anderer Menschen für uns manchmal chaotisch erscheinen mag, sich ein sehbehinderter Mensch aber nur in der eigenen, bekannten Ordnung zurechtfindet.

22. **Geduld haben und die sehbehinderte Person beim Tun unterstützen.**

Für den Erhalt und die Förderung von Selbstständigkeit ist es wichtig, die Person mit Sehbehinderung möglichst viel selbst machen zu lassen und sie darin zu unterstützen. Es kann sein, dass dies für uns langsam oder umständlich wirkt und unsere Geduld fordert. Überraschend vieles geht trotzdem. Und was regelmässig geübt wird, kann in einer neuen, nicht von den Augen gesteuerten Form wieder gelernt werden. Wenn wir gelassen und innerlich bei der Sache sind, die doppelte Langsamkeit alter und sehbehinderter Menschen aushalten und immer wieder neu bereit sind zu motivieren, zu erklären, zu zeigen und zu begleiten, leisten wir einen wichtigen Beitrag zu mehr Selbstständigkeit.

> «Herr Binggeli, hier ist Frau Wildi. Gestern haben Sie sich mit meiner Unterstützung selber rasiert. Wenn Sie möchten, können Sie das heute wiederholen.»

Natürlich hebe ich aus Höflichkeit der älteren Person gegenüber einen einen heruntergefallenen Gehstock auf.

23. **Spezifische Wünsche im Zusammenhang mit der Sehbehinderung deuten, allenfalls eine Fachperson beiziehen.**

Spezialwünsche können ganz schön nerven. Viele Anliegen, die für Sehende nicht ganz nachvollziehbar sind, haben mit der Sehbehinderung zu tun. Gerade im Zusammenhang mit Blendung können logisch scheinende Massnahmen das Problem noch verstärken.

> «Es blendet!» Ich ziehe die Tages-Vorhänge zu. «Ist es so besser?»
> «Nein, nun blendet es noch mehr!» Die Sonne scheint und die Vor-

hänge streuen das Licht regelmässig im Raum. Die Blendwirkung kann sich für Herrn Brunner erhöhen.

Äusserungen und Wünsche, die mit der Sehbehinderung in Zusammenhang stehen könnten, sind von uns weder anzuzweifeln noch «richtigzustellen». Eine Betroffene mag an einem Tag gar nichts sehen, mich am andern Tag schon von Weitem erkennen. Ein anderer kann sich an manchen Tagen plötzlich trotz eingeschaltetem Licht im Bad nicht mehr zurechtfinden. Dabei mogelt er nicht. Die «Tagesform» kann beträchtlich schwanken, je nach individuellem Allgemeinzustand, nach Wetterlage, nach den Lichtverhältnissen usw.

Wo es nicht reicht, einen Vorhang zu ziehen oder bei der Wahl des Sitzplatzes darauf zu achten, dass das Fenster im Rücken ist, lohnt es sich, eine Fachperson mit sehbehinderungsspezifischen Rehabilitations-Fachkenntnissen beizuziehen.

24. Essen nach der Uhr anrichten und erklären. Unterstützung beim Essen einfühlsam gestalten.

Das Essen liegt auf dem Teller wie auf einem Zifferblatt: Die Beilage zwischen 12.00h und 3.00h, das Fleisch unten bei 6.00h, das Gemüse zwischen 9.00h und 12.00h. So ist es auch in Restaurants üblich. Das einzuhalten, hilft einem sehbehinderten Menschen, sich auf dem Teller leichter zurechtzufinden. Wenn er Mühe hat, sich das Zifferblatt auf dem Teller vorzustellen, kann die Information auch mit oben, unten, rechts, links oder vorne, hinten, rechts, links gegeben werden.

Solange die Sehbehinderung nicht ein gutes Stück weit akzeptiert ist, kann Essenshilfe oft nur schwer angenommen werden. Probleme damit, selbstständig und «schön» zu essen, lösen in besonderem Masse Scham aus. Betroffene reagieren nicht selten aggressiv oder vermeiden Speisen, mit denen sie besondere Schwierigkeiten haben. Manche Menschen essen lieber nicht, als dass sie dafür Hilfe beanspruchen würden, z. B. beim Zerkleinern. Es bringt nichts, den Betroffenen zu sagen, wie unnötig die Scham ist. Damit verringern wir sie nicht, sondern verstärken das Gefühl von Unverstandensein. Notwendig sind ein lernfreudiges Grundklima, sachliche Hilfsangebote und zugewandte Mitbewohnerinnen. Unter Umständen kann gerontopsychologische Unterstützung angebracht sein.

Zur Unterstützung gehören nicht nur Angebote wie Hilfe zum Zerkleinern, sondern auch das «Gluschtigmachen» zum Essen und Geniessen.

25. Auf Flecken auf den Kleidern aufmerksam machen und Hilfe anbieten zum Säubern.

Menschen mit einer Sehbehinderung möchten sich genauso gepflegt und sauber zeigen wie die anderen. Sie können Flecken oder schadhafte Stellen an der Kleidung aber nicht selbst feststellen und sind angewiesen darauf, dass wir sie (taktvoll und diskret) darauf hinweisen. Das erhöht die Sicherheit, die es braucht, um sich in die Öffentlichkeit zu trauen.

> «Herr Wiesel, Sie haben da einen Fleck am rechten Ärmel. Vermutlich Konfitüre. Möchten Sie, dass ich ihn wegputze?»

Die meisten sehbehinderten Personen sind froh um den Hinweis, auch wenn sie verlegen reagieren.

D) Seelische Unterstützung und Hilfe

Uns Sehenden ist zumeist gar nicht bewusst, wie oft wir ganz gemütlich unsere Augen schweifen lassen und wie viel Welt wir damit aufnehmen. Menschen, die früh erblinden, lernen bald, in derselben Intensität die Welt über andere Sinne aufzunehmen. Wer erst im Alter sehbehindert wird, hat dieses Training nicht und fühlt sich oft vom Leben abgeschnitten, von Menschen und von Dingen. Das kann zu Rückzug, Depression oder auch Widerständen und Aggressivität führen.

26. Personen mit Sehbehinderung etwas zutrauen!

Menschen mit Sehbehinderung können meist viel mehr, als wir Sehenden meinen. Besonders im hohen Alter bewirkt eine auftretende Sehbehinderung – neben den beschriebenen seelischen Belastungen – Unsicherheit. Sicherheit gewinnen betroffene Personen wieder, indem sie sich bewegen und selbstständig handeln, nicht indem wir Sehenden sie vor möglichen Schwierigkeiten bewahren. Auch wenn es für die Begleitperson abenteuerlich aussieht – die Erfahrung (auch des Missgeschicks) muss die sehbehinderte Person selbst machen.

> Frau Hösli will ihre Schnittblumen selbst pflegen und hat ein Blumenmesser verlangt. Die Bemerkung: «Frau Hösli, das Blumenmesser, das ich bringe, ist scharf», reicht als Schutzmassnahme aus.

27. Sehbehinderte Personen und ihren Umgang mit der Sehbehinderung nicht miteinander vergleichen.

Sehbehinderte Menschen sind so verschieden voneinander wie Sehende. Wie sie mit der Sehbehinderung umgehen, ob sie fantasievoll oder mit Temperament an ihre Situation herangehen oder von vornherein eher zurückhaltend und abwartend sind – wir wollen bzw. sollen sie nicht ändern. Sie sollen als die Person, die sie sind, Unterstützung bekommen.

«Frau Meyer macht es doch auch so», kann heissen: Ich habe gesehen, dass Frau Meyer eine Lösung gefunden hat, die funktioniert. Und diese Lösung möchten wir Herrn Wagner auch beliebt machen. Ob diese Lösung für Herrn Wagner aber passt, hängt von vielen Rahmenbedingungen ab. Er kann die Aussage so verstehen, dass er es nicht so geschickt angeht wie Frau Meyer und das kann ihn entmutigen.

Vergleiche können uns vielleicht als Orientierungshilfe dienen, die uns in unserer Aufgabe sicherer machen. Die so gewonnene Sicherheit verstellt jedoch den Blick für das Wesentliche: das Besondere jedes und jeder Einzelnen. Ausdruck von Professionalität ist es, offen für dieses Besondere auf jeden Menschen zuzugehen.

28. **Privatsphäre wahren.** Vor dem Betreten des Zimmers anklopfen, die Aufforderung abwarten.

Auch in der Alterseinrichtung haben Menschen Anrecht auf Privatsphäre. Das Zimmer, auch Zweierzimmer, ist die Wohnung der Bewohnerinnen und Bewohner, die wir konsequent respektieren. Bei Menschen mit Sehbehinderung kommt das Gefühl von Ausgeliefertsein leicht auf. Die konsequente Wahrung der Privatsphäre wirkt dem entgegen und unterstützt das subjektive Gefühl von Sicherheit. Deshalb klopfe oder klingle ich, warte die Antwort ab und nenne beim Eintreten sofort laut und deutlich meinen Namen. Wenn ich das Gefühl habe, die Antwort komme nicht, weil mich der Bewohner oder die Bewohnerin nicht gehört hat, öffne ich die Tür ein wenig und frage ins Zimmer, ob es in Ordnung ist, wenn ich eintrete.

Klopfen und Namensnennung reichen bei Personen mit zusätzlicher Schwerhörigkeit oft nicht. Da bei ihnen das Gefühl von Ausgeliefertsein noch grösser sein kann, sollte mit ihnen gemeinsam überlegt und geklärt werden, welche Möglichkeiten es gibt, sich bei ihnen bemerkbar zu machen.

29. **Zuhören!**

Beim Zuhören ist aktives, engagiertes Zuhören gefragt. Den ganzen Arbeitstag hindurch so zuzuhören, ist anspruchsvoll, es ermüdet, ist Arbeit.

Dabei geht es daheim wie in der Alterseinrichtung darum, geduldig und vollständig zugewandt zuzuhören, auf der Basis einer ermunternden und solidarischen Grundstimmung. Ich sage der Person nicht, was sie zu tun hat, sondern unterstütze sie darin, wie sie das erreichen kann, was sie will oder braucht.

Zuhören bedeutet zunächst: wirklich hören, was meine Gesprächspartnerin auf der inhaltlichen Ebene sagt. Wenn ich nicht gefragt werde, ist meine Meinung zum Thema nicht wichtig. Signale aktiven Zuhörens (bei Menschen mit einer Sehbehinderung bevorzugt akustische Signale wie «Mhm», «Ja was!», «Ich verstehe» und Ähnliches) oder eine Vertiefungsfrage können Zeichen für mein Interesse sein.

Zuhören heisst auch: hinsehen, die ganze Person wahrnehmen. Stimmen Sach- und Gefühlsebene überein? Welches Gefühl habe ich? So kann ich zu verstehen suchen, was unter der geäusserten Oberfläche liegt. Dabei muss ich nicht alles sogleich interpretieren. Was ich wahrnehme, hilft mir dabei, im Gespräch sorgsam zu sein und beispielsweise nicht etwa da, wo ein Thema bereits aufwühlt, weiter nachzubohren. Mein Interesse und meine Präsenz allein sind bereits hilfreich.

30. **Der sehbehinderten Person helfen, die Sinne zu benutzen: tasten, spüren, hören, riechen, schmecken.**

Wer ein Leben lang über die Augen «funktioniert hat», schaltet nicht unbedingt automatisch auf andere Sinne um, wenn das Sehvermögen schwindet. Ständige, beiläufige kleine Anregungen sind hier gefragt: der Hinweis auf den Geruch beim Backen, der Hinweis auf das Rumpeln der Schubkarre des Gärtners, die Anregung, ganz bewusst auf den Lauchgeschmack der Suppe zu achten, beim Spaziergang den Wind auf der Haut zu spüren oder die verschiedenen Helligkeitsabstufungen von Wiese und Bäumen im Garten wahrzunehmen, die Anregung, eines der pelzigen Blätter des Salbeis zwischen die Finger zu nehmen, daran zu reiben und mit dem Geruch vielleicht Erinnerungen aufsteigen zu lassen (In solchen Momenten schliessen wir Sehenden oft die Augen, weil das Erleben dann intensiver wird).

«Frau Moradini, ich habe Ihnen hier frischen Lavendel aus dem Garten gebracht. Können Sie ihn riechen?»

Weil Menschen, die unter dem Sehverlust leiden, manchmal kaum offen sind für anderes, geben wir solche Anregungen immer wieder, ohne uns durch anfängliches Desinteresse entmutigen zu lassen. Je mehr Sinne angesprochen werden, desto besser, denn bei alten Menschen lassen oft auch Gehör und Geruchsinn nach. Die Aufmerksamkeit für die vielen Möglichkeiten schult auch unser eigenes Wahrnehmungsvermögen.

Bewusstes Wahrnehmen kann geübt werden und die Verminderung der Wahrnehmungsfähigkeit hinauszögern. Werden die Sinne angeregt, kann der Erlebnisbereich der sehbehinderten Personen erweitert und im besten Fall ihre Neugier aufs Leben erneut geweckt werden.

E) Körperkontakt

Im Umgang mit Menschen mit Sehbehinderung und ganz besonders mit zusätzlicher Schwerhörigkeit ist Körperkontakt noch wichtiger als mit sehenden Menschen. Die Haut ist ein Wahrnehmungsorgan, das mithilft, die ausfallende Sehkraft zu ersetzen. Die Wahrnehmung von Körperkontakt ist individuell sehr verschieden. Sie hängt von der Situation, der Persönlichkeit und der Beziehung zwischen den Beteiligten ab. Immer und in jedem Fall sind die persönlichen Grenzen zu respektieren.

31. **Die Person zuerst ansprechen, erst anschliessend berühren.**

Sehbehinderte Menschen sind vor jeder Berührung anzusprechen und darauf vorzubereiten, dass und wie ich sie anfasse, sonst können sie erschrecken. Dies ersetzt akustisch die visuelle Wahrnehmung sehender Personen und erlaubt, sich auf die Berührung gefasst zu machen.

32. **Körperkontakt als Information gestalten.**

Für sehbehinderte Menschen kann der zusätzliche Informationskanal des Körperkontakts wichtig sein, weil sie Anteilnahme, Besorgnis und Aufmunterung nicht aus unserer Mimik ablesen können. Je nach Situation und Beziehung ist es durchaus erlaubt und wichtig, jemandem anteilnehmend oder aufmunternd die Hand auf die Schulter zu legen, die Hand oder den Arm zu drücken.[2]

Körperkontakt ist im Arbeitsumfeld immer als Information zu gestalten, sei sie sachlich («Hier ist der Handlauf, die Stuhllehne») oder emotional («Ich bin da, ich fühle mit»). Berührungen sollen sorgsam und wertschätzend sein. Es geht immer um das Befinden der sehbehinderten Person, nicht um mein eigenes Befinden.

33. **Art eines Körperkontakts der sehbehinderten Person überlassen, dabei eigene Grenzen klar einhalten.**

Manche Menschen mit Sehbehinderung möchten die fehlende visuelle Information durch Anfassen ersetzen oder Herzlichkeit über Körperkontakt ausdrücken. Es kann sein, dass jemand mein Gesicht abtasten oder meine Hand streicheln möchte. Solange die sehbehinderte Person den Kontakt wählt und bestimmt und solange dabei meine Grenzen nicht überschritten werden, kann ich das zulassen.

Ich habe aber nicht nur das Recht, sondern auch die Pflicht, meine eigenen Grenzen dabei klar zu vertreten. Diese Klarheit nimmt das Gegenüber ernst, auch wenn es seinem Wunsch vielleicht nicht entspricht, und trägt zur eindeutigen Gestaltung des Körperkontaktes bei.

---

[2] Hörsehbehinderte Menschen holen sich durch die Berührung der sprechenden Person auch emotionale Informationen. So erspüren sie mit der Hand auf der Schulter oder dem Arm, was sehende Menschen aus Mimik und Tonfall «lesen».

Beratungsstellen des Seh- und Hörbehindertenwesens

Schweizerischer Blindenbund (SBb)
Friedackerstrasse 8, 8050 Zürich
Beratungsstellen in Aarau, Brig, Niederurnen, Schaffhausen, Thun, Winterthur, Zürich
www.blind.ch

Schweizerischer Blinden- und Sehbehindertenverband (SBV)
Könizstrasse 23, 3001 Bern
Beratungsstellen in Bern, Biel, Fribourg, Chur, Delémont, Sitten, Luzern, Zürich
www.sbv-fsa.ch

Schweizerischer Zentralverein für das Blindenwesen (SZB)
Schützengasse 4, 9001 St. Gallen
Beratungsstellen für hörsehbehinderte und taubblinde Menschen in Bern, Lenzburg, Luzern, St. Gallen, Zürich, Bellinzona, Lausanne
www.szb.ch

Retina Suisse
Ausstellungsstrasse 36, 8005 Zürich
Beratungsstellen in Zürich und Lausanne
www.retina.ch

pro audito schweiz
Feldeggstrasse 69, 8008 Zürich
Nationale Beratungsstelle in Zürich, Beratungsstützpunkte in Luzern, Olten, Uri, Zürich
Gehörlosenfachstellen u.a. in Basel, Bern, Luzern, Olten, Schaffhausen, St. Gallen, Zürich
www.pro-audito.ch

Regionale Beratungsstellen des Sehbehindertenwesens
vgl. Liste aller Beratungsstellen nach Kantonen auf www.szb.ch

Glossar

Adaptation (Hell-Dunkel-Adaptation): Anpassung des Auges an unterschiedliche Lichtverhältnisse. Beim Übergang zwischen hellen und dunklen Umgebungen braucht das Auge eine bestimmte Zeit, um sich an die neuen Lichtverhältnisse anzupassen. Je nach Sehschädigung kann die Adaptation deutlich erschwert sein.

auditiv: das Hören, den Gehörsinn betreffend (Ohr und Gehirn).

Augenhintergrund: Augenteil hinter der Linse, nur mit Hilfe diagnostischer Hilfsmittel prüfbar; dazu gehören Netzhaut, Makula, Glaskörper, Sehnervenkopf.

Augenvordergrund: vorderer Teil des Auges: Hornhaut, Iris, Linse, Augenlider, Tränenkanäle usw.

Blendung: unangenehme, störende bis schmerzhafte Überlastung des Sehvermögens durch hohe Lichtintensität. Blendung kann die Wahrnehmung beeinträchtigen bis hin zu Orientierungslosigkeit. Ältere Personen und Menschen mit Sehbehinderung sind wesentlich stärker blendempfindlich als andere Personen. Die Linsentrübung beim Grauen Star kann z. B. zu extremer Blendempfindlichkeit führen. Helles blaulichthaltiges («kaltes Licht») Licht, wie es hochintensive High-Power LED produzieren, blendet besonders und gefährdet die Netzhaut.

Charles-Bonnet-Syndrom (CBS): Bei einer im Verlauf des Lebens erworbenen Sehschädigung können visuelle Halluzinationen auftreten, die nichts mit psychischen Erkrankungen zu tun haben. Analog dem Phantomschmerz oder dem Tinnitus produziert das Gehirn dann spontan visuelle Eindrücke. Diese können unterschiedliche Inhalte haben und reichen von Linien und Punkten über statische Bilder bis zu bewegten Eindrücken.

Filling-in: Das Gehirn vervollständigt fehlende visuelle Informationen auf der Basis von Informationen aus dem peripheren Bereich der Netzhaut und von im Gehirn gespeicherten Informationen. Fehlendes wird nicht als Lücke erkannt (kein schwarzer, weisser oder grauer Fleck), das wahrgenommene Bild erscheint ganz, bei Filling-in infolge Augenkrankheiten oft unscharf. Filling-in ist eine normale Funktion des Gehirns im Prozess des Sehens. Sie führt dazu, dass wir trotz dem Blinden Fleck (dem Ort auf der Netzhaut, wo der Sehnerv vom Auge abgeht) ein vollständiges Bild wahrnehmen.

Gesichtsfeld: alles, was bei der Fixierung auf einen Testpunkt gleichzeig an optischen Reizen wahrgenommen und auf der Netzhaut abgebildet wird. Messwerte werden in Grad angegeben. Gesichtsfeldausfälle sind fehlende visuelle Informationen im Gesichtsfeld. Verschiedene Sehschädigungen können das Gesichtsfeld einschränken oder zu Gesichtsfeldausfällen führen.

Information and Communication Technology (ICT): Fachpersonen von auf (Seh-) Behinderung spezialisierter ICT beraten, vermitteln und schulen bezüglich (seh-) behinderungsspezifischer Computertechnik.

Ophthalmologie: Augenheilkunde, spezialisiertes Fachgebiet der Medizin, das sich mit den Erkrankungen und Funktionsstörungen des Organs Auge und der verschiedenen Strukturen um das Auge herum (z. B. Lider, Muskulatur) beschäftigt.

Neuroophthalmologie: medizinisches Spezialgebiet im Überschneidungsbereich von Ophthalmologie (Augenheilkunde) und Neurologie (Lehre von den Erkrankungen des Nervensystems), beschäftigt sich mit dem Zusammenspiel der Organe Augen, des Gehirns und ihrer Verbindungen.

Kontrastsehen: Dämmerungssehvermögen; Fähigkeit des Auges, Gegenstände von ihrem Umfeld sowie Graustufen zu unterscheiden. Auch bei guter Sehschärfe (Visus) kann das Kontrastsehen reduziert sein, dann werden Objekte schlechter erkannt, insbesondere bei ungenügenden Lichtbedingungen. Augenerkrankungen wie z. B. Grauer Star oder Hornhautschädigungen können das Kontrastsehen deutlich beeinträchtigen.

Low Vision (LV): Spezialfach der Sehbehindertenrehabilitation, in dem es um die Erfassung des vorhandenen Sehpotenzials und der visuellen Schwierigkeiten, die optimale Nutzung des reduzierten Sehvermögens, die Beratung in der Auswahl von Sehhilfen und Hilfsmitteln sowie die Instruktion im Umgang damit geht.

Lebenspraktische Fähigkeiten (LPF): Spezialfach der Sehbehindertenrehabilitation, vermittelt Techniken und Methoden der Alltagsbewältigung in verschiedenen Lebensbereichen wie Essen, Körperpflege, Kleider, Kochen usw. und den Umgang mit Hilfsmitteln dafür.

Orientierung und Mobilität (O + M): Spezialfach der Sehbehindertenrehabilitation, trainiert Techniken und Strategien für eine sichere und möglichst selbstständige Fortbewegung sowie das Orientierungsvermögen und bietet Beratung im Einsatz von spezifischen Hilfsmitteln.

Glossar

Sehbehinderung: Situation einer Person mit augenmedizinisch nicht behandelter oder nicht behandelbarer Sehschädigung, deren Folgen auch nach Korrektur anhalten und zu Beeinträchtigungen in einem sehenden und stark visuell orientierten Umfeld führen. Behinderung entsteht in der Wechselwirkung von Person und Umfeld, sie wirkt sich aktiv wie passiv aus, d.h. die Person ist in der Ausübung von Aktivitäten behindert und wird gleichzeitig durch die Umgebungsbedingungen und das Umfeld behindert.

Sehbehindertenrehabilitation: fördert mittels spezifischen Methoden das Wiedererlangen von Fähigkeiten zu Aktivitäten des täglichen Lebens (z. B. Haushalten, Selbstpflege) oder die Kompensation von wegfallenden Fähigkeiten durch neue Strategien, beides in Verbindung mit psychosozialer Unterstützung. Fachpersonen der Sehbehindertenrehabilitation beurteilen zudem die Umgebung bezüglich Verbesserungsmöglichkeiten durch individuelle Einrichtung und Beleuchtung, passen Hilfsmittel an und instruieren die Klientin in deren optimaler Nutzung. Sehbehindertenrehabilitation kann ausgeführt werden von Fachpersonen in Low Vision, O + M, LPF, spezialisierter Ergotherapie oder Heilpädagogik.

Sehschädigung: bezeichnet die physiologische Schädigung des Auges und/oder des Gehirns durch eine Erkrankung oder eine Verletzung. Sehschädigung kann medizinisch therapierbar sein oder trotz medizinischer Behandlung anhalten. Wenn eine anhaltende Sehschädigung zu Beeinträchtigungen von Aktivitäten und der Teilhabe an der Gesellschaft führt, hat sie eine Sehbehinderung zur Folge.

visuell: das Sehen betreffend (Auge und Gehirn).

Visus: Sehschärfe, Auflösungsvermögen des Auges; wird zumeist gemessen anhand der Unterscheidungsfähigkeit für den Abstand zweier Punkte in einem bestimmten Abstand. Visus wird in Winkel- oder Bogenminuten angegeben, die Angabe in Prozenten ist leichter verständlich und in der Schweiz verbreitet. Ein Visus von 1,0 gilt als nicht eingeschränkt, allerdings ist der normale Visus altersabhängig. Visusangaben sind nicht linear, sondern exponential, d.h. ein Visus von 0,5 ist nicht halb so scharf wie ein Visus von 1,0.

Zu den Autorinnen und Autoren

Adler, Judith
lic. phil., Leiterin Forschungsschwerpunkt «Erwachsene und alte Menschen mit Behinderung» an der Interkantonalen Hochschule für Heilpädagogik Zürich (HfH).

Dietrich Maurer, Elisabeth (für das Kapitel zum Baulichen)
dipl. Arch. ETH, seit 1994 Beratung, Bauten und Umbauten von Alterseinrichtungen für Menschen mit Sehbehinderung.

Gerstmeyer, Kristian
Dr. med., Facharzt für Augenheilkunde, Augenpraxisklinik Minden.

Heussler, Fatima
lic. iur., Gerontologin INAG, 1993–2012 Leiterin Blindenwohnheim und Stiftung Mühlehalde Zürich, 2007–2012 Vorstandsmitglied INSOS Zürich, Mitentwicklung INSOS-Charta Lebensqualität für Menschen mit Behinderung in sozialen Einrichtungen, Dozentin für Sehbehinderung im Alter, seit 2012 Leiterin Kompetenzzentrum für Sehbehinderung im Alter (KSiA), Zürich.

Heyl, Vera
Prof. Dr., Professorin für Psychologie in sonderpädagogischen Handlungsfeldern mit dem Schwerpunkt Blinden- und Sehbehindertenpädagogik an der Pädagogischen Hochschule Heidelberg.

Höpflinger, François
Prof. Dr. em., Soziologe und Sozialgerontologe, bis heute selbstständige Forschungs- und Beratungstätigkeiten zu Alters- und Generationenfragen, seit 2014 Mitglied der Leitungsgruppe des Zentrums für Gerontologie an der Universität Zürich.

Lehrl, Siegfried
Prof. Dr. em., Psychologe mit Schwerpunkt Medizinische Psychologie und psychometrische Testverfahren, entwickelte bis heute gebräuchliche Testverfahren für Intelligenz- und Demenzmessungen sowie Programme zur Steigerung der geistigen Leistungsfähigkeit, Lehrbeauftragter und bis zur

Pensionierung 2008 Akademischer Direktor an der Universität Erlangen-Nürnberg.

Seibl, Magdalena
lic. phil. I, M.A. Soziale Arbeit, Redaktorin, 2011–2012 Assistentin Gesamtleitung Stiftung Mühlehalde, seit 2012 wissenschaftliche Mitarbeiterin Kompetenzzentrum für Sehbehinderung im Alter (KSiA), Zürich.

Wicki, Monika T.
Dr. phil., Erziehungswissenschafterin, Wissenschaftliche Mitarbeiterin, Projektleitung und Projektmitarbeit im Bereich Forschung und Entwicklung an der Interkantonalen Hochschule für Heilpädagogik Zürich (HfH).

Wiesli, Ursula
MSN, Pflegewissenschaftlerin mit Schwerpunkt Gerontologie, dipl. Pflegefachfrau, Pflegeexpertin APN und Mitglied der Geschäftsleitung Stiftung Drei Tannen, Wald, Dozentin und Vorstandsmitglied des Schweizerischen Vereins für Pflegewissenschaft (VFP).

Wildi, Judith
dipl. Pflegefachfrau, Pflegeexpertin HöFa II, Berufsschullehrerin im Gesundheitswesen, 2010–2012 Mitarbeiterin Abteilung Entwicklung & Transfer Stiftung Mühlehalde, seit 2012 Mitarbeiterin Kompetenzzentrum für Sehbehinderung im Alter (KSiA), Zürich, mit Schwerpunkten Fachentwicklung Pflege und Bildung.

Dank

Wir danken den Expertinnen und Experten, die uns beratend unterstützt oder das Manuskript kritisch geprüft haben:

Bernadette Alig, MNSc, Institut für Pflege, Dept. Gesundheit ZHAW

Barbara Baumeister, dipl. psych. FH, Dozentin, Institut für Vielfalt und gesellschaftliche Teilhabe, Dept. Soziale Arbeit ZHAW

Brigitta Boveland, lic. phil. I, PHD Psychologie

Edith Egloff, pro audito Schweiz

Heike Geschwindner, Dr., PhD, MNSc, Fachstelle Entwicklung & Forschung Pflege, Pflegezentren der Stadt Zürich

Elisabeth Gimpert, dipl. sc. nat. ETH, Leiterin Selbsthilfegruppe Ja-SL (Jetzt alle selbstbestimmt leben), Behindertenseelsorge Kanton Zürich

Vreni Hilpertshauser Langenbacher, Fachfrau Rehabilitation für Menschen mit Sehbehinderung, Beratungs- und Rehabilitationsstelle für Sehbehinderte und Blinde des Kantons Bern (BRSB)

Claudia Husmann, Politikwissenschaftlerin BA, Leiterin Geschäftsstelle SBK Zentralschweiz, Vorstand LangzeitSchweiz

Rosmarie A. Meier, lic. phil. I, Leiterin Alterszentrum Bürgerasyl-Pfrundhaus, Zürich

Suzan Proença, Beratungsstelle SICHTBAR Thun des Schweizerischen Blindenbundes

Christiane Ryffel, Prof. Dr., Soziologin und Paartherapeutin, Horgen

Christoph Scherrer, Sozialberater Beratungsstelle Schaffhausen des Schweizerischen Blindenbundes

Stefan Spring, lic. phil., Forschungsbeauftragter des Schweizerischen Zentralvereins für das Blindenwesen (SZB)

Florian Sutter, Dr. med., Facharzt FMH für Augenheilkunde, Herisau

Markus Sutter, dipl. klin. Heilpädagoge und MAS Gerontologe, Leitung Rehabilitation, Beratungs- und Rehabilitationsstelle für Sehbehinderte und Blinde des Kantons Bern (BRSB)

Nadja Tajouri, Dr. med., Fachärztin FMH für Augenheilkunde und Neuroophthalmologin

Stefan Wehrli, Fachmann Informations- und Kommunikationstechnik ICT, VQV AG

Ernst Weilenmann, Dr. iur., Herrliberg

Franziska Zúñiga, PhD, RN, Universität Basel, Institut für Pflegewissenschaft

Dank

Wir danken den Organisationen, die mit ihren Beiträgen die Entstehung dieses Buches ermöglicht haben:

Gesundheitsförderung Schweiz

Stiftung «Perspektiven»

Gemeinnützige Stiftung SYMPHASIS

Baugarten Stiftung

Schweizerischer Zentralverein für das Blindenwesen (SZB)

Schweizerischer Blinden- und Sehbehindertenverband (SBV)

Schweizerischer Blindenbund (SBb)